나는 이혼 후 더 근사해졌다

나는 이혼 후 더 근사해졌다

죽을 고비 2번,
이혼 2번 싱글맘의
고군분투 성장기

사빈 지음

인간사랑

차례

2부 탈주, 그리고 또 다른 불행

3부 살아갈 이유를 찾는 시간

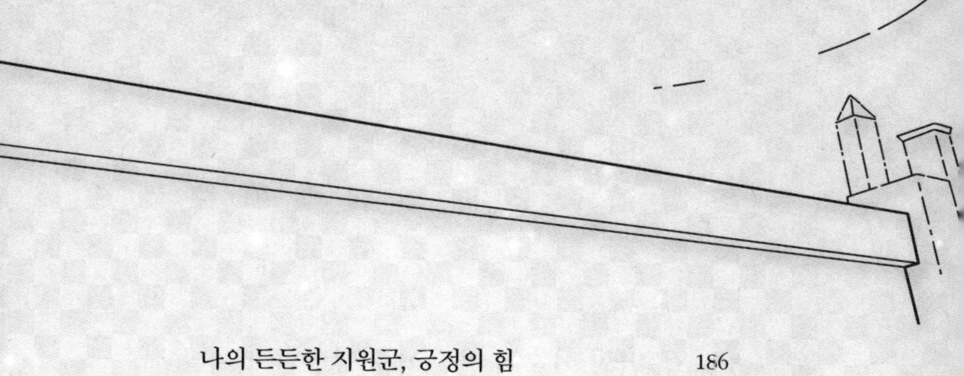

4부 첫 이혼이 선물한 근사한 일상

5부 두 번의 이혼이 만들어준 당당한 엄마

삶에서 큰 파도를 넘은 사람들의 경험담에는 힘이 있습니다. 특히, 그 일을 겪기만 한 게 아니라, 그 일을 통해 성장하는 사람들의 이야기가 그렇지요. 이 책은 힘을 내고 싶은 이들에게 누군가 손을 내밀어 주는 기분을 느끼게 해 줄 것입니다.

작가 **남인숙**

누구에게나 상처는 있습니다. 하지만 그 상처에 매몰된 피해자로 살 것인지, 그 상처를 위대한 축복으로 만드는 창조자로 살 것인지는 선택할 수 있지요. 창조자의 삶을 살기로 한 사빈 작가님의 용기 있는 선택과 앞날을 응원합니다. 만일, 지금 어려운 상황과 마주하고 있다면 이 책을 통해 위로를 받아 보세요.

작가 **김수영**

엄마이자 한 여자로서 겪어야 했던 병과의 싸움, 두 번의 이혼. 누가 아프고 싶었을까? 누가 이별하고 싶었을까? 힘든 상황에도 꿈을 포기하지 않고 살아가는 많은 여성들에게 큰 희망이 될 것이다. 위로받고 싶은 날 꼭 읽어야 할 책.

작가 **김유라**

이혼을 통해 곤두박질치는 인생을 살아가는 사람도 있지만, 누군가는 이혼을 통해 더 근사한 삶으로 디자인한다. 이 책을 읽은 사람은 더 이상 이혼이 불행으로만 느껴지지 않을 것이다. 오히려 기적과 같은 인생의 출발점이 될 것이다.

기적을 쓰는 작가 **기성준**

웅크려 있던 나를 세상에 드러내다

어느 날, '이러다 나는 죽겠구나.' 하는 생각이 들었다. 한 번은 내가 원하는 인생을 살고 싶었다. 또다시 시작된 나를 죽이는 인생은 더는 싫었다. 그때 든 생각은 이제는 내 이름을 세상에 내놓아도 괜찮지 않을까, 더는 아프기 싫은 마음이 컸다.

마흔에 제대로 된 인생을 살고 싶어 시작한 것은 별거와 독서 그리고 글쓰기였다. 내 안에 가득 채워진 분노를 자각하고 나면 한 가정을 영원히 유지할 수 있겠다는 믿음이 있었다. 상처를 자각하는 동안 별거의 시간은 '조금만 더 조금만 더'를 외치다 1년 6개월이라는 시간이 되고 말았다. 가정을 지키기 위한 별거는 나부터 변해야 했기에 책을 펼치게 되었다. 그때 심리 서적을 뒤적이다 내면의 상처가 떠올랐다. 상처를 덜어내기까지 나에게는 많은 시간이 필요했다. 40년 동안 간직한 상처를 꺼낼 때마다 회피하고 싶었다. 상처를 회피한다고 해결될 부분은 그 어디에도 없었다. 공교롭게도 내가 찾은 방법은 글이었다.

이 글이 나보다 더 많은 상처를 끌어안고 사는 분들에게 위로가 되는 책이기를 바라는 마음으로 시행착오를 겪으며 글을 썼다. 거짓 없는 글이야말로 상처를 끌어안고 사는 이들에게 작은 힐링이 되는 공간이기를 바라며, 한 땀 한 땀 써 내려갔다.

솔직한 글이어야만 내면의 상처를 치유하고 내가 나를 공감하게 되는 유일한 도구라고 생각했다. 홀로 아파할 여성에게 감히 내가 공감하고 싶었다. 여자가 여자 마음을 이해해야 한다는 건 이 글을 쓰면서 확실해졌다. 친정엄마와의 의견 대립과 감정싸움을 하며 서로가 상처를 주거니 받거니 했다. 더는 이 길 위에 보석보다 귀한 아이만은 엄마의 상처가 노출되지 않기를 바라며 굴곡진 인생을 과감하게 세상에 드러냈다.

본문에 있다시피 산전수전공중전을 겪었지만, 앞으로 더 많은 어려움이 있을 것이다. 그때마다 쓰러지지 않고 글과 함께 할 것이다. 이 글은 10대부터 40대 중반의 나의 인생을 그렸다. 겪지 말아야 할 고통을 겪으면서 많은 것을 배웠다. 뼈를 깎는 심정을 고스란히 글로 표현했다. 곪아 터진 상처를 도려내야만 다음 상처가 보이듯 나는 내 마음 상처를 도려내는 작업을 멈추지 않고 있다.

10대는 부모 인생에 포함된 나의 인생을 그렸고, 20대는 돈을 벌어야만 했던 사연과 결혼 후 사경을 헤맸던 과정을 그렸다. 실제 내가 겪었고 두 번 다시 겪지 말아야 할 일은 한 번으로 끝나지 않았다. 30대부터 고난의 역경이 수시로 다가왔고 희소병을 안고 이혼했다. 새로운 삶을 꿈꿨지만 상처가 많은 나에게는 새로운 삶이 아닌 더 가혹한 삶으로 다가왔다. 40대 중반, 드디어 내가 상상하고 그리던 인생이 조금씩 다가오고 있다. 미련 없이 모두 정리했고 새로운 삶을 받아들일 마음을 준비하고 있다.

당당한 엄마

건강한 엄마

행복한 엄마가 되기 위해서는

당당한 나

건강한 나

행복한 내가 먼저 되어야 했다.

우연히 보게 된 영상에서 현재 있는 곳에서 떠나라고 했다. 어디든 좋으니 머물고 있는 곳에서 일단 떠나라고. 그래서 떠났다. 그리고 좋은 일과 나쁜 일이 수시로 찾아왔다. 절실했기에 우주가 보낸 메시지를 믿고 나를 믿어서 얻어낸 지금 삶이다.

조금만 아팠으면, 조금만 상처가 났으면 하는 마음에 긴 여정을 모험하며 왔다. 멋진 겨울 앞에서 나는 선언한다. 더 멋진 겨울을 맞이하기 위해 나를 드러내기로.

1부 불행의 시작

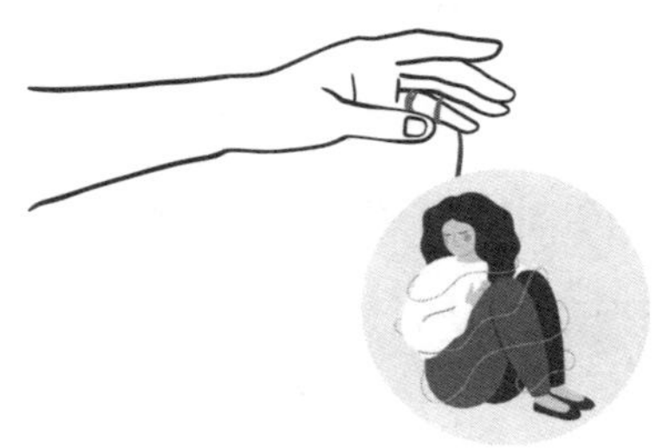

시한폭탄을 안고 사는 집

어느 날, 나를 지켜보던 엄마가 당신의 인생을 말했다. 스무 살. 한창 하고 싶은 것도 해보고 싶은 것도 많은 나이에 다가온 한 남자. 그는 한눈에 봐도 조직폭력배의 모습이었다. 평범하지 않은 외형에, 호감이 없던 엄마는 당연히 그를 밀어냈다. 하지만 그는 포기하지 않았다. 수단과 방법을 가리지 않고 엄마를 차지하고 싶었던 그는 호시탐탐 시기를 노리던 어느 늦은 밤, 결국 엄마를 보쌈하기에 이른다.

당시 "○○이를 만나는 남자는 행운아."라며 동네 남성들 사이에서 내기까지 할 정도로 인기가 좋았던 엄마. 하지만 정작 마음에도 없는 남자와 살게 됐다. 그 심정은 어땠을까?

100% 이해할 수는 없겠지만, 분명 괴로웠을 것이다. 일방적인 사랑에 그 사랑을 받아들이지 못했을 것이고, 오랫동안 마음의 문을 열지 못했을 것이다. 같은 여자로서 엄마의 인생이 가여웠다. 사랑으로 이룬 가정일지라도 으르렁대며 싸우기 일쑤인데, 엄마는 사랑 없는 가정을 어떻게 지켰을까? 짐작조차 되지 않았다.

그렇게 보쌈당하고 얼마 지나지 않아 엄마는 임신했다. 나를 가진 것이다. 마음이 아팠다. 그때까지 아빠와 엄마가 사랑해서 나를 가진 줄 알았는데 아니었다. 또 사랑으로 낳았다면 그토록 불행하게 살지 않았을 텐데 싶어 눈물이 났다. 언젠가 착상되는 순간부터 태아는 부모의 감정을 읽는다는 글을 봤다. 엄마의 이야기를 듣고 나니 내가 왜 울보가 됐는지, 왜 항상 사랑을 고파했는지, 왜 엄마 곁을 떠나지 못하는 아이가 됐는지 알 것 같았다.

나는 모두에게 미움을 받았다. 언제부터였는지는 정확히 알 수는 없지만 늘 불안하고 두려웠다. 그로 인해 나의 어린 시절은 웃었던 기억보다 울었던 기억이 더 많다. 그런 울보를 싫어한 아빠, 나를 싫어하는 아빠를 미워한 나. 이러한 상황만으로도 힘들었을 텐데, 아빠는 엄마를 더 궁지로 내몰았다. 의처증이 있던 아빠는 가장의 책임을 내려놓고 엄마를 감시했다. 결국 엄마가 돈을 벌어야 하는 상황이 왔다. 엄마는 어린 나를 업고 추운 겨울에 호떡 장사부터 방문 판매까지 온갖 고생을 떠안았다.

동생이 태어나면 아빠가 달라질 줄 알았던 엄마. 하지만 그 믿음은 보기 좋게 비켜나갔다. 날이 갈수록 아빠는 엄마를 더 지치게 했다고 한다. 그때 엄마의 유일한 기쁨은 생긋생긋 웃는 동생의 미소였다. 어린 동생이 자는 틈을 타 나를 데리고 방문 판매를 하고 돌아오면, 동생이 해맑게 반겨준 것이다. 아마도 오매불망 엄마바라기였던 나보다는 순하디순한 동생이 예쁠 수밖에 없었을 테다.

그 감정이 고스란히 전해진 탓일까, 나는 언제나 주눅 들어 있었다. 눈물이 많았지만, 울음소리를 싫어하는 어른들로 인해 어느 순간부터 울지 못하는 바보가 됐다. 울면 나를 미워하는 사람이 많아질 거라는 생각에 겁만 늘었다. 사랑받고 싶어서 했던 울음, 불평, 불만은 더 이상 선택할 수 없었다. 게다가 어린아이가 요구할 수 있는 자연스러운 현상을 이해하지 못한 부모로 인해 점점 말 잘 듣는 '착한 아이'가 되어갔다.

특히 아빠와 엄마의 싸움만큼은 극도로 피하고 싶었다. 시한폭탄을 안고 있는 것처럼 하루도 조용히 지나가는 날이 없었다. 마음 편히 웃고 싶었지만 꿈에서나 가능한 일이었다. 다른 친구들처럼 부모님께 응석도 부리고 싶고, 서로 마주 보고 다정한 대화도 하고 싶었지만 그런 일은 없었다. 우리 집 풍경은 고통 그 자체였다. 어린 딸보다 당신들의 불행을 더 크게 느끼는 부모와 함께 생활한다는 것. 해가 저물기 시작하면 '오늘은 어떤 이유로 싸울까?'를 걱정하며 밤이 오지 않기를 기도하는 것. 지금 생각해도 손발이 떨리는 두려운 환경이었다.

나에게 또 하나의 상처는 초등학교만 13번 전학한 것이었다. 한 곳에서 꾸준하게 근무하지 못하는 아빠의 이직 때문이었다. 잦은 이사로 인해 나는 '이사'라는 단어가 나올 때마다 불안했다. 친구와 정이 들기 전에 이별해야 하는 것도, 학교마다 학습 진도가 달라 수업을 따라가는 것도 몹시 힘들었다. 학년이 올라갈수록 학습 기초가 부족해지는 것은 피할 수 없는 일이었다.

이런 나를 버틸 수 있게 한 것은 만화영화 주인공의 말과 행동을 따라 하는 것이었다. 대화가 없는 집이었기에, 더 정확히 말하면 대화가 시작되면 싸움으로 이어지는 집이라 말을 줄이고 혼자서 되뇌었다. 더욱이 엄마를 안타깝게 지켜보는 외갓집 식구들은 나에게 "네가 태어나지만 않았어도…….", "넌 태어나지 않아야 했어." 등의 말로 어린 마음에 심한 생채기를 줬기에 누군가와 대화하는 게 쉽지 않았다. 그 영향으로 나는 대화가 필요하면 편지 또는 문자 메시지를 이용했다. 나는 그렇게 대화를 피해야만 관계를 오래 유지할 수 있다고 믿으며 성장했다.

착한 아이에게 찾아온 불행

엄마는 내게 "넌 어릴 때부터 엄마를 기분 좋게 하는 방법을 알고 있었어."라고 했다. 돌이켜 보면 엄마 말이 맞다. "우리 예쁜 아기.", "착한 우리 아기.", "엄마 말 잘 들어줘서 고마워." 등 엄마에게 칭찬을 들을 때마다 안간힘을 썼다. 더 착한 아이가 되기 위해. 어린 마음에도 언제나 힘들어하는 엄마의 모습에 마음 아팠다. 그런 엄마는 어느 날 훌쩍 우리 곁을 떠났다. 아빠와 이혼한 것이었다.

그때가 13살이었다. 아무것도 모르는 나는 엄마가 보고 싶다는 이유만으로 매일 엄마에게 전화했다. 그럴 때마다 엄마는 두 딸을 데려가고 싶은 마음이 굴뚝같았다고 했다. 하지만 엄마조차 외삼촌에게 신세 지고 있어 엄두를 내지 못했다고 한다. 방 한 칸 마련할 형편이 되지 않았기 때문이다. 엄마가 된 지금, 당시 엄마 마음이 어땠을지 짐작해보면 가슴 찢어질 듯한 아픔을 느끼지 않았을까 싶다. 자식을 저버리지 못하는 모성애의 영향이었을까, 엄마는 결국 엄마의 삶을 포기하고 나와 동생을 위한 삶을 선택했다.

표현하지 않았지만 엄마는 분명 그 선택에 후회한 날도 있었을 것이다. 하지만 엄마는 여자이기 전에 엄마의 역할에 충실했다. 엄마와 함께하며 보고 들은 것만으로도 충분히 느껴졌으니, 엄마는 그보다 더 큰 정성을 쏟았음이 틀림없다. 상대방이 느낄 정도의 정성이라면 당사자는 더 많은 노력을 하고 있다는 사실을 우리 모두 알고 있다.

그래서 나는 엄마를 위해서라면 무엇이든 할 수 있었다. 나에게 엄마의 말은 곧 법이었고, 우리 곁에 와준 엄마를 위해 맏딸인 나는 그런 엄마를 지켜주고 싶었다. 받은 만큼 사랑을 돌려줘야 할 것 같았다. 그 과정에 누구의 강요도 없었다. 그리고 나는 그때부터 엄마를 위해 살기로 했다. 내가 아닌 타인을 위한 삶을 살기로 한 것이다. 나의 존재는 엄마가 있어서 가능하다고 믿었고, 엄마가 내 곁에 왔으니 나의 판단이 옳다고 생각했다.

그 후, 매일매일 힘겨워하는 엄마를 볼 때마다 마음이 찢어졌다. 하지만 나의 찢어지는 가슴보다 중요한 것은 엄마의 기대에 부응하는 것이었다. 스무 살이 되었을 때, 인생에 단 한 번 하고 싶은 일을 해보고 싶다고 했지만, 엄마의 뜻에 따라 돈 버는 것을 선택했다. 예상보다 맏이와 가장의 무게가 무거웠고, 어릴 때부터 타인을 위해 살았기에 그 습성을 쉽게 벗어날 수 없었다. 더욱이 우리 집 형편에 하고 싶은 일을 하는 것은 사치였다. 좋든 싫든 돈을 벌어야 했고, 그것만이 엄마의 한숨 소리를 잠재우는 방법이었다. 그리하여 나는 돈의 노예가 됐고 고등학교 졸업과 함께 취업했다.

첫 직장은 학교에서 소개해준 회사였다. 학업 성적이 좋지 않았기에 스스로 눈높이를 낮췄고, 집과 가까웠던 소규모 운송업체에 취업하게 되었다. 눈높이를 높일라치면 엄마의 한숨 소리가 커지는 듯해, 월급만 받으면 된다는 생각으로 선택한 곳이기도 했다. 거리는 집에서 도보로 30분. 출퇴근도 건강을 위해 걷는다고 세뇌하며, 교통비를 아껴 돈을 모았다. 그렇다고 절약해야만 하는 상황에 대해 불만을 가지지 않았다. 어릴 때부터 워낙 익숙해져 있었고, 피할 수 없는 운명이라 여겼다.

시간이 흘러 두 번의 이직이 있었다. 그제야 나와 잘 맞는 회사를 만났다. 분위기도 마음에 들었고, 남성이든 여성이든 서로 존중해주는 문화가 좋았다. 그리고 여성으로서 경력을 쌓을 수 있는 분위기였다. 언젠가부터 나의 재능을 펼칠 수 있는, 그 누구도 나의 영역을 침범할 수 없는 직업을 갖고 싶었는데 꿈이 이뤄질 듯했다. 그렇게 되기까지 험난한 회사 생활이 이어졌지만 꿋꿋하게 버텨낸 내가 대견했다.

물론 엄마의 보살핌이 없었다면 나는 그 자리에 있을 수 없었다. 누군가를 밟아야 인정받고 생존할 수 있었던 시대라, 나는 극심한 스트레스에 시달렸다. 본디 약하게 태어난 나는 잔병치레를 달고 살았고, 그런 나를 위해 엄마는 형편 닿는 대로 좋다는 음식은 모두 해 먹였다. 평소 동생이 엄마는 언니만 챙긴다며 질투할 정도였으니, 엄마는 엄마가 할 수 있는 만큼 내게 최선을 다했다.

그런 엄마를 실망시킬 수 없어, 힘들어도 출근하고 쓰러지더라도 회사에서 쓰러져야 한다고 다짐했다. 엄마의 불행은 나의 불행이고, 불행을 해결할 수 있는 사람은 오로지 나뿐이라고 믿었던 내가 엄마에게 걱정을 끼치지 않기 위한 최후의 수단이었다. 또 외로움과 우울감을 많이 느끼는 동생을 돌보는 것도 내겐 선택이 아닌 의무였다.

결국 나는 20대 후반, 투병 생활을 해야 했다. 나 자신을 아끼지 않고 사랑하지 않은 벌이었다.

13세 꼬마 엄마

나의 10대 사진에서 웃는 모습은 하늘의 별 따기다. 낙엽만 굴러가도 웃음 난다는 시절, 나는 웃음을 잃었다. 기껏 미소 짓고 사진을 찍으면, 그렇게도 미울 수 없었다. 아빠 얼굴이 내 얼굴에 있었기 때문이다. 그래서 그 시기에는 거울 보는 것이 싫었다.

수많은 아이에게 부모라는 울타리는 안정감을 안겨주지만, 나는 그 반대였다. 늘 불안했다. 언제나 지쳐있는 엄마를 볼 때마다 어찌할 바를 몰라 했고, 내 곁에는 불안이 그림자처럼 따라다녔다. 나쁜 마음을 먹는 일도 잦았다. 하루가 멀다고 싸움이 일어나니 아빠만 사라지면 좋겠다고 생각했다. 아침에 일어나면 아빠가 사라져 있길 기도했다.

그런데 아빠가 아닌 엄마가 사라졌다. 엄마가 기뻐하면 같이 기뻐하고, 엄마가 웃으면 같이 웃었던, 엄마바라기였던 내게 하루아침에 엄마라는 존재가 증발했다. 하룻밤만 지나면 나타날 줄 알았던 엄마는 아무리 불러도 대답조차 없었다. 아빠가 무서워 곁에도 가지 못하는 나와 동생을 생각한다면 돌아와야 했다. 그러나 엄마는 돌아오지 않았다.

단 한번도 다정다감하게 다가오는 법이 없던 아빠는 남겨진 두 딸을 어떻게 대해야 할지 알지 못했다. 아니, 관심도 없는 듯했다. 그러던 어느 날, 아빠는 어딜 가는지 알려주지 않고 함께 가자고 했다. 그렇게 이끌려 간 곳은 아빠 다음으로 싫은 대상인 큰집이었다.

큰집 바로 앞집이 우리의 새로운 보금자리였다. 예상대로 험난한 일상이 이어졌다. 그들은 우리 자매를 경멸에 찬 눈빛으로 바라봤고, 함부로 대했다. 도둑으로 몰기도 하는 등 억울한 누명을 씌우기 일쑤였다. 그러한 틈바구니에서 나는 동생을 지켜야 했다. 무책임한 아빠, 그런 아빠를 견디지 못해 떠난 엄마 대신 내가 동생의 아빠이자 엄마가 돼야 한다고 생각했다. 그래야 나도 살 수 있을 것 같았다. 그때 나이가 13살이었다.

그렇게 굳은 결심을 하고 나니, 동생의 더러워진 점퍼가 눈에 들어왔다. 한겨울이라 연탄보일러에 물을 데워 빨래했다. 그러다 따뜻한 물이 바닥이 나 찬물에 손을 호호 불어가며 빨고 또 빨았다. 대중목욕탕을 하는 큰집이었지만 그 누구도 세탁기를 사용하라고 말해주지 않았기에 북받치는 서러움으로 그렇게 겨울을 났다.

슬픔이 밀려왔지만 유독 아이 우는 소리를 싫어하는 아빠와 어린 동생만을 생각하며 감정을 숨겼다. 무슨 일이 있더라도 동생을 지켜야 한다는 의무감이 가득했기 때문이다. 마음은 행동으로 나타났다. 아침에 일어나면 동생부터 챙겼다. 엄마가 그랬듯 동생 머리를 정갈하게 빗겨 큰집으로 아침을 먹으러 갔다. 큰집으로 향하는 자매는 마치 엄마와 딸처럼 각별했다. 동생이 기뻐하면 나도 기뻤고, 동생이 있어 불행에서 이겨낼 수 있는 듯했다.

13세의 침울한 기억은 그뿐만 아니다. 큰집 사람들은 매끼 고기반찬으로 배를 채우고, 큰집 남매의 도시락은 소시지를 비롯한 고급 반찬으로 가득했다면, 우리 밥상과 도시락은 언제나 김과 김치뿐이었다. 연탄을 제때 갈지 못해, 아침마다 찬물에 손 담그며 등교 준비를 했다. 그 트라우마로 지금까지 차가운 물에 손을 넣지 못한다. 요즘도 한여름에 찬물 샤워는 물론 바다나 계곡에서 하는 물놀이를 못 한다. 그만큼 차가운 물은 내게 뼛속 깊이 아픔을 남겼다.

그런데 이상하게도 당시 기억은 필름처럼 순간만 떠오른다. 가장 슬픈 일과 가장 기쁜 일만 가슴과 머리에 저장돼 있다. 엄마만 의지하던 소녀가 어쩌다 엄마 노릇을 하게 됐는지, 그 이유는 부모님만 알고 있다. 불시에 닥친 상황이라 엄마가 돌아올 것이라는 희망을 안고 있었던 나는 매일 밤 마음 졸이며 밤을 지새웠다. 하루도 빠짐없이 술을 마시고 들어온 아빠는 나와 동생이 자고 있는 방에 들어와 엄마와 통화를 했는지, 엄마를 만났는지 물으며 엄마에게 한 행동을 똑같이 했다. 고통스러웠다. 울지 못하는 바보는 동생이 깰까 봐 조마조마한 마음으로 아빠가 원하는 답을 해야 했다. 쿵쾅거리는 심장을 안정시켜가며 아빠가 원하는 대답을 했다. 실제로는 사람들의 눈을 피해 동생과 함께 매일 엄마에게 전화했다. 보고 싶다고, 무섭다고, 제발 우리를 데려가 달라고 애원하며.

엄마는 몇 번이고 우리를 데려가려 했지만 그때마다 아빠는 불같이 화를 냈고, 집 근처에 얼씬도 못 하게 했었단다. 그 사실을 모르고 기다려 달라는 엄마의 말을 믿으며, 하루하루 버텼지만 점점 희망이 사라지는 듯했다. 아빠가 우리에게 감시자를 붙인 것이다. 낯선 곳에서 적응하는 자매를 유일하게 응원하는 든든한 대학생 오빠가 있었는데, 나와 동생의 일거수일투족을 지켜보고 아빠에게 보고한 것이다. 엄마 목소리를 듣는 것만이 마지막 남은 희망이자 탈출구였는데, 그마저도 허락하지 않은 아빠는 사랑을 배우지 못 한 사람이었다.

아빠 사랑의 빈자리

학교를 마치고 동생을 데리고, 공중전화기로 향하는 발걸음이 즐겁지만은 않았다. 석연치 않은 기분은 곧장 불행한 상황으로 이어졌기 때문이다. 아빠에게 추궁당하며 괴로운 시간을 보내야 했다. 아빠에 대한 미움은 날이 갈수록 더 커졌고, 싫어하는 사람과 함께 생활하는데 익숙해졌다. 그리고 지칠 때마다 내 곁을 지켜준 〈캔디〉, 〈달려라 하니〉, 〈빨강머리 앤〉, 〈소공녀〉, 〈작은 아씨들〉 등에 등장하는 만화영화 주인공이 나를 다시 일어서게 했다. 만화영화에 빠져 지낸다고 야단도 많이 맞았지만, 단언컨대 나를 버티게 한 힘은 누가 뭐라 해도 만화영화 주인공들이었다. 넘어져도 다시 일어나면 된다고 한 대사였다. 그들은 언제나 스스로 힘으로 힘겨운 상황을 이겨내고 있었다. 특히 빨강머리 앤은 항상 내게 말을 걸었다. "지금은 힘들지만, 곧 행복이 찾아올 거야. 조금만 힘내자."라고.

신기하게도 처음 부부의 인연을 맺은 남편은 아빠의 분신이라고 할 만큼 닮은 사람이었다. 엄마도 입버릇처럼 닮았다고 했다. 그런 남편은 내가 그 누구도 만나지 못하게 했고 의처증 증세를 보였다. 자신이 하는 일은 정당하고 내가 하는 일은 비정상이라며 무시했다. 남편의 모습에 아빠에게 받은 상처가 떠올랐고 수십 년간 눌러 온 상처를 남편에게 터트렸다.

남편이 아빠와 비슷한 행동을 보이면 견딜 수 없어, 상대가 싫어하는 행동을 하며 나는 상처가 드러나기 전에 외면했고 방어했다. 당연히 남편은 나의 행동에 치를 떨었고, 두 사람 사이의 골은 더 깊어졌다. 같은 아픔을 반복하기 싫었고, 나 자신을 몰라 끝내 가정을 책임지지 못했다.

지금 돌이켜보면 그때의 나는 나조차도 드러내지 못했던 내 상처를 타인이 보듬어주기만을 바랐고, 누군가의 사랑을 받아들일 준비가 되어 있지 않았다. 또한 아빠와 다른 남자를 만나고 싶었지만, 아빠 닮은꼴에 끌렸던 건 아빠에게 받지 못했던 사랑과 용서를 받고 싶었기 때문 아니었을까.

그렇게 나는 일생일대 가장 중요한 순간 중 하나인 한 가정을 꾸리면서 첫 단추를 잘못 끼웠다. 아빠와 닮은 남편과 힘겨운 결혼 생활을 이어가며 엄마와 같은 삶을 살았다. 물론 아픈 기억이지만 후회는 없다. 그와 함께 한 덕분에 내 안의 상처를 끄집어낼 수 있었으니. 그 시기가 없었다면 아마도 지금의 나는 없었을 것이다. 그리고 반복적인 일상에 적응해 무의미하게 하루를 보내고 있지 않을까 짐작해본다.

어떤 인연으로 이어졌는지 알 수는 없지만, 아빠를 닮은 첫 남편을 만난 것이 참 고맙다. 덕분에 나는 한 뼘 더 성장했다. 아빠를 계속 미워하기보다 마음속 깊은 곳에서 외롭게 울고 있는 어린 나를 있는 그대로 받아들이고, 안아줄 수 있게 됐다. 또 이제 더는 아빠의 사랑을 그리워하지도, 용서를 바라지도 않는다. 이따금 불쑥불쑥 13세의 슬픈 어린 내가 튀어나오지만 피하지 않고 그 아이의 이야기를 들어줄 수 있어서다. 그래서 나로 인해 상처받았을 첫 남편에게 미안하고 고마운 마음이 크다.

당연히 처음부터 잘 됐던 것은 아니다. 상처 부위가 불거질 때마다 엄마와 다퉜고, 어린 나와 동생을 방치했다는 생각에 원망 섞인 말을 쏟아냈다. 그럴 때마다 엄마는 내가 듣고 싶었던 미안하다는 말 대신, 최선을 다해 너희를 키웠다는 말만 되풀이했다. 우리를 양육하는 대신 금전적인 지원은 일절 받지 않는다는 각서를 썼다는 이야기와 함께.

행복이라는 보물찾기

아침이 오지 않길 바랐다. 잘 때 숨이 멈추길 바랐다. 눈을 뜬 순간부터 잠드는 순간까지 감시와 협박이 이어졌기 때문이다. 얼마나 괴로웠으면 어린 나이에 죽음을 떠올렸을까. 하지만 이마저도 이내 그만뒀다. 혼자 남을 동생에 대한 걱정을 멈출 수 없었던 게 그 이유다. 죽지 못하면 살아야겠다고 생각했고, 살다 보면 언젠가는 행복이 찾아오리라는 희망을 걸었다.

'내일이면 엄마가 올까?', '한 달 뒤면 엄마를 만날 수 있을까?' 한날한시도 엄마에 대한 그리움을 저버리지 못하던 어느 날, 외삼촌이 동생과 외갓집으로 오라고 했다. 나와 동생은 그 말을 들은 즉시 택시를 타고 외갓집으로 향했다. 이보다 더 행복할 수 없었다. 숨 쉬고 있음이 느껴졌고, 하늘 위를 나는 기분이었다. 행복 뒤에 어떤 불행이 닥칠지 모르고 그저 보고 싶은 사람을 볼 수 있다는 것만으로 우리는 들떠 있었다.

그렇게 외갓집에 도착해 그토록 보고 싶었던 엄마를 실컷 보고, 행복하게 살아가는 외삼촌 부부 그리고 이종사촌들과 즐거운 시간을 보냈다. 얼마 만에 실컷 웃었는지 모른다. 시간이 흐르지 않기를 아니, 그대로 멈추기를 바랐지만 어느새 집으로 돌아갈 시간이 되었다. 나는 가기 싫다고 떼를 썼지만, 엄마와 외삼촌은 안타까운 표정으로 조금만 기다려 달라며 동생을 잘 보살피라고 당부했다. 아마도 외삼촌도 넉넉하지 않은 형편이라 우리 자매가 지낼 방이 없어 어찌할 방도가 없었다.

그 시각, 큰집에는 비상이 걸렸다. 저녁 식사를 하러 와야 할 조카들이 시간이 지나 코빼기도 보이지 않았고, 집에도 없었기 때문이다. 우리가 집에 들어온 걸 안 어른들은 큰집으로 건너오라고 했다. 자매를 본 큰아버지는 나의 두 뺨을 사정없이 때렸고 그 힘을 주체하지 못해 마룻바닥에 넘어지고 말았다. 두려움과 긴장감으로 정신을 차릴 수 없었다. 울며불며 손에 불이 나도록 빌었다. 다시는 엄마를 만나지 않겠다고 맹세하고 또 맹세해야 했다. 겁에 질린 동생을 위해서 그렇게 해야 했다.

어떻게든 그 순간을 조금이라도 빨리 벗어나기 위해 그리고 그곳에 우리 편이 없음을 알기에.

그날 이후, 우리를 향한 감시는 더 심해졌다. 그 감시를 견디며 살아냈다. 또 최대한 밝게 보이기 위해 만화영화를 보며 두려움을 떨쳐내고 웃었다. 그리고 유일하게 목욕탕 출입이 허용되었다. 밤마다 목욕탕 카운터를 보고, 영업시간이 끝나면 동생과 목욕했다. 엄마가 밀어주던 등은 스스로 밀었고, 엄마 대신 동생 등을 밀어줘야 했지만 행복했다. 더 이상 찬물이 아닌 따뜻한 물에 목욕할 수 있어서. 또 동생이 먹고 싶어 하는 요구르트를 챙겨줄 수 있어서. 나는 그렇게 불행 가득한 일상에서 행복을 찾았다. 덕분에 고통스러운 줄만 알았던 하루하루에 숨통이 트였다.

길고 긴 방학이 끝나고 나는 중학생이 되었고, 동생을 보살피는 일을 유일한 낙으로 삼았다. 누가 봐도 엄마 손이 필요한 시기였지만, 스스로 엄마가 되었다. 엄마의 빈자리를 모두 채워줄 수 없었겠지만, 나보다 더 씩씩한 동생이었지만, 동생만큼은 엄마 없는 아이라는 놀림을 받게 하고 싶지 않아 언제나 곁을 지켜주기 위해 노력했다. 하교 후엔 뒤도 돌아보지 않고 동생에게 갔고, 오로지 동생만을 생각했다. 집-학교-집만 반복했다.

그렇게 암흑과도 같았던 14살이 되었고, 나는 캄캄한 터널에서 헤매며 쓰러져도 다시 일어나려고 발버둥쳤다. 그 당시를 떠올리면 가장 기뻤던 기억이 있어서 다행이다. 지옥에서 천국으로 갈 수 있었던 그때만 기억에 남았다. 역사적인 그날, 지금 내가 있을 수 있었던 그날을 생생하게 기억한다. 잊을 수 없는 그때를 회상한다.

살기 위한 도주

나이 한 살을 더 먹으면서 엄마 품이 더 간절했다. 하루가 온통 그리움이었다 해도 지나치지 않을 만큼 엄마가 보고 싶었다. 그리움을 참지 못한 나는 엄마에게 전화해 울고 또 울었다. 그런 나와 동생을 보다 못한 엄마는 우리를 데려갈 방법을 찾고, 결단을 내렸을 것이다. 그리고 그것은 나와 동생을 살리기 위함이었다.

내가 다니던 중학교는 규율이 엄했다. 일주일에 한 번 하는 환경미화 검사는 지옥 같았다. 귀밑 3cm의 두발 길이, 손톱 길이, 화장 여부, 소지품 등을 단속했다. 겁이 많았던 나는 학교에서 제시한 규율에 어긋나지 않기 위해 노력했다. 선생님들의 눈매는 매서웠고, 학생들은 그런 선생님의 기준에 걸리지 않으려고 애를 썼으므로 당연히 그 시간은 고요했다. 이런 환경미화 검사가 있던 날, 방송에서 내 이름이 흘러나왔다. 그것도 여러 번. "1학년 ○반, 사빈이는 운동장으로 가세요. 엄마가 왔습니다."라는 내용이었다.

정적을 깨고 내 이름이 불린 것도 놀랄 일인데, 엄마가 왔다는 말에 가슴이 터질 것 같았다. 교실은 금세 시끌벅적해졌고, 영문을 몰라 멍하니 넋 놓고 있는 나를 본 친구가 "사빈, 네 엄마 오셨대. 어서 나가 봐!"라고 했다. 그 소리에 정신이 든 나는 부리나케 가방을 챙겨 밖으로 나갔다. 환경미화 시간이라 운동장에는 아무도 없었고, 그토록 그리웠던 엄마와 외갓집 식구들이 그곳에 있었다. 꿈인지 생시인지 눈을 수도 없이 비볐다가 다시 떠도 엄마는 나를 보며 웃고 있었다. 나는 그동안 엄마의 당부대로 동생을 챙기며 잘 견딘 상으로 소원이 이뤄진 거라고 생각했다. 엄마는 나를 따뜻하게 꼭 안아주었다. 엄마 냄새가 코끝에 닿았다. 어느새 정신을 차려보니 전교생이 박수를 치며 환호하고 있었고, 외갓집 식구들이 멀찌감치 떨어져 두 모녀의 모습을 흐뭇하게 바라보고 있었다. 마치 내가 세상의 주인공이 된 듯한 기분이었다.

이날이 오기까지 나는 엄마의 말 한마디를 붙들고 살았다.

"엄마가 꼭 데리러 갈 거야. 너희와 살 집만 마련되면 데리러 갈 테니, 동생 잘 챙기고 학교 잘 다니고 있어. 그동안 아빠가 싫어하는 행동 하지 말고, 조금만 기다려줘."라는 약속을 나는 굳게 믿었다. 그리고 엄마 말대로 가장 행복했던 순간인 엄마에게 전화하는 일을 하지 않고 엄마가 오기만을 기다렸다.

간절히 바라면 이뤄진다고 했던가. 13살 아이가 감당해야만 했던 불행은 행복이 되어 돌아왔다. 엄마만 돌아온 게 아니었다. 미국에 사는 이모도 나와 동생의 소원을 들어주기 위해 한국으로 왔다. 이모부가 군인이라 한국에 발령이 나거나 일이 생기면, 옷과 학용품을 한가득 선물해주고 간 이모였다. 몇 년째 만나지 못했던 이모가 "사빈아, 잘 지냈니? 이모가 우리 사빈이 보고 싶어서 왔어." 하며 눈앞에 서 있었다. 가슴이 벅차올랐다. 그리고 우리는 자리를 옮겨 진지한 대화를 시작했다.

외삼촌 : 사빈아, 아빠가 많이 힘들게 하니? 함께 지낼 수 없을 것 같아?

나 : 네.

외삼촌 : 엄마가 너희들을 데리고 가면 아빠가 금전적인 지원을 해주지 않는다고 해. 또 지금은 너희가 지낼 곳이 마땅치 않아. 그래도 가고 싶어?

나 : 네, 저는 괜찮아요. 아빠도 아빠지만 빨래도 차가운 물에 해야 하고, 눈치 보며 먹는 밥이 너무 힘들어요. 몇 번이나 체했는지 몰라요. 살 곳이 없어도 지금보다 나을 것 같아요. 제발 저희 좀 데려가 주세요. 엄마 말도 잘 듣고, 동생 잘 보살필게요.

사실, 외갓집 식구도 형편이 넉넉하지 않았다. 그걸 알았던 나는 보채지 않았던 것이다. 하지만 외삼촌이 묻는 말에는 솔직하게 답한 기억이 난다. 그만큼 벗어나고 싶었기 때문이다.

조용히 듣던 미국 이모는 집에 가서 필요한 소지품만 챙겨 나오라고 했다. 아빠에게 들키지 말고 다녀오라는 말을 듣는 순간부터 심장이 세차게 뛰었다. 그대로 엄마와 함께 가고 싶었지만 집에 모든 것이 있었다. '어떻게 하면 무사히 빠져나올 수 있을까?'만 생각하며, 평소처럼 학교에 다녀온 듯 집으로 들어갔다.

동생 역시 나를 만나 들어온 것처럼 연기했다. 그리고 당장 중요하다고 생각하는 것만 빠르게 짐을 챙겼다. 그리고 동생에게 당부했다.

나 : 우리 하나, 둘, 셋 하면 달릴 거야. 뒤도 보지 말고 엄마가

기다리는 곳까지 뛰어. 거기가 어딘지 알지?

동생 : 응, 언니.

나 : 여기서 아빠나 다른 사람에게 잡히면 영영 엄마 곁으로 못 갈 거야. 나머지 일은 어른들이 해결할 거라고 믿어. 그러니 우리는 최선을 다해 여기를 벗어나야 해. 너도 아빠와 살기 싫잖아.

동생 : 응, 나는 언니가 간다면 무조건 따라갈 거야. 언니가 힘들면 나도 힘들어. 우리 엄마한테 가자.

나 : 그럼 내 말대로 무조건 뛰어야 해.

동생 : 알았어.

나와 동생은 두 눈 질끈 감고 뛰어갈 준비를 했다. 혹시 대학생 오빠가 보기라도 하면 우리는 엄마를 만나기는커녕 매를 맞고 협박받는 상황과 마주해야 했다. 생각만으로 끔찍한 순간이 벌어지지 않기 위해 심호흡하고 동생에게 말했다. "자, 하나, 둘, 셋 하면 뛸 거야. 보는 사람 없지?" "없는 거 같아. 언니, 나 달리기 잘해. 언니나 조심해." 그 어느 때보다 당찬 동생이 대견했다. 그런데 큰집인 목욕탕 건물을 벗어나기 직전 동생이 넘어지고 말았다. 떨리는 마음에 신발을 제대로 신지 못하고 뛰었던 것이다. 한아름 안은 짐 꾸러미가 와장창 쏟아졌다. 물건을 주워 담다 누군가에게 들킬 거 같았다. "물건 버리고 뛰자. 지금 물건이 중요한 게 아니야. 어서 뛰어." 동생 무릎에는 피가 흐르고 있었다. 아프다는 소리를 못 하고 울면서 내 뒤만 보며 달려오는 동생이 안쓰러웠다.

자매는 살아야 했다. 불행한 구덩이에서 구해줄 엄마가 기다리고 있었다. 순간적으로 든 생각이지만 만일 떨어진 물건을 줍느라 엄마에게 가지 못하게 되면, 그것만큼 후회스럽고 괴로운 일은 없을 것 같았다. 그런데 엄마에게 가는 그 길은 너무나 멀었다. 평소보다 몇 배나 더 먼 거리로 느껴졌다. 아빠가 있는 공간이 싫어 느릿느릿 걸었던 길이었는데, 엄마가 있는 곳은 아무리 뛰어도 보이지 않았다. 그때 동생이 뒤따라오며 말했다. "언니, 다리가 너무 아파. 피도 나고." "일단 참아야 해. 엄마한테 가면 아픈 다리가 말끔히 나을 거야. 참을 수 있지?" "응, 알았어. 참아볼게." "씩씩한 내 동생, 고마워." 쉴 새 없이 말하면서 달리고 달렸다. 아마 불안함을 떨치기 위해 그랬던 것 같다.

걸어서 10분가량 되는 길이었지만 엄마가 기다리는 곳까지 가는 데 몇 시간이 흐른 것만 같았다. 그렇게 우리 자매는 숨이 넘어가기 직전에 무사히 도착했고, 그런 우리를 엄마와 외갓집 식구들은 말없이 꼭 안아주었다. 그제야 살았다는 안도의 숨을 내쉬었다.

엄마 곁에서 찾은 설렘

뜨거운 눈물이 끊임없이 흘렀다. 그것은 분명 안도의 눈물, 기쁨의 눈물이었다. 수도 없이 불렀던 만화영화 〈들장미 소녀 캔디〉 주제곡이 마음속에서 흘러나왔다.

외로워도 슬퍼도 나는 안 울어
참고 참고 또 참지 울긴 왜 울어
웃으면서 달려보자 푸른 들을
푸른 하늘 바라보면 노래하자
내 이름은 내 이름은 내 이름은 캔디
나 혼자 있을 땐 어쩐지 쓸쓸해지지만
그럴 땐 얘기를 나누자 거울 속의 나하고
웃어라 웃어라 들장미 소녀야
울면 바보다 캔디 캔디야

엄마 품에 안겨 안도의 숨을 내쉬고 나니 동생 무릎의 상처가 보였다. 많이 아팠을 텐데도 내가 '호호' 불어주니 소리 내며 동생은 웃었다. 그렇게 즐거운 마음으로 버스와 택시를 번갈아 타고 외갓집에 도착했다. 그런데 어쩐지 외할머니 표정이 좋지 않았다. 긴 세월을 지나 마흔이 넘어서야 그때 외할머니가 왜 그런 표정을 지었는지 알게 되었다.

사실 우리를 데려온 것도, 외할머니에게 데려올 수 있게 허락해달라고 설득한 것도 미국 이모였다. 이모는 우리를 미국으로 데리고 가겠다고 한 것이다. 그 말에 외할머니는 마지못해 우리를 데려오라고 했다. 하지만 그 누구도 그에 대한 말을 입도 뻥긋하지 않았다. 당장 내일 일어날 일도 예측할 수 없었기 때문이다. 게다가 이모 혼자 결정할 일이 아니었다. 이모부도 찬성해야 가능한 미국행이었다. 이런 사정에도 불구하고 이모는 필사적으로 우리를 데리고 와야 한다고 했단다. 그만큼 우리를 아낀 이모였다. 외갓집 식구 모두가 이모의 "미국에서 생활하면 여기서 있었던 아픔을 치유할 수 있을 거야."라는 말에 동의해 우리를 데려오는 데까지는 일이 진행되었지만, 홀로 미국으로 돌아간 후 이모는 돌아오지 않았다. 이모도 삶이 넉넉하지 않았고, 결국 이모 부부에게도 안 좋은 일이 생기고 만 것이다.

하지만 이모를 원망하지 않는다. 그 시절은 다 힘들게 살 때였다. 이모가 큰 역할을 해주었기에 평화를 찾았다. 한고비를 넘기고 우리 행색을 제대로 살펴본 엄마는 분노했다. 물려받아 변변치 않은 데다 세탁하지 않아 꾀죄죄한 옷에, 눈치 보느라 제대로 먹지 못해 30kg에 채 미치지 않는 몸무게였다. 뿐만 아니라 아빠와 살 때는 늘 긴장했던 터라 몰랐는데 어지럼증이 심했다. 긴장이 풀리자 아픈 곳이 하나둘 드러나기 시작했다. 나는 영양실조에 가까웠고, 초경 한 달 만에 생리가 멈췄다. 그동안의 스트레스는 어린아이가 감당하기에는 벅차도 너무 벅찼던 것이다.

작은외삼촌은 자매의 건강이 걱정되었는지 "당분간 우리 집에서 지내는 걸로 하자. 너희 거처가 정해지면 전학 절차를 밟을 거야. 휴학계 내면 되니 며칠 걱정하지 말고 쉬어."라며 우리를 안심시켰다. 얼마만의 여유였는지 모른다. 이종사촌들과도 즐거운 시간을 보냈다. 그 와중에 어떤 곳에서 지내게 될지 설레는 마음으로 엄마와 동생과 함께 지낼 공간으로 갈 그날을 기다렸다. 그리고 더는 밤이 두렵지 않았다. 엄마 곁으로 오기 전에는 매일 밤이 오지 않기를, 아빠가 들어오지 않기를 기도했지만 내 기도는 통하지 않았다. 밤도, 아빠도 어김없이 왔으니까. 그랬던 밤이 아름다워졌다. 저녁노을을 사랑하게 됐고, 암흑 같은 밤이 설렘으로 바뀌었다.

눈 깜짝할 사이 한 달이라는 시간이 훌쩍 지났다. 어른들의 움직임을 보니 무언가 결정이 난 듯했다. 아빠는 말없이 사라진 딸들이 엄마에게 갔을 것이라고 확신하고, 외갓집에 연락했을 것이다. 또 외갓집 식구들은 그 상황을 끝내기 위해 아빠와 큰집 식구들을 만나러 갔을 테다. 끝까지 당당했던 큰아버지는 이혼해도 위자료는 줄 수 없다며, 아이들을 데려가는 대신 양육비를 요구하지 말라며 소리쳤다고 한다. 우리를 위해 엄마는 "내 자식 어떻게든 키울 테니 그깟 더러운 돈 필요 없다."며 각서를 썼단다. 그리고 자매가 지낸 집에 남겨진 짐을 모두 챙겨왔다.

돈의 세계를 알게 된 여중생

지금 돌이켜 봐도 참 달콤했던 한 달이다. 엄마는 당신 삶을 포기하고 딸들을 위해 돈을 벌어야 했다. 그리고 방 한 칸 얻을 상황이 아니었기에 우리는 외갓집에서 지내야 했다. 그것이 어떤 의미인지 이해한 나는 아빠와 함께 살지만 않으면 된다고 했다. 우리의 거처는 외조부모, 큰외삼촌 내외, 외사촌 3대가 생활하는 큰외삼촌댁으로 정해졌다. 방 2칸에 다락방 1칸이 전부였던 그곳에서 우리가 지낼 곳은 다락방이었다. 방이 좁았지만 그마저도 좋았다. 외할머니 잔소리도 아무렇지 않았다. 중학교 친구와 헤어졌지만 괜찮았다. 1살 차이 나는 사촌 동생과 매일 같이 하는 등하교가 신났다. 언제나 웃으며 반겨주는 사람이 있어 꿈만 같았다.

특히 매번 찬물에 언 손을 호호 불어가며 빨래했는데, 이제는 외할머니가 해주셨다. 그 시대에 세탁기가 출시되었지만, 고가의 상품이라 집집마다 마련할 수는 없었다. 그로 인해 외할머니는 손빨래를 하며 대식구 살림을 맡으셨다. 속옷은 내가 직접 빨았지만 부피가 큰 옷은 외할머니가 하고 헹구는 것만 도와드리는 것이 행복했다. 그 전에 비하면 편함까지 누리게 된 것이다. 그러던 어느 날, 학교를 마치고 집으로 돌아와 보니 세탁기가 있었다. 외삼촌이 외할머니를 위해 구매한 것이었다. 이제 빨래를 힘겹게 짜지 않아도 되었다. 천국이 따로 없었다. 그만큼 빨래에 대한 고통이 컸던 듯하다.

마냥 좋은 것만 있었던 것은 아니다. 남아선호사상이 강했던 외할머니는 아침부터 잠들기 전까지 잔소리했다. 여자는 이래도 안 되고, 저래도 안 된다며 부정적인 소리를 끊임없이 했다. 예를 들어 잠들기 전 화장실이 가고 싶어 다락방에서 내려오면 "가시나들이 미리 화장실 다녀오지, 잠도 못 자게 왔다 갔다 하냐!" 며 외할머니 특유의 사투리와 욕을 섞어 화풀이했다. 그런데 사촌 동생은 외할머니 잔소리에 익숙해졌는지 웃고 넘겼다. 그랬다. 한쪽 귀로 듣고 한쪽 귀로 흘려야 견딜 수 있었다. 그래서 나도 '이런들 어떠하리, 저런들 어떠하리. 지금 여기 있는 게 중요하지.'라는 심정으로 스스로를 위로했다. 비록 생쥐가 나오는 다락방이었지만 월트 디즈니가 그랬듯 꿈을 키웠고, 세상이 아름답다는 사실을 배웠다.

그리고 전학한 중학교 친구와 사촌 동생은 둘도 없는 나의 버팀목이 되었다. 절친이 된 것이다. 정답게 지내게 된 우리 4명은 함께 살 아파트를 상상하며 그림을 그렸고, 그 시간이 즐거웠다. 또 그때 라디오를 처음 접하면서 가요를 듣고 소설책을 읽었다. 작은 카세트에서 흘러나오는 노래는 나를 위로해줬고, 하루를 마무리하기에 더없이 좋은 자장가였다. 물론 동생들과 음악을 들으며 도란도란 이야기 나누다 크게 웃기라도 하면 어김없이 불호령이 떨어졌지만 말이다.

그 무렵 절친 4명은 돈을 모으기 시작했다. 일주일에 한 번, 몇천 원씩 모아 한 사람에게 몰아주곤 했다. 어른들의 계모임과 같은 형식이었다. 각자 자기 차례를 기다리다 돈을 받는 날이면 그렇게 기쁠 수 없었다. 그것이 계기가 되어, 경제관념을 알아가기 시작했다. 엄마는 포장마차를 운영하며 일주일에 한 번씩 외갓집에 와 용돈을 주고 갔는데, 나는 용돈을 아끼고 아껴 동생이 먹고 싶어 하는 것을 사줬다. 그러던 어느 날, 외할머니에게 야단맞는 상황이 생겼다. 동생만 몰래 먹이다 들킨 것이다. 부족한 용돈이라 동생 먹을 양만 챙긴 것이 화근이었다. 외할머니는 콩 한 쪽도 나누어 먹어야 한다며 잔소리 폭격을 해댔다. 함께 먹고 싶은 마음은 컸지만 용돈을 쪼개 학용품을 사야 했고, 등하교 교통비로 사용해야 했기에 내 입장에서는 어쩔 수 없었다. 외할머니는 그런 내 마음을 모르는 것 같았다.

몇 달 지난 후, 작은외삼촌이 운영하는 의류매장에서 주말 아르바이트를 시작했다. 아르바이트로 받은 돈으로 용돈을 충당하고, 동생에게 맛있는 것을 더 사주기 위해서였다. 요즘은 주 5일 수업이지만 그때만 해도 주 6일 수업에 토요일 오전까지 학교 수업을 했다. 토요일 9시간, 일요일 12시간을 손님을 응대했지만 특혜는 없었고 동등하게 일해야 보수를 받을 수 있었다. 사실상 나의 냉혹한 사회생활의 출발점이었다. 오래 서 있어 퉁퉁 부은 다리를 끌고 집으로 돌아갔다. 어린 동생은 그런 나를 기다려 그동안 있었던 일을 쫑알쫑알 빠짐없이 전했다. 그 또한 행복이었다.

솔직히 고백하자면 어른들이 "이제 중학생이니 엄마의 짐을 덜어주면 어떨까? 용돈도 벌 겸 주말마다 외삼촌 가게에서 일하면 좋을 것 같아."라고 제안했다. 중학생이 되니 갖고 싶은 물건이 생겨 마침 돈이 필요한 시기였다. 그런데 학용품과 교통비만으로 빠듯한 용돈이라 거절할 수 없는 조건이었다. 친구들은 집에서 쉴 때 혼자 아르바이트하며 값진 돈을 벌었다. 하루 매출에 따라 받을 수 있는 아르바이트비가 달랐다. 기를 쓰고 손님에게 판매했고 무조건 잘 어울린다고 말했다. 그때는 그것도 잘 먹히는 세상이었다. 하루 몇만 원이 내 손에 들어오는 순간이 기뻤다. 그리고 감사했다. 내가 갖고 싶은 것을 살 수 있었으니까.

다락방에서 키운 작가의 꿈

다락방에서 지냈지만 아빠와 생활하는 것에 비하면 몇백 배, 몇천 배 행복하고 즐거웠다. 라디오에서 흐르는 가요를 들으며 꿈을 키웠다. 꿈이 생기니 성공이라는 밑그림도 그릴 수 있게 되었다.

소설을 쓰고 싶었다. 공포의 순간순간을 이야기로 풀어내고 싶었다. 사춘기를 맞이할 무렵 선물로 받은 『갈매기의 꿈』을 읽으며, 내 꿈은 더욱 선명해졌다. 독립해서 작가가 되어 멋진 글을 쓰고, 부자가 된 나의 모습을 매일매일 떠올렸다. 그리고 내가 글쓰기에 재능이 있다는 것을 알게 되었다. 중학교 2학년 때, 친구들은 내가 글을 잘 쓴다며 예쁜 메모지 또는 달력을 가져와 글을 적어달라고 했다. 내게 잘하는 것이 있다는 사실을 몰랐다. 외할머니가 잔소리했고, 유독 우리 자매를 미워하며 따가운 시선을 보내는 큰이모가 있었지만 나의 행복한 감정을 빼앗을 수 없었다.

> "눈에 보여주는 것은 한계가 있기 마련이란다. 너의 이해력을 보고 이미 아는 것을 찾아내거라. 그러면 너는 방법을 알게 될 게다."

『갈매기의 꿈』에 나오는 위 문장을 어른이 된 지금도 가슴에 품고 있을 만큼 그 책은 내게 큰 영감을 줬다. 더 높은 곳으로 날고 싶었던 나는 불행 속에서도『갈매기의 꿈』이 알려준 용기를 잃지 않았다. 내게는 꿈이 있었고, 무의식에 존재하는 긍정의 힘으로 힘든 시기를 이겨냈다. 고통은 앞으로 나아가게 하는 밑거름이자 원동력이라 여겼다. 한마디로 더 높은 곳으로 오르기 위한 발판이라 생각하고 뛰어오를 날을 기다렸다. 우연히 읽은 책으로 내 삶이 바뀐 것이다. 이런 긍정 마인드는 지금도 삶의 원동력이 되고 있다.

만일 다락방에서 지낸 시간이 없었다면 어땠을까? 노란 불빛의 백열등이 살갗을 타게 했지만 신경 쓰지 않았다. 한여름, 선풍기 하나에 의지하며 무더위를 이겨야 했지만, 땀 냄새마저 새록새록 피어나는 꿈을 방해하지 못했다. 겨울에는 매서운 바람이 다락방의 작은 창문 틈으로 스며들었지만 희망의 불씨는 꺼지지 않았다. 겨울이 지나면 봄이 오듯 내 삶에도 봄이 오리라 믿었다. 이 시기를 잘 견뎌내야 분홍빛 미래가 온다고 되뇌었다.

물론 하고 싶은 것이 많았지만 엄마 곁에 있는 것만으로 만족했다. 폭풍우 같은 13살~14살이었지만, 곧 엄마와 함께 살 수 있다는 기대감으로 평일에는 학업에, 주말에는 아르바이트에 집중했다.

중학교 졸업을 1년 남겨두고 우리는 외갓집에서 나왔다. 상처가 없었던 것은 아니지만 좋은 추억만 남기기로 했다. 아빠와 큰집에서 준 상처보다 깊지 않았기 때문이다. 눈치도 보고 마음을 후벼 파는 말도 들었지만, 대부분의 더부살이가 그런 거라고 당연하게 생각했다. 지금 생각해도 어딜 가든 천덕꾸러기가 될 수밖에 없었던 시절이었으니 똥이 무서워서 피하는 게 아닌 더러워서 피한다는 심정으로 살았던 것 같다. 그 영향 때문인지 지금은 우리를 아프게 했던 외갓집 식구와 만나지 않는다. 억지로 만나다 보니 역효과가 났기 때문이다. 그런 내게 손가락질하는 이도 있었지만 내 아이에게만큼은 불편한 관계를 보여주고 싶지 않았다.

부정적인 언어와 감정을 전달하는 어른들이 당연하다며 나와 동생을 수없이 아프게 했던 어린 시절을 생각하면 지금도 마음이 아프다. 나는 그때 속상해하면 안 된다고 속으로 울었고, 소리 없이 고함을 쳤다. 응석받아줄 사람이 없어 언제나 혼자 인내하고 견뎌야 했다. 혼자 인내한 시간이 편안하다고 생각했지만, 그것은 진실이 아니었고 상처만 키우고 있었다. 하지만 엄마가 되고 어린 날의 상처를 조금씩 들여다볼 수 있게 되었다.

새 가족 맞이로 시작된 지옥행

어느 날, 엄마가 나와 동생에게 돈가스를 사주며 힘들게 말을 꺼냈다. "곧 어떤 아저씨가 올 거야. 예의 바르게 인사해." 도무지 무슨 말을 하는지 알 수 없었다. 엄마와 하는 첫 외식에 모르는 사람과 함께해야 한다니 이해할 수 없었다. 나는 신경이 예민해질 대로 예민해져 불쾌한 감정을 감출 수 없었다. 우스갯소리로 북한군도 무서워한다는 중2였다. 모두가 내 표정을 읽었을 것이다. 내 입장에선 최대의 방어였고, 일방적인 통보를 하는 엄마가 미웠다.

우리 앞에 나타난 사람은 엄마와 함께 지낼 남자였다. 한마디로 새아빠였다. 나와 동생은 엄마와 우리, 세 식구가 오순도순 살 거라고 꿈꿨는데 아니었다. 혼란스러웠다. 어린 동생은 아무것도 모르고 웃고만 있었지만 나는 절규가 나왔다. '엄마, 이건 아니잖아! 남자가 싫어서 이혼한 거 아니었어? 그런데 왜 또 남자와 같이 산다는 거야? 그럼, 우리는!'

그토록 엄마와 함께 살기를 바랐건만 3명이 아닌 4명이 한 지붕 아래서 생활해야 했다. 도망치고 싶었다. 하지만 우리를 받아줄 사람은 그 어디에도 없었다. 다시 참으며 살아야 하는 상황이 되고 말았다.

아빠라는 말이 입 밖으로 나오지 않았다. 아빠라는 대상이 미치도록 싫어 도망쳤는데, 이제는 피 한 방울도 안 섞인 이방인에게 아빠라고 불러야 했다. 몇 달을 기다리다 보다 못한 엄마는 "아빠가 너희에게 잘하려고 노력하는 게 보이지 않니?"라며 "이제 그만 아빠라고 좀 불러."라고 했다. 엄마가 내 마음을 몰라도 한참 모른다 싶었고, 싫었다. 호칭은 둘째고 그 사람과 우리는 정도 들지 않았다. 한번 본 사람과 가정을 이뤄 사는 현실이 믿기지 않았다. 정말 엄마 눈에는 딸들이 아파하는 모습이 보이지 않았던 걸까?

엄마는 간곡히 부탁했지만 아빠라는 단어가 몸서리칠 만큼 싫었다. 엄마의 강요가 날이 갈수록 심해졌지만, 나는 '아저씨'라는 호칭에서 바꾸지 않았다. 부르고 싶을 때 부를 테니 독촉하지 말라는 내 말에 엄마는 깊은 한숨을 내뱉었다. 지금도 그 모습을 떠올리면 가슴이 먹먹하다. 내 입장에서 한번이라도 생각해봤다면 그렇게까지 하지 않았을 텐데, 엄마는 잔인할 정도로 내 등 뒤에서 "아빠, 아빠, 아빠."를 외쳐댔다.

내키지 않는 말을 하며 살아야 하는 그 공간이 싫었다. 다시 눈 뜨기 싫은 아침이 시작되었다. 결국 어른들을 피해 방문을 잠그게 되었다. 아빠와 지낼 때는 한 사람만이라도 자매에게 관심을 보이고 힘들어하는 우리를 돌봐달라고 말하고 싶었다. 지옥 같은 곳에서 벗어나 행복이 기다리는 줄만 알았는데, 새로운 가족을 맞이하면서 또 다른 지옥이 다가오고 있었다.

새아빠는 난폭하고 폭언을 서슴지 않는 사람이었다. 자기 감정을 조절하지 못해 폭행으로 이어졌다. 내가 중학교 3학년 때부터 독립하는 날까지 이어졌다. 그리고 맏이라는 책임감에 싸움을 말리던 나는 바닥에 내동댕이쳐졌고, 그 이후로 허리가 아팠다. 지금도 마찬가지다.

아찔했던 컨테이너 방

엄마와 함께 생활한 건 10여 년이다. 하지만 우리 자리는 없었다. 새아빠 비유를 맞추기 위해 언제나 숨죽여야 했기 때문이다. 나를 죽이고 또 죽이는 생활이 반복된 것이다. 그래야 집이 평온했다.

영도에서 중학교를 졸업하고 고등학교를 위해 이사를 했지만, 부모는 돈을 모으기 위해 공장에 딸린 집을 선택했다. 방 한 칸이 전부였다. 자매가 지낼 공간이 없었다. 어쩔 방법이 없어 공장장에게 부탁해 컨테이너를 설치했다. 새아빠와 엄마, 새아빠와 엄마 사이에 태어난 어린 남동생은 온돌방을 나와 동생은 컨테이너 방을 사용했다. 밤에 화장실 가는 일이 제일 무서웠다. 할머니 잔소리가 싫어 엄마와 살게 될 날을 손꼽아 기다렸는데, 더 최악이 되고 말았다. 미래를 누가 알까. 만일 알았다면 그건 인간이 아닌 신이었을 것이다.

나는 이런 집과 떨어지고 싶어 중학교를 졸업하고 영도를 벗어난 고등학교로 진학했다. 성적이 부족했던 탓도 있지만, 잠시나마 집을 잊으려는 이유가 가장 컸다. 그로 인해 학교는 나만의 시간을 보내고 위안을 얻는 유일한 휴식처였다. 태어난 지 얼마 안 된 동생 울음소리를 듣지 않아도 되었고, 수심 가득한 엄마 얼굴을 보지 않아서 좋았다. 만일 학교가 집에서 가까웠다면 내가 동생을 키워야 할 판이었다.

학교와 집은 차를 타고 대략 1시간 거리였다. 등교 시간에 맞춰 버스를 기다린다고 해도 사람을 가득 태운 버스는 정류소에 서지 않고 지나쳤다. 그래서 나는 졸음을 참고 새벽 공기를 마시며 등교해야 했고, 늦은 오후에 하교했다. 가족 얼굴은 저녁에 잠시 볼 뿐이었다. 그런데 동생이 희생양이 되었다는 사실을 몰랐다. 늦게 오는 나를 대신해 동생은 남동생을 돌보는 일이 잦았다. 물론 아이를 좋아하긴 했지만, 남동생을 봐야 하는 상황이 점차 늘어난 것이다. 친구와 놀지도 못하고 집에서 동생만 봐야 했다는 걸 각자 가정을 꾸리고 난 다음에야 알았다. 당시 여동생은 중학생이었는데, 하고 싶은 게 얼마나 많았을까. 표현은 하지 않았지만 꽤나 억울했을 테다.

그렇다면 엄마는 무얼 했을까? 엄마는 새아빠를 찾으러 다니기에 바빴다. 새아빠는 그야말로 여자들이 싫어하는 모든 것을 갖춘 사람이었다. 노름, 외도, 폭언, 폭행 등 지금 시대라면 용납할 수 없는 행동을 스스럼없이 했다. 그런 새아빠가 연락되지 않는다고 엄마는 불안해하며 찾아다녔다. 가정을 새롭게 꾸렸지만, 부모라는 사람들은 아무도 내 마음을 다독여주지 않았다. 당연히 그 시절의 내 표정은 어두웠고, 남아 있는 사진에서도 웃고 있는 모습을 찾을 수 없다.

설상가상으로 이런 일도 있었다. 끔찍해서 잊으려고 안간힘을 썼지만 아직도 못 잊는 그날의 기억. 멀리서 우리 자매를 지켜보던 남자가 있었다. 동생과 엄마 방에서 씻고 컨테이너 방에 들어온 순간 그 남자가 습격했다. 눈 깜짝할 사이에 벌어진 일이다. 너무 놀라 비명조차 나오지 않았다. 그 대신 동생이 소리를 질렀고, 남자는 황급히 도망갔다. 엄마와 새아빠가 달려왔지만 사라지고 난 후였다. 나는 넋이 나가고 말았다. "언니, 정신 좀 차려봐!" 하는 동생 소리에 겨우 정신이 돌아왔다. 다음날 새아빠가 더 단단한 자물쇠로 교체했지만 무서웠다. 한 번 생긴 일이, 또 생기지 말라는 법이 없었기 때문이다. 매일 밤 가슴이 벌렁거려 잠을 잘 수 없었다. 내가 이사 가자고 했지만 조금만 기다려 달라는 엄마 말에 위로가 되지 않았다. 엄마와 함께 지내는 것이 아빠와 지냈던 때와 별반 다르지 않게 다가왔다.

우울하고 괴로웠다. 딱 1년 만에 컨테이너에서 다른 곳으로 옮겼다. 부모님 방과 떨어져 생활하는 것은 똑같았지만 온돌방이라는 데에 위안을 삼았다. 또 굳게 닫힌 현관문이 우리를 지켜줄 것이라 믿었다.

돈의 노예가 된 여고 시절

결국 이사한 그 집에서 무서운 일이 일어나고 말았다. 당시 연탄보일러라 어른들은 혹시 생길지 모르는 위험한 상황을 대비해 창문을 열어두라 했고, 사람이 드나들 만큼 크지 않은 창문이었기에 우리는 대수롭지 않게 생각했다. 하지만 사건은 벌어졌다.

나와 동생은 문단속 후 잠에 들었고, 몸부림이 심했던 동생은 나를 안고 자다가 내 곁을 벗어나 다시 돌아오려 했다. 그때 동생 눈에는 내 머리가 두 개로 보여 잠결에 잘못 본 것이라 생각했다고 말했다. 하지만 동생이 본 모습이 맞았다. 동생이 소리 지르기 전 그 사람의 숨소리가 거칠어지는 것을 느꼈지만 나는 비명을 지를 수 없었다. 온몸이 얼어버렸기 때문이다. 열려 있는 작은 창문으로 잠긴 문을 열고 도둑이 든 것이었다. 그리고 그 도둑은 몸부림으로 나와 떨어진 동생 자리에 누워 있었다. 다행히 동생 비명에 놀란 도둑은 재빠르게 자리를 떴다. 그때 동생이 비명을 지르지 않았다면 나는 어떻게 되었을지 모른다.

그렇게 나와 동생은 불안 속에서 생활했다. 나는 부디 정상적인 가족과 환경이 되길 간절히 바랐다. 그러나 우리 삶은 부모가 이끄는 대로 따라가야만 했다. 아빠와 생활할 때는 미행이 이어졌고, 엄마와 함께하니 도둑이 침입했다. 하루도 마음 편할 날이 없었다. 그런데 곰곰이 생각해보면 부모 대신 조심하라는 신의 경고 같았다. 더 큰 일이 벌어지기 전에 위기를 모면했으니 이보다 다행스러울 수 없었다.

우리 자매는 온실 속 화초는 고사하고 잡초처럼 자랐다. 엄마와 함께 생활하는 것을 위안으로 삼으며 살았다. 엄마가 죽으라고 하면 죽는시늉을 할 만큼 엄마를 따랐다. 그랬기에 고등학교 졸업 후 돈을 벌길 바라는 엄마의 뜻에 따라 취업했다. 형편이 어려우니 맏딸이 보탬이 되어야 한다는 이유였다. 좋은 직장에 입사하려면 학원에 다녀야 했다. 자격증도 있어야 했고, 성적도 좋아야 했다. 하지만 집안 형편으로 학원은커녕 학교에 다니는 것만으로 다행으로 여겨야 했고, 현재 삶을 인정해야 했다. 나는 기초지식이 부족했던 터라 고등학교 공부도 버거워 성적이 좋지 않았다. 중소기업에 취업하지 못할 것 같았다.

어떻게 하면 돈을 벌 수 있을까 고민했다. 우선 담임 선생님 말을 잘 들으면 소개로 면접을 볼 수 있을 것 같았다. 밑바닥인 성적에, 자격증도 많지 않은 나로서는 최선의 방법이었다.

사실 대학에 가기 위해 진학반으로 향하는 친구들이 부러웠다. 자신을 위해 도전하는 그들이 멋있어 보였다. 나는 나를 위한 취업이 아닌, 엄마의 요구에 하기 싫은 취업을 해야 했기에 상대적으로 격차가 더 크게 느껴졌다. 이왕 취업하기로 마음 먹었으니, 내 수준에 맞는 회사에 들어가 돈이라도 많이 벌자고 다짐했다.

그때도 나보다 엄마가 우선이었다. 이로써 나는 유년 시절부터 성인이 될 때까지 스트레스란 스트레스는 혼자 끌어안고 살았다. 쌓이는 스트레스를 풀어야 한다는 걸 몰라 마음 깊숙이 꼭꼭 숨겨 두었다. 그러다 시한폭탄처럼 터진 스트레스는 병으로 찾아왔다. 계절마다 감기와 장염 그리고 시시때때로 두통이 찾아왔다. 몸의 경고를 무시한 채 일한 나는 돈의 노예가 되고 말았다.

2부 탈주, 그리고 또 다른 불행

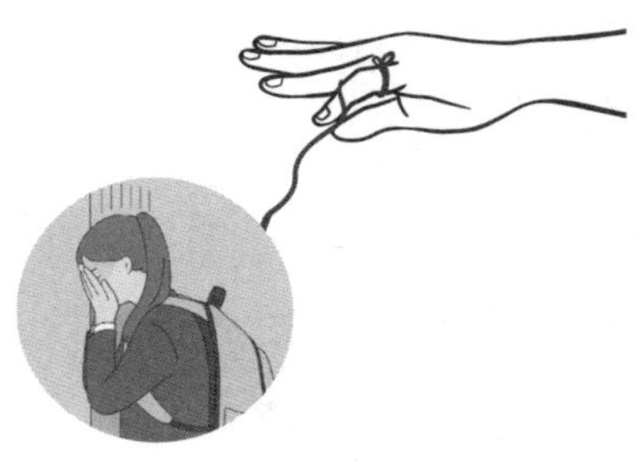

끝까지 버틴 왕따

나는 이직할 회사가 생겨야만 퇴사했다. 회사가 싫어도, 쉬고 싶어도 계속 다녀야 했던 이유는 내 월급이 곧 생활비였기 때문이다. 한 달이라도 공백기가 생기면 금전적 타격이 컸다. 모든 게 새아빠가 걸핏하면 노름한 탓이었다. 게다가 일을 하지 않았다. 가정에 대한 책임감이 없는 사람 같았다. 아니, 놀고 싶으면 놀고, 자고 싶으면 자고, 먹고 싶으면 먹으며 본인 내키는 대로 살았다. 신생아가 따로 없었다.

가정은 뒷전이었던 두 아빠 모습에 진절머리가 났고 은연중에 책임감 강하고, 가족을 사랑하며, 나를 아껴주는 남자가 이상형이었다. 좋은 성격까지 바라는 건 욕심이라 생각했다.

엄마는 두 남편을 통해 남자에 대한 기대를 저버렸는지, 가장의 책임을 나에게 떠넘겼다. 그런 엄마의 기대가 내 양어깨를 짓눌렀다. 다른 사람들처럼 힘들면 쉬고 하고 싶은 일을 찾고 싶었지만 그럴 수 없었다. 아파도 꾸역꾸역 출근해야 했다.

지금 생각해보면 참 미련스러웠다. 엄마의 한마디가 무서워, 동생들을 책임지기 위해 온몸이 부서질 듯한 고통에도 나는 쉼보다 노동을 택했다. 꽃다운 나이 스무 살, 인생을 즐기고 싶었고 자유롭게 꿈을 펼치며 살고 싶었다. 하지만 현실은 정반대였다. 빈틈없는 일상이었고, 엄마를 아프게 할 수는 없는 노릇이었다. 다만 새아빠는 내가 어찌 할 수 있는 대상이 아니었기에 속상했다.

늘 숨죽이며 살아야 하는 삶에 지쳐갔다. 그래서일까 잔병치레하는 날이 늘어났고, 수십 명의 직원이 목소리만 들어도 내 건강 상태를 알 수 있을 정도였다. 그러한 사정을 모르는 동네 어른들은 엄마에게 매번 나 같은 딸이 있으면 좋겠다며 부러워했다. 그 말을 들을 때마다 내가 짊어진 짐이 더 무겁게 느껴져 싫었다. 그리고 빈둥거리는 새아빠를 볼 때마다 좋은 마음이 생기지 않아 눈썹이 점점 치켜 올라갔다.

집에서 쌓인 불평불만을 회사에서 해소하고 싶었나 보다. 회사에서 존재감을 발휘하고 싶었던 나는 책임감이 주어지는 회사를 원했다. 세 번째로 선택한 회사가 그런 회사였고, 여직원들이 자기가 맡은 일을 상사에게 보고하는 당당한 모습이 근사했다. 마지막 회사가 될 것이라는 확신으로 입사했다. 그런데 겉으로 본 것과는 달랐다. 여직원이 많은 회사는 남자 직원들만 있는 곳보다 두 배 이상 고단했다. 입사 초기부터 따돌림을 당한 것이다. 이유 없는 따돌림이었다. 전 직원과 심지어 회사 대표까지 알 정도로 심한 따돌림이었다. 수치스러웠고, 외로웠다. 하지만 속상해하는 엄마 모습과 먹고 싶은 음식을 먹지 못해 힘들어하는 동생들을 볼 수 없어 그만둘 수 없었다. 따돌림이 힘겨워 포기하면 원하는 목표를 이룰 수 없을 것 같았다. 울면서 참았고, 오로지 정신력으로 버텨냈다. 매일 '지금 힘들다고 회사를 그만두면 너는 어떤 회사에 들어가도 똑같을 거야. 그러니 이겨내! 너만 보고 있는 엄마와 동생들이 있어. 지금까지 그랬던 것처럼 잘 버텨봐. 넌 할 수 있어.'라고 마음속으로 외쳤다.

시간이 흘러 입사 한 달 뒤 따돌림의 이유를 알게 되었다. 어이없게도 상사가 나를 예뻐한 것이 발단이 된 것이었다. 내가 먼저 유혹한 것도 아니고, 원하는 대로 업무를 처리해 인정받았을 뿐인데, 일이 그렇게까지 된 것이었다. 그러나 온갖 푸대접을 잘 넘긴 덕분에 나는 내 세상의 주인공이 될 수 있었다.

그 과정이 혹독했지만 제자리를 찾을 수 있어 다행이었다.

돈의 노예, 나 하나면 돼

이직한 회사에서 나는 막내였다. 여자가 많은 회사도, 회사에서 왕따를 당하는 것도 처음이라서 어떻게 해야 할지 몰랐다. 무조건 미안하다고만 해야 했다. 나 자신이 수치스럽고 안쓰러웠지만 엄마와 동생들을 위해 그깟 자존심은 접어둬야 했다. 그렇게 한 덕분에 평온한 회사 생활을 할 수 있었고, 9년 차에 과장으로 진급해 경리 총괄부서 책임자가 되었다. 회사 전반적인 예산을 책정해 살림을 꾸리는 역할이었다. 눈 감고도 일을 척척 해냈고, 은행 업무는 은행원 저리 가라 할 정도였다. 나는 그렇게 실력으로 대표의 신뢰를 얻었다.

월급을 인출해 엄마에게 전했다. 입사부터 과장이 된 9년 동안 용돈 받으며 생활했으니, 누가 들어도 얼마나 착한 딸로 살았는지 짐작할 것이다. 그런데 내가 용돈으로 생활할 수 있었던 것은 월급과 상여금 외에는 엄마에게 말하지 않은 상여금 덕분이다. 내게 들어오는 모든 돈은 엄마가 가져가 버렸지만, 연말 상여금과 배당금은 엄마에게 일절 말하지 않았다. 그 누구에게도 말하지 않은 비밀이었다. 상여금이 300%에서 600%로 인상되던 날은 환호했다. 그것이 나를 살렸다.

이런 경험 때문일까 돈 버는 일이 즐겁지만은 않았다. 엄마 품이 그리워 도망치듯 엄마에게 왔지만, 또 다른 지옥이었다. 편안한 날이 없었고, 우울함과 고난은 아빠와 함께 살 때와 별반 다르지 않았다. 물론 엄마 마음을 이해하지 못하는 것은 아니다. 넉넉하지 않은 형편에 믿을 만한 사람은 맏딸인 나였을 것이다. 옛 어르신들이 첫딸은 살림 밑천이라 하듯 엄마에게 나는 남편이자 아들이었다. 모르는 사실이 아니었지만 엄마 곁을 떠나고 싶었고, 하고 싶은 일을 하며 내가 번 돈은 내가 관리하며 모으고 싶었다. 유일한 방법은 단 하나, 결혼이었다. 엄마에게 결혼하겠다고 했다. 엄마는 놀라며 너무 이르다고 했다. 그도 그럴 것이 사주를 볼 때마다 내 팔자가 엄마를 닮았으니 최대한 결혼을 늦게 하라고 했던 것이다.

그럼에도 불구하고 나는 엄마와 너무나 떨어지고 싶었다. 두려울 것이 없었다. 번듯한 직장이 있었고, 나만 잘하면 평생 직장으로도 손색이 없어 자립할 능력이 충분히 되었다. 더욱이 만 8년 동안 쉴 새 없이 일하며 했던 가장 역할로 맏이 노릇은 할 만큼 했다고 판단했다. 이런 내 마음과 달리 엄마는 섭섭하다고, 하늘이 무너지는 것 같다고 했다.

알고 보니 그동안 내가 준 월급이 한 푼도 남아 있지 않은 것이었다. 맏이 결혼자금은커녕 생활비와 빚 갚는 데 모두 써버렸다고 했다. 지금부터 돈을 모으면 되겠다고 생각한 시점에 내가 결혼하겠다고 하니 발등에 불이 떨어진 꼴이 되었다. 엄마 입장에서 생각해보면 당혹감을 감출 수 없었을 것이다. 예상했던 것보다 훨씬 빨리 결혼하겠다는 맏이의 말이 당황스러웠을테니까. 결혼을 며칠 앞두고 내게 "조금 더 벌어주고 결혼하지!"라는 엄마의 한마디는 나를 아프게 했다.

그런데 만일 엄마가 단 한번이라도 내게 집 상황을 말해줬다면 어땠을까. 그동안 내가 가져다준 월급만 해도 적지 않은 돈이었다. 매년 월급이 인상되었고, 과장으로 승진하면서 꽤 큰 돈이 집에 들어갔다. 거기다 상여금도 있었으니 적은 금액이라도 모으고 있을 줄 알았다. 그로 인해 감정의 골이 깊어진 엄마와 나는 결혼 준비하면서 수없이 부딪혔다. 개인적으로 부모는 어떤 이유로 자녀의 돈을 함부로 쓸 수 없다고 생각했지만, 엄마는 달랐다. 아빠와 헤어지며 재산 분할을 받지 못했고, 우리를 데려오는 대신 양육비 지원을 일절 받지 않은 부분을 강조 또 강조하면서 결혼 준비하는 내내 나를 괴롭혔다. "공짜로 먹고 자고 공부시켰으면 그 정도 벌어주는 건 당연하지."라는 주장과 함께.

그리고 엄마는 여동생도 나처럼 해주길 바랐다. 하지만 엄마 뜻대로 되지 않았다. 맏이라는 의무감으로 나는 엄마의 아픔에 공감하고 상처를 어루만져 주었지만, 동생은 아니었다. 엄마의 강요에 동생 역시 상업고등학교에 진학했지만 방황했다. 동생은 나와 다르게 공부를 잘해서 인문계 고등학교에 입학하려고 했다. 하지만 엄마의 간절한 부탁으로 상업계 고등학교에 진학했지만 적성에 맞지 않았던 것이다. 외로움을 공부로 달랬고, 공부를 잘하면 모든 사람에게 인정받을 것이라는 생각으로 공부에 몰입해 중학교에서 우수한 성적으로 졸업한 아이였다. 상업고등학교에 원서를 넣을 때 담임 선생님이 아깝다고 말릴 정도였다. 그런데도 엄마는 집 형편을 이유로 뜻을 굽히지 않았다.

상업고등학교에 입학하고서 동생은 계속 공부하고 싶어 했다. 영어를 곧잘 했고 감수성이 풍부한 그 아이는 그림을 잘 그렸다. 어려운 상황에서 자신이 원하는 것을 발견했고, 원했지만 부모는 따라주지 않았다. 끝내 우울증이 왔고, 술의 힘을 빌리기에 이르렀다.

강력한 부정의 씨앗

동생은 가고 싶은 고등학교에 가지 못해 홀로 힘겨운 싸움을 하고 있었다. 엄마에게 이야기해도 결코 의지를 굽히는 법이 없었으니 얼마나 갑갑했을까. 하루는 이렇게 하소연했다.

"언니, 나는 상업고등학교가 안 맞아. 언니도 알듯이 나는 숫자와 안 친하고, 영어와 중국어를 배우고 싶었거든, 디자인 공부도 하고 싶어. 그런데 엄마는 고등학교에서 공부 잘해서 돈 벌라는 소리만 해. 나 정말 미칠 것 같아. 언니는 안 힘들었어?"

생각 이상으로 힘들어하는 게 느껴졌다. 그리고 시간이 지나 졸업 후 취업을 한 동생은 힘든 직장 생활을 견디다 못해 내게 다시 전화해 화풀이하며 소리질렀다.

"언니가 엄마 말에 무조건 OK 해서 엄마가 자꾸만 언니랑 나랑 비교하며 힘들게 해!"

안쓰럽고 너무 미안했다. 내가 엄마 말 잘 듣는 착한 딸로 살아서 그 피해가 동생에게 돌아갈 줄 미처 몰랐다. 지독히 억척스러운 엄마는 동생도 나와 같은 방식으로 해주길 바랐다. 동생 월급을 엄마에게 맡기고 용돈으로 생활하길 원했다. 그러나 동생은 반발했다. 엄마는 그러지 말았어야 했다. 피해자는 나 하나로 만족했어야 했다. 힘들어하는 동생을 위해 나는 엄마가 모르는 상여금으로 용돈을 줬다. 때로는 맛있는 음식을 먹으며 대화했고, 함께 쇼핑하며 옷을 사주기도 했다.

특히 동생은 언니인 나의 빈자리를 크게 느꼈다. 또 새아빠와의 관계도 좋지 않았다. 새아빠가 쏟아내는 무차별적인 짜증과 화를 다 받아내느라 힘들어했다. 결혼 후 자주 전화하는 동생이 안쓰러워 신혼집으로 불렀다. 방황하는 모습을 지켜보고만 있을 수 없어, 마음 편히 쉴 수 있게 해주고 싶었다.

동생은 나와 다른 성향의 소유자였다. 엄마는 입사해서 한두 달 만에 그만두는 동생을 이해하지 못했다. 만일 조금이라도 동생 마음을 들여다봐 줬다면 큰 상처로 남지 않았을 텐데. 이에 동생은 성인이 되어 다짐했다고 한다. 조카를 자기처럼 살게 하지 않겠노라고. 하고 싶은 것을 하며 살 수 있도록 적극적으로 지원하겠다고. 엄마에게 받지 못한 사랑과 교육적인 기회를 마음껏 누리게 해주겠노라고. 그런 결심에도 문득문득 엄마를 닮아가는 동생을 볼 때마다 속상하다. 결국 엄마 아픔을 나와 동생에게 물려준 게 느껴져서다.

나는 두 번을 도망쳤다. 친아빠에게서, 엄마에게서. 친아빠와 사는 게 괴로워 엄마 곁으로 왔지만, 불행한 삶은 계속되었다. 엄마가 강요하는 맏이의 책임감으로 언제나 내 어깨는 무거웠다. 그리고 그것을 피해 보려고 선택한 결혼은 호락호락하지 않았다. 또 한 번 인생의 쓴맛을 봐야 했기 때문이다. 엄마는 입버릇처럼 늦게 결혼해야 한다고, 그렇지 않으면 엄마와 같은 삶을 살게 될 거라고 했다. 말이 씨앗이 되었는지 몰라도 정말 내 결혼 생활은 핑크빛이 아닌 암흑이었다.

27살 11월, 새하얀 드레스를 입은 나는 세상 모든 사람으로부터 축복받았다. 태어난 것조차 축복받지 못했던 나로서는 생애 첫 축복이었다. 하지만 그날이 있기까지 수많은 난관을 거쳐야 했다. 남편의 형제 중 형은 결혼하지 않았다. 그래서일까 시부모는 결혼 준비 과정에서 남들 다하는 예단이며, 예물을 원했다. 남편은 한복을 원하지 않았다. 그러나 시어머니 말에 말을 번복했다. 한복을 해야 한다고. 그뿐인가? 예물은 다이아몬드 반지를 바랐다. 난감한 친정엄마는 깊은 고민과 걱정에 얼굴이 어두웠다. 양가 어른들 사이에서 이러지도 저리지도 못한 상황에 마음고생하느라 나는 살이 빠져 30kg가 되고 말았다. 동생 결혼 과정을 지켜보던 남편 형은 본인 결혼식에서만큼은 자신의 소리를 냈다. 사랑하는 사람에게 상처를 주지 않으려고 부모님의 의견을 전혀 반영하지 않았다. 결국 결혼 준비 과정에서 결혼이 무산될 위기까지 맞이했다. 많은 것을 원하는 시가가 이해되지 않았고, 혼자 결혼 준비하느라 애쓰는 엄마가 안쓰러웠다. 결혼이 이런 거라면 하고 싶지 않았다.

하지만 이미 소문날 대로 난 결혼이라 무를 수 없는 노릇이었다. 더욱이 예비 신랑과 나는 사내 커플이었다. 뒤늦게 알게 된 상사와 동료들은 서운하다고 했다. 결혼이라는 과정을 통해 내가 관심 대상이라는 것을 새롭게 알게 되었다. 그렇게 우여곡절 끝에 치러진 결혼식이었다.

처음엔 좋았다. 두 사람 모두 2세가 생기기 전 부지런히 돈을 모으자는 데 합의했고, 함께 출퇴근 했다. 그 시간이 행복했다. 그러던 어느 날, 출근길에 교통사고가 났다. 우리 차는 경차였는데, 도로 한복판에서 한 바퀴 구르는 대형 사고였다. 직진하던 우리 차를 발견하지 못한 옆에서 오던 차가 들이받은 것이다. 그런데 이상하게 나는 아픈 곳이 없었다. 아팠다면 검사라도 받았을 텐데 통증이 없어 대수롭지 않게 넘겼다. 어떤 일이 닥칠지 모른 채.

신혼 끝, 불행 시작

교통사고 후유증은 시간이 흐른 뒤 나타난다고 직원들이 한소리를 했다. 병원 가서 진료를 받아보라고 했다. 차가 한 바퀴 구른 대형 사고에도 평소처럼 업무를 봤다. 직원들의 성화에 집들이를 했고, 퇴근 후 친목 시간을 가졌다. 여느 때처럼 똑같은 일상을 맞이했다. 그러던 어느 날 출근 준비를 하는데 목이 아프기 시작했다. 워낙 담에 잘 걸리는 몸이라 그러려니 하고 출근했다. 그런데 평소와 다른 통증이었다. 시간이 지날수록 통증의 강도가 심해졌다. 자고 일어나니 목을 돌릴 수 없었고, 결근 한번 하지 않던 내가 조퇴와 결근을 반복하며 고통의 뿌리를 찾기 시작했다. 그건 불행한 결혼 생활의 암시와 같았다.

이해가 되지 않았다. 무리한 행동을 하지 않았는데 앉지도 서지도 눕지도 못하는 상황까지 왔다. 견디기 힘들었다. 통증 클리닉을 다녔지만 나아지지 않았고 신경외과를 찾았다. 신경외과를 찾은 이유는 뇌에 이상이 있지 않을까 하는 생각으로 뇌 MRI 촬영을 했지만 별다른 소견이 없었다. 침을 맞으면 통증이 가라앉을까 싶어 한의원을 방문했는데, 반신 마비라는 어처구니없는 소리를 들었다. 사실 이때 왼쪽 몸이 마비가 온 상태였기에 한방에서는 이렇게 결론을 내렸는지 모른다. 마비가 되자 큰 병이라는 걸 직감했다. 통증으로 사경을 헤맸다. 혈액이 통하지 않아 손발이 저렸고, 아무것도 할 수 없을 정도로 통증이 왔다 사라지기를 반복했다. 생전 처음 겪는 고통이었다. 구토와 오심은 기본이었고, 어지럼증은 수시로 찾아와 얼굴은 백지장처럼 차가웠다. 날 지켜보는 모든 사람이 걱정할 정도였다.

수많은 병원을 돌고 돌아 뇌와 척추를 전문적으로 진료하는 작은 신경외과를 찾았다. 치료받으며 깨달았다. 진즉에 전문병원에 왔다면 고생을 덜 했을 것이라고. 목을 최대한 움직이지 않아야 했는데, 앞서 이야기했듯 목을 이리저리 비트는 통증클리닉을 이용한 탓에 더 아프게 된 것 같았다. 물론 환자 상태에 따라 다르다. 그렇게 나는 목 보호대를 했고, 진통제를 맞았다. 다 나은 것 같아 퇴원하면 좋겠다고 했지만 병원에서는 퇴원을 미루기만 했다. 이때부터 심각함을 감지했다. 의사는 "우리 병원에서는 치료가 불가능합니다."라며 더 큰 병원을 소개했다. 나는 병명조차 모른 채 구급차에 실려 대학병원으로 이송되었다. 이미 연락받은 대학병원에서는 일사천리로 입원 수속이 이루어졌다. 일에만 신경 쓴 남편 대신에 친정엄마와 여동생이 곁에서 나를 지켜주었다. 소형 신경외과 병동에서부터 대학병원 병동까지 함께 해준 두 사람이 그제야 눈에 들어왔다. 두 사람은 이미 수술 경험이 있었다.

엄마는 새아빠의 잦은 외도로 신경이 날카로워졌고 스트레스를 제때 풀지 못해 갑상선 암에 걸렸다. 우리 모두 엄마 암 앞에서 불행이라 생각하지 않았다. 오히려 일찍 발견한 것을 복이라고 여겼다. 수술 후 조직 검사를 하니 악성종양이라고 했다. 거울에 비친 불룩 튀어나온 목을 유심히 들여다보지 않았다면 시기를 놓쳤을 것이다. 나와 동생은 엄마가 이제부터 마음 비우고 즐기며 살았으면 좋겠다고 했다. 새아빠의 외도는 하루 이틀 일어나는 일이 아니었기에. 하지만 엄마는 끝까지 잡히지 않는 아빠의 바람을 잡아보겠다며 이리저리 뛰어다녔다.

엄마 갑상선 수술 몇 달 후 동생도 같은 병을 얻었다. 엄마와의 잦은 충돌, 적성에 맞지 않는 일로 인해 동생은 극심한 스트레스를 받고 있었다. 힘들어하는 동생에게 "조금만 더 기다려줘. 언니가 돈 벌어서 영어와 디자인 공부를 시켜줄게."라는 말로 위로했다. 그러나 그 약속은 끝내 지키지 못했다. 끝없이 압박하는 엄마, 새아빠의 폭언과 폭행을 참을 수 없어 나부터 살아야겠다며 결혼했다. 나의 선택으로 인해 동생을 더 아프게 한 것 같아 미안했다. 처음 수술대에 오른 동생 옆을 지킨 건 나였다. 엄마는 어린 남동생을 돌보느라 집을 비울 수 없었기 때문이다. 수술 후 동생은 힘겨워했다. 같은 병을 앓았던 사람이 맞나 싶은 정도로 엄마는 차가웠다. 출근하라고 부추기는 엄마와 동생 사이에 흐르는 기류는 불편함만 가득했다.

불행의 늪이 된 결혼

동생을 집에서 편안하게 쉬게라도 해줬다면 회복이 빨랐을 텐데, 엄마는 그마저도 허락하지 않았다는 말에 심장이 아렸다. 그리고 동생은 엄마를 "돈만 아는 인정사정없는 사람"이라고 했다. 수술 후 엄마와 대립되는 집에서 벗어나려고 했다. 나의 결혼이 마치 자기 결혼이 되는 양 기뻐했고 들떠 있었다. 축복하는 마음을 듬뿍 담아 결혼 준비를 적극적으로 도왔다.

그랬던 동생이 어느 날, 회사에서 업무를 보고 있는 내게 전화했다. 원하는 일을 찾았다며 서울로 간다고 했다. 가슴이 철렁했다. 집에서는 당연히 지원이 없을 테고 맨몸으로 고향을 떠난다는 동생을 걱정하지 않을 수 없었다. 더욱이 동생은 외로움을 많이 타는 아이였다. 그런데도 홀로서기를 하겠다는 동생의 말에 눈물이 났다. 그만큼 지금 생활하는 공간이 힘들다는 의미였다. 그래도 나는 동생을 설득해 고향인 부산에서 취업하기를 바라며, 친정집과 멀리 떨어진 동네에서 취업하게 했다. 동생이 선택한 일은 골프장 캐디였다. 한곳에 머무르며 일하지 못하는 성향을 제대로 파악해 결정한 직업이었다. 안타깝게 동생은 이 일 역시 오래 하지 못했다. 어렵게 번 돈을 모아 원하는 공부를 시작했지만, 갑상선 수술에 의한 불규칙한 호르몬 영향으로 체력이 떨어져 몸이 마음먹은 대로 따라주지 않았기 때문이다. 기막힌 타이밍에 동생은 한 남자의 아내로 살기로 했다. 나처럼 결혼을 도피처로 생각한 듯했다. 쓸쓸해 하는 동생에게 수시로 전화해 수다를 떨었다. 그것이 최고의 처방이었다. 동생이 결혼하기 전까지 나는 동생을 보호했다. 결혼하고도 친정엄마가 해야 할 역할을 언니인 내가 한 것이다.

동생의 수술 상처가 아물고 내가 입원했다. 내가 그랬듯 동생도 휴가를 내고 나를 간호했다. 병실로 가는 길에 왠지 섬뜩한 기분이 들었다. '집으로 돌아갈 수 있을까?' 하는 생각이 스친 것이다. 환자복을 갈아입으며 동생에게 말했다.

나 : 나 이러다가 집에 못 가는 거 아닐까?
아니다, 그동안 고생했다고 주는 선물이겠지?

동생 : 언니, 이런저런 생각 버리고 빨리 나을 생각이나 해.
그리고 누가 병을 선물로 주니?

동생 말이 맞았다. 선물로 병을 주는 사람은 없다. 다만 내가 이런 생각을 했던 이유는 오래전부터 마음에 담아온 바람 때문이었다. 삶에 지칠 때마다 '아, 병원에 입원하면 좋겠다. 푹 쉬게. 그럼 엄마는 돈 벌어오라는 소릴 안 할 테니.'라고 생각했던 것이다. 그런데 한창 달콤해야 할 신혼에 소원(?)이 이뤄진 것이다. 불공평하다고 생각해봤자 이미 일은 벌어지고 난 뒤였다.

내가 입원한 병실에 의료진들이 분주하게 왔다 갔다 했다. '절대안정' 이라는 안내판이 붙었고, 걸어 다닐 수 없게 되었다. 식사를 누워서 해야 했고, 몸조차 누군가 물수건으로 닦아줘야 하고, 용변도 혼자 해결할 수 없게 되었다. 나는 순식간에 중증 환자 신세가 되었다. 무슨 영문인지 몰라 어리둥절해하는 내게 담당 의사는 경추 1 · 2번 탈골이라고 알려주었다. 그리고 뒤이어 "추락이나 교통사고로 탈골되는 뼈인데, 어떻게 걸어서 입원할 수 있었죠? 그동안 안 아팠나요?"라고 물었다. 이에 나는 "많이 아팠어요. 몸의 왼쪽이 마비가 오는 것 같았고, 아파서 제대로 앉지도 서지도 눕지도 못했거든요. 그런데 병원에 오니 괜찮네요. 저, 언제 퇴원할 수 있나요?"라며 천진난만한 질문을 했다. 몇 개월 전 있었던 교통사고를 기억하지 못하고 엉뚱한 말만 잔뜩 늘어놓은 것이다. 그러자 의사는 "아프기 전에 뭐 하셨어요?"라고 다시 물었다. 그때도 나는 "회사에 출근했고, 직원들과 볼링 친 게 다예요. 볼링이 문제였을까요?"라고 했다. 의문스러운 감정을 숨기지 못한 채 의사는 "이상합니다. 경추 1·2번은 아주 견고한 뼈예요. 강한 충격이 아니고서야 쉽게 탈골되지 않습니다. 치료 방법은 내일 다시 알려드릴게요. 일단 누워서 지내야 합니다. 움직이면 안 돼요."라고 신신당부했다. 그 말을 듣고 나는 충격을 받고 "지금 당장 저를 돌봐줄 보호자가 없어요. 치료하기 전까지만 제 힘으로 다니면 안 될까요?"라고 사정했다. 하지만 의사는 단호하게 "안 됩니다."라고 했다. 그동안 누군가에게 내 몸을 맡긴 적이 없었다. 엄마에게조차 맡기지 않았다. 24시간 나와 함께 해줄 간병인이 있어야 했다. 애가 타 입술이 바짝바짝 말라오는 듯했다.

병상에서 맞이한 휴식

신혼 4개월 만에 투병 생활을 하게 되었다. 믿기지 않는 상황이었다. 그 와중에 동생은 나의 걱정을 덜어주기 위해 웃음으로 분위기를 띄웠다. 동생 특유의 말투와 긍정적인 사고는 매번 기지를 발휘했다. 그건 남편도 마찬가지였다. 퇴근 후 놀라 달려온 남편에게 동생이 "형부, 언니 걸어 다니면 안 된다고 해요. 용변 뒤처리도 해줘야 해요."라고 하자, 남편이 "사빈이 좋겠다, 아무것도 안 하고 놀아서."라고 한 것이다. 그때까지만 하더라도 나와 모든 가족이 이내 퇴원하리라고 믿었다. 하지만 병원에 있는 시간이 점점 길어졌다.

담당 의사 : 이제부터 정말 누워서 지내야 합니다. 경추 1·2번 탈골로 양쪽 골에 핀을 박고 추를 달 거예요. 그리고 6주 동안 입원해 경과를 지켜봐야 합니다.

나 : 6주나요? 조금 더 빨리는 안 되나요? 회사에 출근해야 해서요.

담당 의사 : 지금부터 치료에 집중하셔야 합니다. 회사는 잠시 접어두세요.

나 : 추는 왜 다는 건가요?

담당 의사 : 탈골된 뼈들이 스스로 자리를 찾아가기 위해 공간을 마련하는 의술이에요. 뼈가 제자리로 돌아간다면 수술은 안 해도 됩니다. 그런데 만일 뼈가 제자리를 찾지 못한다면 수술해야겠지요. 그러니 뼈가 제자리를 찾길 바라며, 치료에 집중해 주세요. 우리 의료진이 사빈 님을 도와드릴 테니 불안해하지 마시고요.

나 : 그런데 왼쪽 마비와 통증의 이유는 뭔가요?

담당 의사 : 단순합니다. 고정되어 있어야 할 뼈들이 자리를 찾지 못해 이리저리 흔들려 마비와 통증이 온 거예요. 지금은 괜찮지 않나요?

나 : 네, 편안해요. 그럼 추를 달면 뼈가 제자리로 돌아가나요?

담당 의사 : 추를 달고 경과를 지켜봅시다. 핀을 박는 시술을 하고, CT 촬영을 하겠습니다.

의사의 설명이 끝난 후 아프지 않을까 겁이 났고 걱정이 되었다. 하지만 그 생각도 잠시, 완쾌해 퇴원하는 모습을 상상했다. 의료진들이 내 침대를 밀고 어디론가 데리고 갔다. 처치실이었다. 왠지 모를 무서움이 다가왔다. 어떤 상황이 벌어질지 몰라 더 두려웠다. 시야에서 멀어지는 엄마를 뒤로하고, 처치실로 들어갔다. 내 옆으로 담당 의사를 비롯한 여러 의사가 에워쌌다. 인턴과 레지던트였다. "사빈 님, 이제 시작합니다. 움직이면 안 됩니다."라는 말에 잔뜩 겁을 먹은 나는 "마취하는 건가요?"라고 물었다. 마취로 긴장된 마음을 달래려 한 것이다. "그럼요. 그런데 머리 쪽 뼈에 맞을 거라 아플 거예요."라는 말을 듣고 고개를 돌렸는데 상상을 초월한 크기의 주삿바늘이 곁으로 다가왔다. "절대로 움직이면 안 됩니다. 움직이면 큰일 납니다."라고 연거푸 말하는 의료진 소리에 두 눈을 질끈 감았다. 주삿바늘이 머리를 관통할 때 뼈가 부서지는 느낌이 들었다. 뼈가 어긋나는 고통을 받으며 간신히 버티고 있었다. 몸부림을 치지 않을 수 없었다. 그러나 나의 손발을 의료진들이 붙들고 놓아주지 않았다.

추를 달려면 지지대가 필요했고, 지지대를 받쳐줄 고정 나사가 있어야 했다. 두개골에 구멍을 뚫어 핀을 박고 지지대를 고정하는 작업이었다. 지금 그때 받은 치료로 머리 양옆에는 구멍이 흔적으로 남아 있다. 신경이 죽어 머리카락이 나지 않는다. 나사가 들어가는 소리가 귓가에 들렸다. 어디까지 들어가는 것일까? 어떤 상황인지 알 수 없어 답답했다. 악몽 같았던 순간이 지나자 매달려 있는 추 지지대는 움직일 때마다 좌우로 흔들렸다. 뒤이어 CT실로 향했다. 추를 올리기 전 나사가 정확하게 고정되었는지 확인하기 위함이었다. 침대가 움직일 때마다 흔들리는 추 지지대는 병원을 오가는 사람들에게 충격적인 인상을 주었는지, 쳐다보지 않는 사람이 없었다. 나는 동물원 원숭이가 된 듯해 이불을 푹 뒤집어썼다. 방사선실에서 모든 상태를 확인한 다음 지지대에 추가 하나씩 올려졌다. 뒤통수 머리카락이 엉망이 될 거 같았다. 한동안 씻지 못 하니 간지러웠다. 혼자 했던 행동은 보호자 없이 아무것도 할 수 없었다.

6주라는 치료기간 동안 양가 부모님이 교대로 병실을 지키며, 서로 농담을 주고받는 등 무겁지 않은 분위기가 이어졌다. 소변은 참고 참다 한 번에 보기도 했다. 보호자에게 미안해서다. 말이 쉽지 온종일 한 사람을 위해 간호하는 일은 건강한 사람에게 고달픈 일이었다. 한편으로는 편안하게 누워 지내니 천국 같았다. 그 순간을 즐기기로 했다. 힘겨운 치료지만 행복이 찾아올 것이라고 믿었다.

일상을 찾기 위한 수술

나는 누워 지내는 생활을 즐겼다. 그동안 힘겹게 살아온 삶에 대한 보상이라고 생각했다. 지금도 그렇지만 딱히 먹는 걸 즐기지 않았다. 소량으로 자주 먹는 내게 보호자들은 잘 먹어야 이겨낼 수 있다며, 색다른 음식을 맛보여주려 했다. 하지만 나는 배고픔을 느끼지 못했고, 먹고 싶은 음식이 없었다. 대신 나는 "엄마, 병원 근처에 책 대여해주는 곳 없을까?"라며 책을 구해달라고 했다. "책 읽게?"라고 되묻는 엄마에게 "응, TV도 못 보고 천장만 바라보고 있으니 심심해. 움직이지도 못하잖아. 이 상태로 6주를 어떻게 버티지?"라고 말했다. 그런 내가 안쓰러웠는지 엄마는 책을 대여해주며 "시간은 금방 갈 거야.

잘 이겨내 보자."고 했다.

책 보는 일도 쉽지 않았다. 하늘로 치켜들고 읽어야 하니 팔이 아팠다. 옆으로 눕는 사소한 행동도 할 수 없었기 때문이다. 추 무게는 점점 무거워졌고, 그 무게를 버티기에는 내 몸이 너무 가벼웠다. 심지어 추 무게로 인해 몸이 올라가면서 침대 끝에 머리가 닿았고, 머리와 목이 꺾이면서 고통스러웠다. 결국 추를 빼달라는 요청을 하기에 이르렀다.

시아버지는 손재주가 좋은 분이었다. 책을 읽겠다는 며느리를 위해 독서대를 만들어 오셨고, 반사된 거울을 이용해 TV를 볼 수 있게 해주셨다. 입원 기간이 길어지면서 병실은 시아버지의 작품으로 채워졌다. 회진 오는 의료진마다 한마디씩 할 정도였으니 말이다.

병원 생활이 길어지자 소화불량이 생겼다. 누워서 먹으니 많이 먹을 수 없었고, 소화가 안 되어 식사 양이 줄었다. 양치질도 힘들었다. 아주 사소한 것도 보호자 없이 할 수 없었다. 입맛이 사라진 나를 위해 집밥을 먹여보겠다고 보호자들은 병원에서 취사했다. 문제는 생리현상이었다. 28세의 꽃다운 나이의 여성이 침대에 누워 용변을 보는 건 힘든 일이었다. 특히 시어머니가 보호자로 있을 때는 곤혹스러웠고, 옆자리 환자는 암 환자라 보호자가 자리를 비우는 시간이 드물었다. 무엇보다도 대변 냄새 때문에 부끄러워 어쩔 줄을 몰라 했다. 그런 내 마음을 알았는지 시어머니는 "아이고, 우리 며느리 변 냄새가 구수하다."라며 긴장을 풀어주셨다.

좀이 쑤신 나는 4주가 되던 날 겁 없이 담당 의사에게 제안했다. "교수님, 이제 한 달이나 됐는데 추를 내리고, 뼈가 제자리로 돌아갔는지 확인해보면 안 될까요?"라 했더니 담당 의사는 "그렇게 해보고 싶어요?"라고 되물었다. 이내 나는 고생한 보람을 느끼고 싶다는 말에 추를 하나씩 내렸다. 추가 하나둘 내려올 때마다 심장이 뛰었다. '제발 뼈가 제자리를 찾았다는 말을 듣게 해주세요.'라며 간절히 기도했다. 추를 모두 내리니 목이 움직였다. 무거운 추로 정중앙에 고정해둔 목이 왼쪽으로 돌아간 것이다. 기적을 바랐지만 비극적이었다. 공간이 생기면 제자리로 돌아간다고 했던 뼈는 여전히 갈 길을 찾지 못하고 있었다. 담당 의사는 다급하게 인턴인지 레지던트인지 모를 의사에게 "추 다시 올려!"라고 소리쳤다. 눈앞이 캄캄했다. 수술해야 하는 걸까? 머릿속을 스치는 의문을 풀기 위해 담당 의사에게 물었다. "교수님, 말씀하신 6주 중 4주가 지났고 이제 2주 남았는데, 2주 동안 뼈가 제자리로 돌아갈까요? 시간 낭비하지 말고 수술하면 안 될까요?"라며 울먹거렸다. 담당 의사는 생각해보겠다는 말과 함께 회진을 마치고 돌아갔다.

마주한 현실이 야속했다. 생각한 대로 이루어진다고 하더니 전혀 아니었다. 그저 수술을 빨리 끝내고 회사에 복귀하고 싶은 마음뿐이었다. 양가 부모님에게 일상을 돌려드리고 싶었고, 나 역시 원래 자리로 돌아가고 싶었다. 아니, 다른 것보다 두 다리로 화장실을 가고 싶었고 가려운 머리부터 어떻게 하고 싶었다. 숨 쉬듯 당연했던 일들이 투병하면서 소중해졌다.

다음날 담당 의사가 결심한 듯 "자, 수술합시다!" 라고 말했다. "수술하면 일어날 수 있는 거죠? 예전처럼 다닐 수 있는 거죠?" 라고 재차 확인하는 내게 담당 의사는 "그럼요, 사빈 님이 의료진을 믿는 만큼 성공적인 수술이 될 겁니다." 라고 확신을 보였다. 부작용이 두려웠던 나는 "수술 부작용은 없나요?" 라며 조심스럽게 물었다. 담당 의사는 다시 "부작용은 없을 거예요. 수술 일정과 절차는 정해지면 알려드리겠습니다. 그래도 수술 전까지 추는 계속 하고 있어야 해요." 라며 초조해하는 나를 안심시켰다.

사실 추를 내리면 머리가 왼쪽으로 돌아가면서 아팠다. 예전의 극심한 통증을 다시 느꼈다. 수술 일정을 잡기 전 MRI 촬영을 했다. 뼈 공간을 확인하기 위해서라고 했다. 수없이 찍어대는 X-ray와 CT, MRI 촬영에 신물이 난 상태였다. 이제 수술 날짜가 정해지니 마음이 평온했다. 일상으로 돌아가 있는 행복한 상상만 했다. 온전히 자기 힘으로 걸어 다니는 사람이 부러웠고, 하루빨리 걷고 싶었다. 회사 상황도 궁금했다. 나로 인해 같은 부서 사람들에게 피해를 주는 것 같아 마음이 불편했다. 한 달 동안 잘 쉬었다고 생각할 무렵 담당 의사가 나를 찾아와 수술에 대한 상황을 설명했다. "사빈 님을 수술할 장비가 우리 병원엔 없어요. 그래서 서울에 있는 병원에서 그 장비를 빌렸습니다." 그 말을 듣자마자 장비 대여비가 궁금했다. "그럼, 장비 대여비가 청구되는 거 아닌가요? 비용이 어느 정도 될까요?"라고 물었다. 그랬더니 담당 의사는 "저는 몰라요. 의사는 환자만 생각하거든요. 사빈 씨 저를 믿죠?"라고 물었다. 대답은 했지만 오랫동안 입원한 나로서는 병원비가 걱정되지 않을 수 없었다. 그러나 수술비가 많이 들더라도 건강한 몸이 되어 얼른 신혼집으로 돌아가 예쁜 아이와 오순도순 살고, 복직해 넓은 집으로 이사 가는 꿈을 꿨다.

처음이라는 두려움

문제는 수술비를 가늠할 수 없었다는 점이다. 또 디스크 수술이 아닌 경추 수술이었다. 보험은 있었지만 경추 수술에 대한 보험이 아니었다. 담당 의사는 나의 손을 잡고 수술이 잘 될 것이라는 확신의 눈빛을 보냈다. 그 눈빛을 보며 수술만 하면 모든 것이 제자리로 돌아갈 수 있을 거라 믿었다. 수술만 하면 바로 걸을 수 있을 거라고, 수술만 하면 바로 퇴원할 수 있을 거라고 생각한 것이 큰 착각이었음을 이내 깨달았다. 모든 것이 처음이었기에 생긴 불찰이었다.

수술 당일, 나는 그날 가장 처음으로 수술하는 환자였다. 전날 들은 바에 의하면 수술 시간은 5~6시간이라고 했다. 잔병치레로 동네 병원을 들락거렸지만 수술실을 들어간다는 사실이 믿기 어려웠고, 무서웠다. 병실에 누워 있던 짧지 않은 시간이 파노라마처럼 스쳐 지나갔다. 함께 근무한 여러 동료가 병문안을 다녀갔는데, 그중 대표와 그의 아내도 다녀갔다. 경리팀 실무자 '미스 김'이 갑자기 사라져 놀랐다면서. 그런데 내 모습을 보고 더 충격을 받은 듯했다. 미동 없이 추를 매달고 하늘만 쳐다보고 있었으니 당연한 반응이었다. 내가 심심해할까 봐 연애 상담하러 온 직원도 있었다. 그렇게 방문하는 이들 덕분에 지루하지만은 않았다. 즐겁기도 했고, 새로운 사실을 알게 되었다. 회사 전반적인 상황을 직원들을 통해 들으니 신선했다. 내가 회사 직원이 아니라고 생각하는 듯했다.

이런저런 생각을 하며 누워 있는 내게 의료진이 왔다 갔다

하며 혈압과 체온을 체크했다. 그리고 수술복을 입어야 할 차례가 되었는데 나는 수술복을 입을 수 없었다. 움직일 수 없는 내게는 수술복이 사치였고, 속옷조차 허용되지 않았다. 소독된 옷만 착용할 수 있는 것이 수술실 원칙이었다. 그 사실을 알지 못했던 나는 당황스러웠다. 이제 와서 돌이킬 수 없는 노릇이라 앞부분만 겨우 가렸다.

"사빈아, 수술 잘하고 와. 한숨 푹 자고 나면 모든 게 제자리로 돌아와 있을 거야. 그러니 아무 걱정하지 말고 씩씩하게 수술 잘 받아. 우리가 기다리고 있을게." 친정 식구를 비롯해 시부모님, 외갓집 식구가 큰 수술을 앞둔 나를 만나기 위해 한자리에 모였다. 정말 그들이 내게 해준 말처럼 수술만 하면 모든 것이 끝날 것 같았다. 지겨운 복도 천장 대신 사람들 얼굴을 마주 보길 간절히 바랐다. 더는 고통 없이 살아 돌아오기를 기도했다. 마지막으로 엄마와 남편 얼굴이 보였다. 두 사람 얼굴이 당장이라도 울음이 터질 것 같았다. 그 모습을 보고 있으니 나도 울음보가 터질 것 같아 시선을 돌렸다. 그리고 '엄마, 신랑. 나 수술 잘 받고 올게. 그동안 우리 엄마 잘 부탁해, 신랑. 이제 수술만 받으면 고생 끝이야.'라고 중얼거렸다.

이윽고 수술실 기계 소리가 들렸다. 그 소리를 뚫고 귀에 익은 음성이 들렸다. "사빈 님, 많이 떨리죠? 걱정하지 말고 한

숨 자고 일어나면 끝나 있을 거예요. 우리 믿죠?" 담당 의사였다. "막상 수술대 위에 누우니 많이 무섭네요."라는 내 말에 담당 의사는 "자, 저를 따라 심호흡해보세요."라며 안정을 유도했다. 그런데 갑자기 내 손발을 묶는 간호사에게 당혹감을 감출 수 없었다. "잠시만요! 손발은 왜 묶나요?"라고 물었다. 아마 그때 내 눈은 놀란 토끼 눈보다 더 컸을 것이고, 긴장감도 최고조였다. 담당 의사가 "움직일 수 있어 예방 차원에 묶습니다. 나를 믿죠?"라고 했지만 나는 "믿지만 이건 아닌 것 같아요."라며 반발했다. 내 말을 들었는지 못 들었는지 담당 의사는 "자, 이제부터 움직이면 안 됩니다. 사빈 님 수술 방향은 뒤쪽입니다. 산소호흡기는 마스크가 아닌 관 삽입으로 진행합니다. 마취하지 않은 상태에서 관을 삽입할 겁니다."라고 통보하고 바삐 움직이기 시작했다. 무언가 잘못된 것 같았다. 분명 힘든 수술이 아니라 했는데 처음부터 어려운 절차가 기다리고 있었고, 믿으라고 해놓고 나의 물음에 대답 없이 관을 삽입할 예정이었다.

수술 후 맞이한 세상

마취가 안 된 상태에서 산소호흡기 관을 폐까지 넣는다는 말을 듣고 나는 놀라지 않을 수 없었다. 얼마나 아플까. 게다가 단 한번도 언급하지 않았으니 더 겁이 났다. 아니, 수술하고 싶지 않았다. "왜 이제야 이야기하는 건가요? 사전에 한마디 상의하지 않았잖아요. 이렇게 하는 수술이라면 하지 않겠습니다!" 라고 단호하게 소리쳤다. 더욱이 산소호흡기 관 삽입에 마취하지 않은 상태에서 이루어지는 수술은 더욱더 싫었다. 심장 뛰는 소리가 귀까지 전해지는 것 같았다. "사빈 님, 진정하세요. 지금 심장이 심하게 뜁니다." 그 말에도 안정되지 않았다. 첫 경험이라 모든 게 낯설고 두려운데, 환자 마음을 1%도 배려하지 않는 것 같았다.

살기 위해 입원한 병원이었지만 사람이 살 곳이 아니란 생각이 들었다. 병원에 들어온 이상 내 몸은 내 것이 아니었다. 의사들은 환자가 우선이라고 했지만, 사람이 아닌 환자로만 보는 듯했다. 온기보다는 냉기가 흘렀고, 냉혹하고 냉철한 세계였다. 수술대에 오르니 위로해주는 의사는 온데간데없었다. 하지만 다시 정신을 가다듬고 긍정의 기운을 불러들였다. '이 과정이 있어야 일어날 수 있겠지? 무섭지만 믿고 내 몸을 맡겨보자.' 싶었다.

그러나 나는 처절하게 몸부림쳤다. 손발은 다시 묶였고, 시체처럼 아무것도 할 수 없는 상황이 되었다. 머리를 흔들었지만, 이미 의료진이 머리를 잡고 놓아주지 않았다. 호흡기 관이 폐까지 들어가는 게 느껴졌고 '웩!' 몇 번의 헛구역질한 다음 기억이 사라졌다.

눈을 뜨니 새로운 곳에 와 있었다. 회복실이었다. 어디선가 들리는 낯익은 목소리. 엄마였다. "사빈아, 이제 정신 들어? 수술 잘 끝났대. 내가 누군지 알아보겠어? 김 서방 오라고 할까?" 목이 부어 말이 나오지 않았다. 고개만 끄덕였다. 이내 남편이 왔고, 내 손을 조용히 잡아주었다. "고생 많았어. 이제 병실로 가자." 다행히 나는 살아 있었다. 안도의 숨을 내쉬는 것도 잠시, 온몸이 떨리기 시작했다. "엄마, 너무 추워. 이불 좀 달라고 해. 아니다. 난방기 틀어달라고 해."라며 재촉했다. "그런데 몇 시야?" "지금 밤이야." 이게 무슨 소리인가? 수술은 5~6시간이면 된다고 했는데 벌써 밤이라니. 그리고 마취가 풀리니 안 아픈 곳이 없었다. 팔다리, 목, 허리 등 통증이 내 몸을 집어삼킨 것 같았다. 갈증이 나 목이 탔지만, 물을 마실 수 없었다. 대신 가래를 뱉어내라고 했다. 지난 세월 동안 가래를 뱉기는커녕 삼키기 바빴던 내게는 그조차 힘들었다. 난감했다.

아빠와 살면서 아빠의 가래침 소리를 들을 때마다 고통스러웠다. 억지로 하는 가래 기침은 혹여 구토라도 하면 어쩌나 하는 불안을 안고 살았다. 구토하는 소리가 역겨워 견딜 수 없었다. 그래서 가래 뱉는 방법을 알려고 하지 않았고 삼키기 바빴다.

초여름에 두꺼운 이불 3개를 올리고 난방기 두 대를 가동하고서야 시린 손끝과 발끝 감각이 돌아왔다. 5~6시간 마취면 될 것을 온종일 마취했으니 신경 세포가 돌아오려고 심한 오한을 일으킨 것이다. 서너 시간 오들오들 떨고 정상 체온을 찾았다. 그제야 주변 상황이 눈에 들어왔다. 링거와 소변 주머니가 주렁주렁 달려 있었다. 그리고 믿을 수 없는 이야기를 들었다. 아침 9시에 시작한 수술은 저녁 7시가 되어 끝이 났다는 것이다. 엄마에게 물었다. "수술이 왜 길어진 거야?" "모르지. 수술 마칠 시간이 훨씬 지났는데도 안 나오더라고. 수술실 앞에서 이제나 나올까 저제나 나올까 얼마나 초조하던지. 그러다 갑자기 인턴으로 보이는 의사들이 우르르 들어가더라. 한참 뒤에 나오는 의사들을 보면서 네 수술 과정을 보여주려 했나 보다 싶었어." "물어보지 그랬어!" "어휴, 그럴 정신이 어디 있냐? 내 딸 잘못됐을까 봐 걱정하기 바빴는데."

수술만 잘 되기를 바라는 마음으로 기도했던 친척들은 길어지는 수술로 발길을 돌렸다고 한다. 결국 엄마와 새아빠 그리고 여동생과 남편, 시부모만 남아 있다가 나를 반겨주었다.

기쁨과 불안함의 공존

2003년 봄, 또 한 번 불행을 맞이하기 위한 계절이었다. 인생을 제대로 배우지 못한 나에게 닥친 고통은 수술로 끝나지 않았다. 인생을 제대로 바라보라고 경고하는 것 같았다.

오한과 고통으로 하룻밤을 보냈다. 진통제가 없었다면 아침을 마주할 수 있었을까 싶을 만큼 괴로웠다. 아침이 되자 담당 의사와 인턴들이 병실을 찾았다. 동물원 원숭이가 된 듯한 기분을 또 느꼈다. 내 기분을 아는지 모르는지 담당 의사는 "수술은 아주 잘 되었습니다. 이제 조금씩 일어나서 걸어보세요. 그동안 누워만 있어 근육이 다 빠진 상태입니다. 조심해서 천천히 조금씩 움직이세요." 가장 듣고 싶은 이야기였기에 기뻤지만, 왠지 모를 불안함이 느껴졌다.

엄마는 "교수님 정말 수고하셨어요. 감사합니다. 이제는 아플 일 없는 거죠?"라는 말에 담당 의사는 간호사에게 X-ray를 가져오라고 했다. 그리고 "어머님, 보세요. 수술 전 상태를 보면 뼈들이 제자리를 못 찾고 벗어난 거 보이죠? 그런데 지금은 단단하게 고정된 상태에서 머리를 지탱하고 있어요. 목뼈가 제자리로 돌아왔습니다. 앉아서 음식도 먹을 수 있고 화장실도 갈 수 있어요. 수술은 완벽합니다."라고 설명했다. 아무리 일어나려고 애를 써도 목에 힘이 들어가지 않았다. 수술한 목은 무겁기만 했다. 오랫동안 누워 있어 힘을 제대로 쓰지 못하는 거라고 스스로 위로하고 그렇게 믿었다. 하지만 이런 느낌을 누구에게도 말하지 못했다. 수술이 잘되었다고 안도하는 가족들에게 차마 입이 떨어지지 않았다. '긴 병에 효자 없다'는 속담도 있듯 나의 병원 생활이 길어지면서 다들 지쳐 있었기 때문이다.

수술 후 하루가 지나니 담당 의사는 일어나자고 했다. 그런데 내가 일어날 기미가 보이지 않자 담당 의사는 직접 일으켜 세웠다. 함께 온 의사의 부축을 받았지만 목에 힘이 들어가질 않았다. 내가 목에 힘이 들어가지 않는다고 했고 담당 의사는 무조건 일어나라고 했다. 침대를 움직여 내가 편안하게 일어날 수 있도록 해줬지만 내 예감은 틀리지 않았다. 일어나려는 순간 머리가 아래로 떨구어졌다. 목은 제대로 힘을 쓰지 못하고 무거운 머리를 지탱하지 못했다. 의료진들은 당혹감을 감추지 못했다. 부축을 받아 다시 침대에 누웠다. 엄마는 많이 놀란 눈치였다.

담당 교수가 무겁게 입을 열었다. "사빈 님, 못 일어나겠어요? 목에 힘이 들어가지 않나요?" 나는 "네, 저 정말 못 일어나겠어요. 아무리 힘을 줘도 목이 꿈쩍하지 않아요. 저 어떡해요?"라며 울먹거렸다. 담당 교수는 영문을 알 수 없다는 표정으로 오히려 "이러면 안 되는데……. 수술은 너무 잘 되었거든요. 그런데 왜 이러는 거죠?"라고 나와 엄마에게 되물었다. 의료진 모두가 고개를 갸우뚱하며 돌아갔고, 그날 오후 수술한 목 부위에 따뜻한 온기가 느껴졌다. 수술한 부위가 아프기 시작했고 갑자기 복어처럼 부풀기 시작했다.

"사빈아, 목이 왜 이래? 붓고 있어!" 엄마가 소리쳤다. "목이 너무 아파? 따갑고 아려. 간호사 좀 불러줘!" 나는 고통을 호소했다. 새빨간 사과처럼 양쪽 목 주위에 고름 주머니가 생긴 것이다. 분주해진 의사와 간호사. 응급환자가 생긴 듯 모두가 정신없어 보였다. 다시 CT 촬영을 해야 했다. 침대는 곧장 방사선실로 향했다. '수술은 성공적이라고 했는데 왜 이러지? 다시 아픈 이유가 뭘까?' 하며 신이 있다면 이러지 말아 달라고 애원했다. '제가 불쌍하지 않나요? 제발 저 좀 살려주세요.'라고. 허망한 기분을 감출 수 없었다. 모든 걸 포기한 사람처럼 신에게 맡기기로 했다. 코와 입으로 뿜어져 나오는 약 냄새를 이기며 CT 촬영을 마치고 청천벽력 같은 소리를 또다시 들었다. 제발 꿈이길 바랐지만 틀림없는 현실이었다.

"재수술해야 할 것 같습니다. 뼈를 고정한 곳까지 염증이 퍼지고 있어요. 빨리 수술하지 않으면 고정한 뼈가 녹고 맙니다. 그렇게 되면 똑같은 수술을 반복해야 합니다." 엄마도 이

상황이 어이가 없었는지 "지금 수술이라고 하셨나요? 바로 어제 수술한 아이를 또 수술대에 눕힌다는 말씀입니까? 수술 잘됐다면서요. 약물 치료로 안 되는 건가요?"라고 묻고 또 물었다. "네, 수술로 고름을 긁어내야 합니다. 오늘 중으로 재수술 일정을 잡을 거예요. 밤에 수술할 수 있습니다." 계속되는 담당 의사의 충격 발언에 모두가 입만 벌리고 있었다. 10시간 수술이 부족해 재수술이라니! 뭐가 잘못되어도 한참 잘못된 것 같았다.

죽음의 문턱에서 만난 마음

어떤 상황으로 받아들여야 할지 납득할 수 없었다. 삶의 의욕이 사라지는 듯했다. 그렇게 나는 다시 한밤중에 수술실로 향했다. 간단한 수술이라고 했지만 다음 날 아침에야 병실로 올 수 있었다. CT로 확인했던 염증 부위가 더 넓었던 것이다. 회복도 더뎠다. 죽지 못해 숨만 쉬는 식물인간처럼 눈을 뜨지 않았다. 아니, 뜨기 싫었다. "사빈 님, 뭘 좀 먹어요. 이러면 더 아플 수 있으니 잘 먹어야 합니다. 아직 못 일어나겠죠?" 담당 의사의 말에서 안타까움이 흘러나왔다.

그런 내 모습을 지켜보던 엄마는 “우리 사빈이가 왜 이런가요? 실어증 걸린 사람처럼 아무 말도 하지 않고 눈도 안 떠요. 계속 잠만 자니 답답해요.”라고 물었다. 담당 의사는 “수술 후 유증으로 온 우울증인 듯합니다.”라며 지켜보자는 말만 할 뿐이었다. 힘겨운 수술을 두 번 겪고 나니 살고 싶지 않았다. 죽고 싶었다. 병을 고치기는커녕 더 많은 병을 얻을 것 같은 불길한 예감이 계속 들었다. 집으로 갈 수 없을 것 같았다. 시간만 무심하게 흐르고 나의 상태는 점점 안 좋아졌다. 40도를 오르내리는 고열을 앓았다. 해열제도 맞은 직후만 효과 있을 뿐, 소용없었다. 열병은 환자인 나도, 보호자도, 의료진도 진을 빼게 했다. ‘해열제는 정말 싫은데. 열아, 제발 오르지 마라. 이제 그만 고통스럽게 해.’라는 내 간절함은 안중에도 없이 열은 하루에도 수십 번 왔다 갔다.

그 시간이 지속되자 “이제 해열제 그만 맞고 싶으니 나가주세요.”라며 거부하는 나. 이런 나를 “고열은 생명에 지장을 줘요. 또 우리는 환자를 방치할 수 없습니다.”라고 설득하는 의료진. 그런 의료진에게 다시 “싫다고 했잖아요. 해열제가 몸속으로 들어올 때, 온몸이 찢어질 듯한 고통을 아세요? 대체 어떤 해열제를 쓰기에 이토록 아픈 거죠?”라고 소리 지르는 나. 환자의 울부짖음을 어찌하지 못하고 말없이 해열제를 놓고 가는 의료진의 뒷모습을 바라보며 마음속으로 얼마나 울었는지 모른다.

해열제가 몸에 퍼지는 순간, 내 몸은 내 것이 아니었다. 고통이 장악했고 그 누구도 도와줄 수 없었다. 오롯이 혼자 겪어야 했다. 또 그 모습을 다른 사람에게 보여주기 싫었다. 오만가지 감정이 내 마음을 들락날락했다. '이건 아니잖아. 그동안 내가 뭘 잘못한 걸까? 이렇게 아플 만큼 다른 사람에게 고통을 준 걸까? 내가 힘들다고 다른 사람도 힘들어해야 한다고 생각하고 상처를 줬을까? 만일 그렇다고 하더라도 나는 미숙한 인간이거늘 실수할 수 있지. 신이 있다면 이러면 안 되는 거 아닌가?'라고 마음속으로 수없이 묻기도, 울부짖기도 했다. 하지만 그럴수록 몸은 더 아파왔다. 한 번 오르기 시작한 고열은 나를 놓아주지 않았다. 의료진도 끝내 망연자실하고 손쓸 수 없다고 했다. 독한 약조차 효과를 보지 못했다. 오히려 약을 먹고 다른 병이 찾아오는 사람, 그게 나였다. 환자, 보호자, 의료진 모든 사람이 지쳐갔다.

나는 세상과의 끈을 놓고 싶었다. 아무것도 먹지 않고 잠만 잤다. 죽어야 하는 거라면 받아들이겠다는 마음으로 시간만 보냈다. 수술 기피증이 생겼고 약도 밀어냈다. 힘든 시절 잘 극복하며 살아온 나는 온데간데없고 나약한 인간만 남았다. 그때 "사빈 님, 아프면 말씀하세요. 진통제 놔 드릴게요. 억지로 참지 말고 알려주세요."라고 간호사가 말했다. 나보다 나를 더 아끼는 마음이 느껴졌다. 비로소 나를 걱정하고 아끼는 사람이 많음을 느꼈다.

세 번의 꿈

한마음 한뜻으로 사빈이라는 사람을 고통에서 구해주기 위해 노력하고 있는 이들이 있음을, 또 누구보다 간절하게 원하고 있음이 전해졌다. 그동안 내게 쏟은 의료진들의 고생이 새롭게 다가온 것이다. 그때 세 번의 꿈을 꾸게 된다.

나는 하루에 적게는 5번, 많게는 10번의 고열을 앓았다. 그것은 나의 정신을 혼미하게 만들었고, 고통스럽게 했다. 이런 상황을 피하는 방법은 딱 하나였다. 잠이었다. 통증을 잠시 잊을 수 있었고 구역질 날 듯한 약 냄새를 맡지 않아도 되었다. 그렇게 잠에 의존하던 때, 느닷없이 꿈을 꾸었다. 그 꿈은 20년이 지났지만 잊지 못할 만큼 생생했다.

먼 곳에서 나를 지켜보던 한 남자, 형체만 보일 뿐 누구인지 알 수 없는 그는 강 건너에서 자기에게 오라고 손짓했다. 꿈속에서 환자복을 입고 있던 나는 신발도 신지 않은 채 그 남자를 바라보며 갈까 말까 한참을 망설이다 잠에서 깼다. 시계를 보니 새벽 5시였다. 단순한 꿈이었지만 실랑이하느라 기운이 빠졌고 소름 돋았다. 그리고 그날도 어김없이 하늘 높은 줄 모르고 오르는 열과 해열제로 하루를 시작했다.

다시 밤이 되었다. 온종일 열에 시달린 나는 어제 같은 악몽을 꾸지 않길 바라며 잠을 청했다. 잠이야말로 유일한 휴식이자 보약이었기 때문이다. 그런데 이게 웬일인가. 나는 어제와 똑같은 장소에 서 있었고, 누군가를 찾고 있었다. 그런 내게 한 명도 두 명도 아닌 세 명이 노려보며 손짓했다. 자기들에게 오라고. 나는 그들에게 소리쳤다. "제가 왜 가야 하죠? 저는 병원에서 치료 중인 환자입니다. 간다고 하더라도 의사 선생님께 허락받아야 해요."라고. 그런데 내 말이 끝나기 무섭게 그들은 나를 눕히고 한 명씩 차례로 올라타는 게 아닌가. 내 몸을 짓누르며 숨통을 끊으려고 했다. 몸부림치고 저항할수록 더 큰 고통이 느껴졌다. 무게도 점점 가중되어 옴짝달싹 못 할 지경까지 되었다. 무게를 이기지 못해 숨이 곧 넘어갈 무렵 눈이 떠졌다. 또 같은 시간, 새벽 5시였다. 가위 같았지만, 가위가 아니었다. 그보다 더 무서웠다. 그저 상상이 만들어낸 꿈이길 바라며 하루를 시작했다. 어김없이 열이 올랐고 의사와 간호사가 분주하게 들락날락했다. 한 번도 아니고 두 번이나 같은 장소에서 일어나는 끔찍한 꿈을 꾸니 밤이 오고 잠드는 것이 무서워졌다. 다른 사람에게 이야기하면 내가 허약해져서 그런 거라고 대수롭지 않게 생각할 것 같아 이제는 '제발 찾아오지 마. 여긴 인간 세상이야. 네가 있던 곳으로 가버려. 나는 지금부터 내 병 고치는 데 집중할 테니까!'라고 소리 없는 아우성을 질렀다. 그 와중에 밤은 왔고, 꿈이 무서워 세상에서 제일 무겁다는 눈꺼풀을 붙들고 있었지만 나도 모르는 사이 잠이 들었다.

이틀 연속 내게 찾아온 남자가 내 앞에 있었다. 그런데 표정과 주변 분위기가 달랐다. 그는 미소 짓고 있었고, 아주 평온한 곳으로 변해 있었다. 흐르는 강물 위로 배 한 척이 보였다. 이전에는 강 근처에 가지 않으려고 악을 썼다면 그날은 주저 없이 그 배를 타고 조심스레 강을 건넜다. 아무도 타지 않은 배인 줄 알았는데, 배에 오르고 보니 많은 사람이 타고 있었다. 배는 어디론가 향했고 어느 지점에 도착하자 배에 탄 모든 사람이 내렸다. 혼자 힘으로 걷고 또 걸었다. 나는 역시나 환자복에 맨발이었다. 그 차림으로 산과 바다를 건넜다. 그 끝에 강이 보였다. 강을 건너 숨이 차오를 무렵 두 개의 검은 문이 있었고 그 앞으로 수많은 사람이 줄지어 서 있었다. '여긴 어디지? 어떤 곳이기에 이렇게 많은 사람이 줄지어 있는 걸까? 또 나는 왜 여기까지 온 걸까?' 머릿속에서 물음표가 둥둥 떠다녔지만 물어볼 사람이 없었다. 단 한 사람, 나를 이곳까지 데려온 사람에게 물어보려고 했지만 이미 사라진 뒤였다. 결국 영문도 모르고 무리에 끼여 주변 상황을 살폈다. 마침 어떤 소리가 들렸고, 그 소리를 따라 시선을 옮기니 두 개의 문 가운데 누군가 서 있었다. 아주 근엄한 자세로 무언가를 찾는 듯했다. '무얼 저리 찾는 걸까?' 궁금해하며 주변을 둘러봤다. 슬프게 우는 사람들과 행복한 미소를 짓고 있는 사람들이 눈에 들어왔다. 각각 따로 줄을 서 있다는 걸 알게 된 순간 우는 사람들 쪽의 문이 열렸고, 그 안에는 활활 타오르는 불구덩이가 있었다. 반면 미소 짓는 사람들이 줄 서 있는 곳의 문에는 파란 하늘 아래 푸르른 들판 위로 아름다운 꽃이 피어 있고 나비와 벌이 날아다니고 있었다. 평소 내가 동경하던 그림이 거기 펼쳐지고 있었다. 또 거기 줄 서 있던 사람들은 꿈같은 그곳을 마음껏 누렸다. 얼마쯤 시간이 흘렀을까? 길었던 줄이 짧아져 어느새 내 차례가 되었다. 문 앞에 서 있던 사람이 물었다. "넌 어디서 온 누구냐?" 나는 "음, 저는 그러니까…… 부산, 아니 김해에서 온 사빈입니다."라고 대답했고 대화는 계속 이어졌다. "어디 보자! 김해에서 온 게 맞느냐?" "아닙니다. 사실 병원에서 왔습니다. 저는 환자예요. 그런데 어떤 사람이 오라고 손짓해서 따라왔을 뿐입니다." "이름이 사빈이 확실한 게냐?" "네, 맞아요. 왜 그러시는 건가요?" 한참 동안 명부를 뒤적거리던 그는 고개를 갸우뚱하며 "너는 아직 올 때가 아닌데 왜 벌써 온 게냐. 여긴 네가 있을 곳이 아니니 어서 돌아가거라!"라며 들고 있던 검은 방망이로 엉덩이를 내리쳤다. 어찌나 세게 내리치던지 화들짝 놀라 눈을 떠보니 병실이었다. 시계 역시 정각 새벽 5시를 가리키고 있었다. 그리고 또 열이 올랐다.

늘 비슷한 시간에 열이 나는 걸 알고 있는 의사는 해열제를 들고 병실로 왔다. 날카로워진 나는 "선생님, 지금 뭐 하시는 거예요? 해열제 처방 그만해달라니까요! 생살이 찢어지는 것 같다고요." 여러 번 당해 면역이 생겼는지 의사는 개의치 않고 "일어나셨어요? 주무시는 줄 알고 몰래 약 넣고 가려고 했죠. 일어나면 곤란한데요."라며 링거에 해열제 약을 넣었다. 그걸 보고 있으니 뭐라도 해야 할 것 같은 욕구가 생겼다.

신이 알려준 길

신을 믿든 믿지 않든 중요하지 않다. 세 번의 이어지는 꿈을 꾼 나는 신의 메시지라고 확신했다. 살라고, 다시 살아내서 해야 할 일을 찾으라는 메시지 같았다.

마지막 꿈을 꾼 이후 많은 생각이 스쳤다. 지금까지 살아온 삶이 잘못된 거라면 다시 살아서 제대로 된 삶을 살아보자 싶었다. 그래서 기도부터 했다. '저를 살려주세요. 살려주시면 나를 필요로 하는 사람에게 도움 주는 사람이 되겠습니다. 건강한 두 다리로 걸을 수만 있다면 제 몸을 소중하게 여기고, 두 팔을 움직일 수 있다면 하고 싶은 것을 할 수 있음에 감사하며 살겠습니다. 그동안 잊고 지낸 감사한 일들에 용서를 구하며, 세상을 아름답게 바라보겠습니다. 부정적인 말도 최대한 줄일 테니 저에게 살아갈 힘과 답을 주세요.'라고 절실하게 기도했다.

사실 이미 답은 나와 있었다. 누군가를 따라갔고 그렇지만 여기 오면 안 된다고 다시 돌아가라고 한 꿈. 더는 죽음을 생각하면 안 된다는 것을 깨닫고 엄마에게 3일 동안 꾼 꿈을 이야기했다.

나 : 엄마, 나 요즘 밤이 너무 무서워. 3일 동안 희한한 꿈을 꿨거든. 지금도 소름 끼쳐.

엄마 : 어떤 꿈인데?

나 : 믿을지 안 믿을지 모르지만, 이틀 전부터 어제까지 꾼 꿈이 이어져. 이상하게 생긴 사람이 강 건너에서 계속 자기한테 오라고 하는 거야. 나는 안 가려고 버티다가 눈을 뜨

니 새벽 5시였어. 너무 아프고 기력이 떨어져 꾼 꿈이라고 생각했지. 그런데 그다음 날 똑같이 생긴 사람 3명이 또 나한테 손짓하는 거야. 그쪽으로 오라고. 내가 안 간다고 했더니 나를 눕혀놓고 차례로 내 위에 눕더라고. 숨이 막혀서 발버둥을 치다가 눈을 떴는데 또 새벽 5시인 거 있지. 두 번째 꿈도 생생한데, 어제는 꿈인지 생시인지도 모르겠더라고. 마지막 꿈에서는 그 사람을 따라갔어.

엄마 : 뭐라고? 따라갔다고?

나 : 일단 들어봐. 어제는 분위기가 좀 달랐어. 뭐랄까, 평온했어. 강 위에 배가 있었는데 거기에 타라고 하기에 올라탔지. 아무도 없는 줄 알았는데, 배 안에는 사람이 정말 많았어. 하염없이 가더니 이름 모를 곳에 도착했어. 모두 내리라고 해서 나도 따라 내렸지. 나는 지금 이 복장 그대로 양말은커녕 맨발로 걷고 또 걸어서 발바닥에 피가 나고 환자복은 찢어졌어. 그런데도 쉬지 못하게 하는 거야. 산을 넘고 바다를 건너 또 하나의 강을 건넜는데 거기에 배에서 본 사람들이 있었어. 거기가 목적지였던 것 같아. 낯선 풍경에 겁이 나긴 했지만 주변을 둘러보니 희한한 광경이 펼쳐지지 뭐야. 두 개의 문 사이에 한 남자가 서서 무언가를 찾고 있었고, 한쪽 문에서는 비명이 다른 문에

서는 웃음소리가 끊임없이 흘러나왔어. 마치 우리가 상상하는 천국과 지옥처럼. 내 차례가 되자 문 앞에 서 있던 사람이 나한테 어디서 온 누구냐고 물었고, 바른대로 대답했더니 여기 오면 안 된다면서 큰 방망이로 엉덩이를 때리더라고. 놀라서 눈 떴는데 병실이었어. 시간 역시 새벽 5시.

엄마 : ……

해답을 찾는 여행

다른 방법을 찾아야겠다고 생각했다. 그래서 엄마에게 부탁했다. "엄마, 수술은 잘 되었다고 했잖아. 심지어 교수님은 나에게 일어나는 일이 있을 수 없는 일이라며 점술가에게 물어보고 싶다고 했고. 병원에서도 할 만큼 한 것 같은데, 나 살리고 싶으면 내가 하고 싶은 대로 해줄 거지?" 내 말을 듣던 엄마는 어떻게 하고 싶은지 물었고 나는 다시 "용한 점쟁이 찾아가서 한 번 물어봐 줘. 미신이라 해도 괜찮고, 미쳤다고 해도 어쩔 수 없어. 매일 채혈해서 검사해도 원인은 알 수 없고, 이유 없이 계속 고열 나는 것도 이상한 일이잖아. 낫기는커녕 더 아프고 우울증에 죽고 싶은 마음까지 먹은 거 엄마가 곁에서 지켜봤잖아. 벌써 3개월째야. 두 번의 수술로 안 나으면 뭔가 잘못된 게 틀림없어. 나 혼자 있어도 괜찮으니 다녀와 줘. 이번 꿈은 나를 살리기 위한 꿈이었던 것 같아. 내가 모든 걸 포기하니 꿈에서라도 살릴 방법을 찾은 것 같단 말이야."라고 설득했다. 다시 살아보려고 하는 딸이 대견했는지 엄마는 두말없이 수긍하며 "일단 알아볼게. 그런데 어디 가서 물어보지?"라고 했다. "주변에 친구 많잖아. 그리고 한 곳만 가지 말고 여러 군데 가서 물어봐. 같은 말이 절반 이상 반복되면 확률이 높으니까. 의학적으로 해결하지 못한다면 다른 방법이 분명 존재할 거야." 진지한 대화 끝에 바로 다음 날 수소문해 몇 곳을 다녀온 엄마의 얼굴은 한껏 상기되어 있었다.

꿈꾸기 전 의사에게 죽여 달라고 애원했었다. 병원 냄새도 약 냄새도 싫으니 당장 이곳을 벗어나게 해달라고, 의사도 해결하지 못하는 병이라면 집에서 편히 쉬도록 해달라고 부탁했다. 하지만 그들은 그들의 의무와 사명감으로 나를 끝까지 놓지 않았다. 그런 내가 불쌍했는지 담당 의사는 호텔에서 치료받겠느냐는 제안까지 했다. 당연히 나는 거절했다. "교수님은 입원 안 해보셨죠? 이건 생사람 잡는 거나 마찬가지예요. 더 이상 살고 싶지 않고 저로 인해 여러 사람 고생시키는 것도 싫어요. 이제 그만 집으로 보내주세요."라며 흐느껴 울었다. 그렇게 의사와의 대화에서는 내가 원하는 일이 일어나지 않았다. 그 후로 나는 죽은 것처럼 지냈다. 죽은 듯이 지내다 꿈을 통해 희망을 보았고, 다시 살아야겠다는 의지가 생긴 건 꿈 덕분이다.

엄마는 오자마자 몇 가지 질문을 던졌다.

엄마 : 신혼집에 물건 산 적 있어?

나 : 응, 그런데 왜

엄마 : 혹시 나무로 된 물건이니?

나 : 컴퓨터 책상이랑 책장이야. 혹시 그것 때문에 아픈 거라고 말하려는 건 아니지?

엄마 : 아니기는. 그것 때문에 아픈 거래. 나무로 된 물건은 함부로 들이는 거 아니야. 진작 엄마한테 물어보지 그랬어. 가구는 아무 날짜에 들이는 거 아니야. 사람들이 왜 이사 날짜를 중요하게 생각하는데. 오늘 물어보니 나무에 깃든 신이 있다고 하더라. 목신(木神)이 네 목을 감싸고 있어서 수술해도 낫지 않고, 죽을 듯 말 듯 하고 있는 거래.

예상치 못한 말이었다. 가구에 붙은 귀신 때문에 이유 없이 아프다는 말에 허망하기까지 했다. 하지만 중요한 건 그것이 아니었다. 지금의 상황을 해결해야 했다. "그럼 어떻게 해야 하는데?" 다급하게 물었다. "다 굿하라고 하지! 그런데 한 군데에서는 다른 방법을 알려주더라. 몇 가지 재료를 사서 신혼집에서 태워보라고 하더라고. 그렇게 하면 일주일 안에 일어난다고 했어." 뭐라도 해봐야 했다. 희망을 품고 싶었다. 나뿐만 아니라 모두 같은 마음이었다.

남편 휴무에 맞춰 엄마와 새아빠는 준비한 물품을 가지고 신혼집으로 갔다. 갑상선 수술로 호흡기관이 약한 엄마를 대신해 새아빠가 그 일을 했다. 안방과 물건을 들인 작은 방에 불을 지피고, 재료가 다 탈 때까지 기다렸다. 그 시각 나는 조용히 기도했다. 나와 보호자 침대에서 TV를 보고 있는 남편 사이에 흐르는 기운이 묘했다. 긴장감으로 두근거리는 마음을 겨우 진정시키며 연락이 오기만을 기다렸다. 얼마쯤 지났을까? 갑자기 회오리바람이 불 듯 목이 휘청했다. 아주 무거운 물체가 빠져나가는 느낌이었다. 머리가 흔들릴 만큼.

믿을 수 없는 기적

"당신이 내 머리 쳤어?" "아픈 사람 머리를 왜 쳐!" 직감적으로 모든 의식을 마쳤구나 싶은 생각이 들었다. 엄마가 병실 문을 열고 들어오기만을 기다렸다. 얼마 안 되는 시간이 몇 년처럼 느껴졌다. 드디어 병실 문이 열리고 초췌한 얼굴로 들어오는 부모님의 모습이 보였다.

나 : 몇 시에 문 열었어?

엄마 : 12시쯤이었을 거야. 그건 왜?

나 : 그때쯤 목이 휘청하면서 흔들렸거든. 난 김 서방이 머리를 때린 줄 알았는데 아니라 해서 놀랐지.

믿을 수 없었다. 정말 목신이라는 게 존재하고, 그게 나의 목을 붙들고 있다가 빠져나갔다는 점쟁이 말이 맞았다. 정말 SBS 〈세상에 이런 일이〉에 나올만한 일이었다. '미신'의 'ㅁ' 자도 꺼린 남편도 할 말을 잃은 듯 나를 바라보고만 있었다. 이어지는 엄마의 말. "이렇게 하고 나면 일주일 안에 일어난다고 하던데, 어때? 목에 힘이 들어가니?" "글쎄. 3개월 넘게 누워 있어서 바로 목에 힘이 들어올까? 그런데 분명한 건 일어설 수 있을 것 같은 자신감이 생겼어. 혹시 모르니 한 번 일어나볼까?" "그럴래?" "응, 보호대 하고 일어나볼게." 행여 지난번처럼 머리 무게를 견디지 못하고 목이 아래로 떨어질까봐 대비했다. 그런데 침대 등받이를 세워 앉을 준비를 하는데 느낌이 달랐다. 보호대를 하고 있었지만 목에 힘이 들어가는 것이 느껴진 것이다. 목을 천천히 세우니 머리가 들렸다. 감격스러워 눈물까지 났다. 엄마는 나보다 몇 배로 기뻐하며 신기하다는 말만 했다.

놀란 것은 가족뿐만이 아니었다. 같은 병실을 사용하는 환자와 보호자, 의료진까지 놀라서 아무 말을 하지 못했다. 누워서 죽을 날만 기다리는 듯했던 환자가 버젓이 앉아 있으니 그럴만도 했다. 그렇게 되기까지 3개월이 걸렸다. 앉아서 바깥세상을 볼 수 있음에 감동이 물밀듯이 밀려왔다. 그때 내가 꾼 꿈이 다시 떠올랐다. 무서운 꿈이었지만 그 꿈을 꾸게 해준 신이 있다면 절이라도 하고 싶었다. 내가 입원했던 병동의 모든 환자, 보호자, 의료진이 환호했다. 게다가 마치 자기 일인 듯 방송하고 다녔다. "두 번 수술하고 실어증 걸려 누워만 있던 ○○○호 환자, 일어났어. 앉아 있는 거 내 두 눈으로 확인했어. 이건 기적이야, 기적!"이라고.

의료진은 마지막까지 궁금해했다. 죽여 달라고 애원하던 환자가 환한 미소로 앉아서 의료진을 맞이하고 있으니 당연히 의문이 생겼을 것이다. "어떻게 된 건가요? 어제까지 살고 싶지 않다고 했잖아요. 그리고 앉지도 못했고……." 하지만 엄마는 끝내 입을 열지 못했다. 과학적으로 증명하지 못할 그 일을 말할 수 없었다. 대신 엄마는 집에서 만들어 온 음식을 내밀었다. "교수님, 식사 좀 하세요. 집에서 조금 만들어 왔습니다." 잠시 고민하던 의사는 내게 축하 인사와 함께 내일부터 걸어보라는 말을 남기고 돌아갔다.

한 생명이 살아나면서 병동에는 환한 햇살이 비치는 듯했다. 이튿날은 소변줄을 제거하고 화장실에 가는 연습을 했다. 3개월 만에 일어나는 거라 내 몸을 지탱할 수 있는 근육이 없었다. 엄마의 부축을 받으며 땅에 발을 디뎠지만 그마저 좋았다. 한 걸음, 두 걸음, 세 걸음, 아기가 첫발을 내딛는 것처럼 천천히 나아갔다. 침대에서 화장실까지 일반인 걸음걸이라면 고작 세 발짝 거리였지만, 나에게는 열 발짝의 거리였다. 화장실 변기에 앉는 순간, 세상을 다 가진 것 같았다. 축복받은 몸, 더는 너를 힘들게 하지 않겠다며 나는 감격의 눈물을 흘렸다. "엄마, 이제 됐어! 나 혼자 걸을 수 있고, 밥을 혼자 먹을 수 있고, 화장실도 갈 수 있어. 우리가 해냈어! 엄마 고마워!" 엄마는 말없이 그저 웃기만 했다.

일어났다는 소식을 듣고 동생은 한달음에 달려왔다. 퉁퉁 부은 얼굴, 뒷머리만 깎여 뒤죽박죽 얽히고설킨 머리카락을 본 동생은 다음날 예쁜 가발과 함께 두건을 사 들고 왔다. "언니, 이제 살았어. 나는 언니가 어떻게 되는 줄 알고 통도사에서 기도를 얼마나 했는지 몰라! '우리 착한 언니 살려주세요!' 하면서. 부처님이 그 기도를 들어준 거 같아." "그래그래, 우리 동생의 지극한 기도 듣고 신이 살길을 열어주셨나 보다. 고마워, 내 동생."

동생은 그간 있었던 상황이 듣고 싶어 질문을 쏟아냈다. "진짜 목에서 뭔가 나가는 걸 느꼈다고?" "신기하지? 내가 직접 겪었는데도 이게 꿈인가 생시인가 싶어. 소름 끼치긴 했지만 희열이 느껴졌어! 이 세상은 과학적으로 증명되지 않은 일이 분명히 있나 봐. 믿고 안 믿고를 떠나 그 이후 몸이 가볍더라니까." "그게 하루 만에 일어난 일이라니. 내 눈으로 언니가 걷는 모습을 보고 있는데 믿기지 않아." 동생은 나보다 더 신기해하고 기뻐했다. 그런 동생이 병실을 지키겠다며 엄마를 돌려보냈다. 나와 함께 있겠다고 휴가를 내고 온 것이다. 그렇게 자매는 오랜만에 밤을 함께 보내며 마음 졸인 지난 시간에 대한 보상이라도 받은 듯 쉴 새 없이 떠들었다.

때마침 담당 의사는 해외 연수로 자리를 비운 터에 내가 일어나 앉는 모습을 직접 보지 못했다. 이에 소식을 들은 그는 귀국을 앞당겨 나를 보기 위해 일정에 없던 회진을 했다. "정말 신기하네요! 몇 주 전만 해도 죽지 못해 살던 환자가 앉아서 이야기하고 걸을 수 있다니. 이제 몸 추스르는 대로 퇴원합시다."

퇴원, 얼마나 기다렸던 말인가. 기쁨을 감출 수 없었다. 엄마는 "교수님, 며칠 뒤 사빈이 생일인데 미역국만큼은 집에서 먹이고 싶은데 괜찮을까요?"라고 물었다. "네, 가능합니다. 외출하면 되니 그때 간호사에게 말씀하세요." 모든 것이 제자리로 돌아오고 있었다.

다시 태어난 나

생일날이 되었다. 친정에 차려진 생일상은 내가 좋아하는 음식들로 한가득 차려졌다. 부모님과 동생, 동생 남자친구와 다 같이 한자리에 모여 이야기꽃을 피웠다. 힘들었던 순간이 파노라마처럼 스쳐 지나갔다. 한 가지 안타까운 것은 남편과 사이가 멀어진 것이다. 내가 입원해 있는 동안 부모님과 시부모님 사이에 갈등이 일어났고, 섭섭함을 감추지 못한 시부모님은 끝내 병실에 찾아오지 않았다.

퇴원하면 친정에서 요양하기로 했다. 남편은 퇴원하는 날도 모습을 드러내지 않았다. 나는 회사로 복직하기 위해 사라진 근육을 만들며 일상을 만들어 갔다. 그 가운데 '이혼'이라는 단어가 내 머릿속을 떠나지 않았다. 어디서부터 잘못되었는지 알 수는 없지만 양쪽 입장을 들어보지 않고 우리 부모님을 판단해버린 남편이 야속했고, 마음이 아팠다. 거기까지 생각이 미치자 한평생 이 남자를 믿고 살아갈 자신이 없었다. 이혼할 생각하지 말라고 엄마의 다그침이 시작되었다. 결혼 8개월 만에 당신의 삶을 닮아가는 맏이 모습이 속상했을 것이다. 긴 병에 효자 없으니 서로 지쳐서 그럴 수 있다며 내 마음을 돌려보려 했지만 굳게 닫힌 내 마음은 쉽게 열리지 않았다. 단지, 두 사람 사이에 2세가 없을 때, 정을 더 주기 전에 각자 인생을 위한 선택을 하는 것이 나쁘지 않다는 생각이 더 커졌다. 그런 내게 엄마는 자꾸만 노심초사하며 "내 팔자 닮지 말라."고 했다. 살아보고 헤어져도 늦지 않다는 것이었다.

실랑이를 벌이는 동안 시간은 흘러 복직할 날이 다가왔다. 그런데 이게 웬일인가. 수술 부위에 염증이 재발한 것이다. 급기야 수술 부위 살이 터졌다. 퇴원 한 달 만에 재입원하는 신세가 되었다. 부부의 연을 이어가고 있으니 보호자인 남편에게 재수술 상황을 전했다. 그런데 돌아오는 남편의 답변은 퉁명스러운 "어쩌라고." 네 글자였다.

한 번 생긴 염증은 3개월 동안 사라질 기미가 보이지 않았다. 수술 부위를 열어두고 소독약으로 매일 치료해야 했다. 혹여나 감염될까 봐 붕대로 돌돌 말아둔 목을 보고 있노라니 답답했다. 경추 1·2번 탈골 수술은 드문 일이었고 살아난 것이 기적이었다. 하지만 이유 모를 염증과 사투를 벌여야 했고 또 다른 희소병으로 생과 사의 갈림길에 섰다. 내 안에 다른 병이 숨어 있었다. 백혈구 중 호산구라는 수치가 일반인보다 1,000배로 치솟았고 마음의 준비를 하라는 병원 측 말에 엄마는 가슴을 다시 한번 움켜쥐어야 했다.

심장마비나 뇌출혈로 사망에 이른다는 의사의 말에 따르면 '호산구'는 무서운 병이었다. 폐에 물이 찼다는 소견에 치료가 필요하다고 했다. 치료 방법은 폐에 구멍을 내고 호수를 끼워 물을 빼는 것이었다. 나는 약물 치료를 하겠다며 거절했다. 다행히 의료진은 내 의견을 받아들여 경과를 지켜보고 결정하자고 했다. 안도의 숨을 내쉬었지만, 두 번째 병원 생활로 결국 회사에서 권고사직이 되었다. 이별은 예정된 일이었다.

언제 집에 갈 수 있을지 모르는 상황이었지만 예전과 달리 나는 최선을 다해 치료에 임했다. 설사 죽는다 해도 기적이라는 확고한 믿음이 나를 살릴 수 있을 것 같았다. 3개월의 치료, 시술, 열어둔 피부 봉합 수술로 길고 긴 병원 생활의 마침표를 찍었다. 가족에게 마음의 준비를 하라며 사망 선고를 받았지만 나는 살았다. 그것도 아주 당당한 모습으로.

이 이야기를 들으면 모두가 치료 방법을 궁금해하겠지만,

가장 중요한 것은 나 자신을 믿은 것이라고 말하고 싶다. 회복할 수 있다는 믿음과 신뢰, 다시 세상 밖으로 나갈 수 있다는 기적을 마음에 품고 아프지만 참고 이겨냈다. 세상이 나를 버려도 나는 세상을 버리지 않겠노라고, 나약함은 이제 내게 존재하지 않는 단어라며 몸과 마음을 단단히 했다. 그리고 주변 사람을 대하는 태도가 달라졌다. 엄마에게 "나 혼자 충분히 있을 수 있어. 내 걱정하지 말고 집에 가서 쉬고 다음 날 시간 되면 와."라며 해맑은 미소로 등 떠밀어 집으로 보냈다. 그때는 몰랐다. 엄마는 나에게 들키지 않기 위해 병원 복도에서 울음을 삼켰으리라고는. 엄마는 병원을 나서며 큰외삼촌과 통화하며 참았던 울음을 토해냈다고 한다. "다 키운 자식 먼저 앞세워야 한다는 말이 믿어지지 않아! 그걸 사빈이한테 어떻게 말해! 오빠, 사빈이 어떡해!" 하지만 방법은 없었다. 약물 치료가 잘 되길 바라는 수밖에 없었다.

희소병으로 3개월을 보내며 인생이 이렇게 힘든 거라면 포기하고 싶은 생각이 안 들었던 것은 아니다. 아픔이 사라지길 기도하며 매섭게 휘몰아치는 태풍 매미를 병원 창문으로 지켜봤다. 그 모습이 내 인생 같다는 생각이 들었다. 남김없이 휩쓸어 간 태풍처럼 나에게 남은 건 아무것도 없었다. 병만 남아 있을 뿐. 하지만 나의 의지로 병을 이겼고, 시간은 흘러 퇴원을 했다. 또다시 내 거처가 문제였다. 남편과 사이가 좋지 않으니 부모님은 걱정이 커졌다. 새아빠는 딸이 원하는 대로 하라고 했고, 엄마는 당신 팔자를 닮아서는 안 된다며 새아빠와 엄마의 의견 대립이 되었다. 승자는 엄마였다. 엄마 설득에 나는 결국 신혼집으로 향했다. 그러나 결혼 10주년을 앞두고 이혼했다. 두 딸을 낳고서야 각자 인생을 살기로 한 것이다. 10년이 흐른 후 말이 무섭다는 걸 실감했다. 엄마가 그토록 안 된다던 바람은 말이 씨가 되고 싹을 틔우고 말았다. 묵묵히 딸을 지켜봐 줬다면 두 아이에게 미안한 마음을 가지지 않았을 텐데 어쩌겠는가. 엄마는 딸이 잘되길 바라는 마음으로 노파심에 뱉은 말이었고, 앞날은 아무도 알 수 없으니 말이다. 그렇게 내 인생의 롤러코스터는 멈출 틈이 없었다.

3부 살아갈 이유를 찾는 시간

누구도 못 말리는 모성애

20대 후반, 갑작스러운 투병 생활로 상처 난 곳에 더 큰 상처를 내며 살았다. 그 상처가 아물기도 전에 맏딸 노릇, 아내 노릇, 며느리 노릇을 하기 위해 신혼집으로 들어갔다. 이미 마음이 멀어진 상태였지만 모두가 원하는 그림이었다. 남편은 내 마음과 자신과의 화해는 안중에도 없고 시부모와의 관계 회복을 먼저 요구했다. 도살장에 끌려가는 소가 그런 마음일까? 퇴원 후 남편 손에 이끌려 시가로 가는 그 길을 지금 생각하면 서글프다. 또다시 나는 내가 아닌 주변 사람을 먼저 돌봐야 하는 상황이 되었다. 죽을 듯한 고통을 이겨내고 일상으로 돌아온 내게 다들 자식 도리, 며느리 도리를 운운했고 나는 그것을 묵묵히 따랐다.

그러던 중 나에게 선물이 왔다. 그토록 원했던 아이가 생긴 것이다. 행복했다. 그 순간만큼은 여왕이 되었다. 좋은 것만 보고 좋은 음식만 먹고 좋은 행동만 했다. 우여곡절 끝에 출산하고 육아가 시작되었다. 두 번 다시는 아프지 말고 불화를 일으키지 말자고 맹세했다. 첫 아이는 나의 든든한 지원군이나 다름없었다. 열 달 품어 낳은 아이를 꼬박 1년을 모유 수유하며 품에 안고 키웠다. 이전에는 느끼지 못한 감정이 휘몰아쳤다.

화목한 가정에서 성장하지 못한 탓에 내게 좋은 엄마 노릇은 고달팠고 받아보지 못했기에 줄 수 없었다. 어떤 느낌인지 어떤 감정인지 짐작할 수 없었다. 하지만 모성애는 달랐다. 엄마에게서 받은 사랑 그대로 아이에게 줄 수 있었다. 출산 6개월 무렵 수술한 부위가 터졌는데도 '이 정도는 참을 수 있어. 모유 수유 끝내고 병원 가야지.'라고 했으니 말이다. 게다가 시부모는 나를 보며 당신들이 알고 있는 지식을 총동원해 수술 부위 고름을 짜냈다. 목덜미는 고름과 피가 섞여 그야말로 처참했다. 그런데도 병원에 갈 수 없었던 것은 나를 바라보는 아이 눈빛이 간절했기 때문이었다. 그 눈빛을 외면할 수 없었다. 모성애가 강하면 안 된다는 걸 그때 새삼 알게 되었다.

피부가 너덜너덜해질 때쯤 병원을 찾았다. 주치의는 단칼에 "수술합시다."라고 했다. '쿵' 하고 심장이 내려앉는 것 같았다. 고통스러운 수술을 다 이겨냈는데 또 수술이라니. 나는 "지금 당장 단유는 안 돼요. 수술 말고 다른 방법은 없을까요? 이제 갓 태어난 아이를 위해 다른 방법을 찾아주세요."라고 사정을 설명했다. 하지만 다른 방법은 없다고 했다. 다시 애원했다. "약부터 먹어볼게요. 처방해주시면 단유해 보겠습니다. 어린아이를 두고 병상에 누울 수 없어요." 내 이야기에 귀 기울이던 주치의는 누구보다 고달파한 병원 생활을 알기에 내 의견에 손을 들어줬다. 단, 약 복용에 부작용이나 고름이 더 생기면 바로 병원으로 오기로 약속했다. 그때는 두말없이 수술해야 한다고 했다. 핀 박은 곳까지 염증이 퍼지면 예전에 했던 수술을 또 해야 한다는 말에 긴장을 늦추지 않고 생활했다. 그만큼 병원 생활은 피하고 싶었다.

그렇게 아이를 가장 먼저 생각한 나였지만 안타깝게도 내가 받은 상처까지 물려줬다. 그 사실을 알고 난 후부터 지금까지 마음공부를 꾸준히 이어오고 있다. 엄마의 상처를 아이들에게 대물림했다는 자책으로 상처를 치유 중이다. 그래야 떳떳한 엄마, 당당한 엄마, 멋진 엄마로 아이들 곁에 다가갈 수 있으니까.

또 한 번 발휘한 긍정 에너지

그래도 약으로 회복할 수 있다는 희망을 버리지 않았다. 기쁜 마음으로 약을 받아 집으로 돌아왔다. 나락으로 떨어지는 듯했지만 힘이 솟아올랐다. 불평불만 할 시간에 치료에 집중하자는 생각만 했다. 긍정 에너지는 부정적인 생각이 들 때마다 나를 지켜주었고, 절망하지 않는 삶은 미래가 있었다. 고기도 먹어본 사람이 맛을 안다고 지금까지 수많은 난관에 부딪히며 오뚜기처럼 다시 일어나 봐서인지 나는 힘겨운 상황을 이겨내는 방법을 알고 있었다. 또 '사람은 쉽게 무너지지 않는다. 신은 내가 극복할 수 있도록 이끌어주고 모든 과정을 지켜보고 있다.'는 믿음을 저버리지 않았다. 순간순간 신이 장난치는 것 같아 포기하고 싶을 때가 있었지만 내 안에서는 다시 긍정의 불씨가 올라왔다.

여동생은 삶이 자신의 편이 아니라는 생각이 들 즈음 나를 찾아왔다. 동생 역시 나처럼 인생의 장애물을 만날 때마다 이겨내는 힘을 갖길 바라며 대화한 덕분일까 동생도 동생만의 긍정 스위치를 찾았다. 그리고 내게 "언니는 어디서 그런 힘이 나와? 그동안 힘든 일도 많았잖아. 그래서 더 신기해. 아마 언니는 모를 거야. 지쳐 있을 때 언니를 만나면 힘이 난다는 걸. 난 그런 언니가 참 멋있어."라고 했다. 그 한마디에 마주친 상황 앞에 굴복하지 않는 것이 나와 내 삶을 사랑하는 일이자 앞으로 살아갈 날을 더 멋지게 만들어줄 밑천이라는 생각이 들었다.

다행히 염려했던 것과 달리 약물 치료에 차도가 있었다. 상처 부위가 서서히 아물기 시작했다. 천천히 진행한 단유도 별 탈 없이 성공했다. 또 한 번 기적을 선물한 긍정의 힘을 느꼈다. 긍정 앞에는 반드시 부정이 따라오기 마련이다. 나 역시 인간인지라 긍정의 힘을 알면서도 부정 앞에 무너지고 무릎 꿇기도 한다. 그런데 그때마다 모든 일이 꼬였다. 나와 상관없을 것 같은 일도 나쁜 상황으로 만들었다. 이런 부정의 강력한 기운을 아는데도 인간은 망각의 동물인지라 나도 모르는 사이 부정의 문에 발을 들여놓게 된다. 하지만 괜찮다. 그 사실을 빠르게 알아차리고 현실로 돌아와 긍정의 기운을 불러오면 되니까. 또 이렇게 장착한 긍정은 그 누구도 아닌 내가 직접 해낸 일이라 그 힘이 더 세다.

나는 어려운 상황을 극복하는 과정을 즐기고 있다. 즐긴 덕분에 지금의 내가 있다고 믿는다. 그 과정 중에 찾은 무기가 있다. 심장이 내려앉을 때마다 하는 일은 바로 책을 집어 드는 행위다. 정신을 놓지 않기 위해 독서하며 나의 부족한 부분을 채운다. 내가 선택한 이 방법이 꽤 만족스럽다. 왜냐하면 책은 언제나 나의 긍정 에너지를 한껏 올려주니까.

가렵던 부위가 사라지고 피고름 범벅이었던 목덜미는 곱게 아물었다. 그로써 정상적인 생활을 할 수 있게 되었다. 그 자체만으로 행복했다. 모두 나를 믿고 행동한 결과였다. 많은 사람이 자기 안에 숨어 있는 가능성을 과소평가하지만, 우리는 우리가 생각하는 것보다 긍정의 에너지가 크다는 사실을 알았으면 좋겠다. 그것을 알아차리는 것만으로도 고통스러운 삶을 이겨낼 수 있다. 그 경험을 통해 내가 원하는 삶을 살아갈 수 있음을 나의 경험이 말해주고 있다. 어떤 날은 나를 믿었지만 버리기도 했다. 자아가 강해 내가 원하는 방향으로 이끌었지만, 그 자아 속에는 내가 없었다. 즉, 나보다 타인을 먼저 생각해 내가 바라는 대로 하지 못했고, 내가 원하는 것조차 나를 무시했다. 뿐만 아니라 내면은 아프다고, 보살펴달라고 소리쳤지만 그 소리를 듣지 못하고 극도로 아파야 깨닫는 바보였다.

결혼 생활에 있어서도 별반 다르지 않았다. 싸움에 지쳐서 그만두고 싶은 마음이 소용돌이쳤지만 언제나 그랬던 것처럼 상대방이 싫어하는 행동을 하지 않는 것으로 회피했고, 엄마를 생각하며 나의 아픔을 속으로 삼켰다. 돌이켜보면 그렇게 타인을 생각하는 마음의 절반만 나를 위해 썼더라면 덜 아팠을 텐데 하는 생각이 절로 든다. 한 번만 상대방에게 안아달라고 솔직하게 말했다면 어땠을까. 그저 마음으로만 바랐으니 상대가 내 마음을 알지 못했던 것인데 나는 그저 외면한다고 생각했다. 그럴수록 나는 상대의 눈에 들기 위해 노력했다. 그러다 지쳐 나는 나를 죽이는 것을 자처했다. '나는 너를 위해 이토록 노력하는데 너는 왜 안 하니? 나 좀 봐, 날 좀 봐 달란 말이야!' 소리 없는 아우성만 지르며 아침부터 잠들기 직전까지 분노했다.

온종일 예민한 상태로 힘겨운 나날을 보내다 결국 일이 터졌다. 나를 아끼지 않고 사랑하지 않는 내 모습에 신의 노여움을 산 것인지 10년 만에 또다시 고통스러운 병이 찾아와 병상에 눕고 말았다. 큰아이가 학교생활에 적응하기 전에 병원 신세를 져야 해서 나의 마음을 더 괴롭게 만들었다. 하지만 한탄한다고 해서 바뀔 것은 없었다. 현실을 받아들여야만 했다. 나는 병마와 싸울 준비를 했다.

서서히 스며든 불행의 그림자

투병 생활은 한 번으로 족하다고 생각했다. 더욱이 힘겨운 결혼 생활을 이어가고 있었기에 다른 고통은 없을 것이라고 믿었다.

첫 아이가 6개월이 되었을 때, 수술한 부위에 염증이 재발한 나는 아이를 위해 희생했다. 엄마라면 마땅히 그렇게 해야 한다 생각했고, 고통을 참으면 좋은 엄마가 되는 줄 알았다. 그리고 4년 터울로 둘째가 생겼다. 여느 가정처럼 행복하다고 믿었다. 그 무렵 대출의 힘을 빌리긴 했지만 이전 집보다 넓은 집을 마련했다. 마음에 드는 아파트가 미분양이라는 말에 남편을 설득했고, 계약까지 성사시켰다. 새로운 환경에서 제2의 신혼을 꿈꾸며 좋은 부모가 되길 바라는 마음으로, 입주할 날만을 손꼽아 기다렸다. 꿈에 그리던 날은 다가왔고 이사했다. 그런데 입주 한 달 만에 아이들 머리에서 머릿니가 나오기 시작했다. 충격적이었다. 신도시였고 새집에서 이런 일이 생길 거라곤 상상하지 못했기 때문이다. 다행히 예민하고 청결한 나의 성향으로 머릿니 사건은 종결되었다.

불행한 일은 그것으로 끝나지 않았다. 큰아이 학예발표회를 보러 가기 전 먹은 토스트에서 문제가 생겼다. 한동안 머릿니로 신경이 곤두서 있었고, 아이의 첫 학예발표회라는 생각에 나도 모르게 긴장했었나 보다. 그날 이후 나는 화장실을 수시로 들락날락해야 했다. 급히 먹은 토스트가 몸의 가장 약한 대장을 건드렸다고 생각했다. 단순히 장염이라고 생각하고 동네 병원에 다녔지만 호전되기는커녕 치료하면 할수록 증세가 더 심각해졌다. 아이들이 있으니 현실을 부정하며 그만 아프게 해 달라고 간절히 기도했다. 그러는 사이 토스트를 먹은 지 4일이 지났고 대장은 점점 병들어갔다. 복통과 설사, 구토 급기야 혈변까지 보니 겁이 덜컥 났다. 탈이 나도 단단히 탈이 났다는 게 온몸으로 느껴졌다. 남편에게 전화했다. “여보, 배가 너무 아파. 큰 병원에 가서 검사받아봐야 할 것 같아. 조퇴하고 와주면 안 될까?” 혈변을 쏟아내고 나니 어지러워 도저히 일어날 수 없었다. 급한 대로 정리하고 달려온 남편과 동네에서 가장 큰 종합병원을 찾았다.

느낌이 좋지 않았다. 어쩐지 집에 돌아갈 수 없을 것 같은 불길한 예감이 들었다. 뭐든 먹으면 곧장 화장실을 가야 했던 나는 심한 어지럼증을 호소했고, 혼자 힘으로 걸을 수 없어 남편 부축에 의지해 몇 가지 검사를 마치고 의사와 마주 앉았다. 그런데 슬픈 예감은 어찌 그리 단 한번의 예외도 없이 적중하는지, 의사의 “피검사 결과로 보나, CT 결과로 보나 염증 수치가 너무 높네요. 염증으로 의한 복통으로 보이니 입원해서 경과를 지켜보도록 하지요.”라는 말에 나는 눈앞이 캄캄해졌다. “안 돼요. 아이들 돌봐줄 사람이 없어요. 통원 치료하면 안 될까요?”라고 말했다. 내 마음을 아는지 모르는지 의사는 “안 됩니다. 아침저녁으로 항생제 주사를 맞아야 해요. 입원해야 합니다.”라고 단호하게 말했다. "시간 맞춰 꼬박꼬박 올게요. 항생제 주사 맞고, 주사가 부족하면 약으로 보충할 테니 입원만큼은 안 하게 해주세요."라고 애원했지만 통하지 않았다.

이제 더는 병상에 누울 일은 없을 거라 생각했건만 9년 만에 또 지긋지긋한 병원 냄새를 맡게 되었다. 당장 아이들을 봐줄 사람이 필요했다. 믿을 사람은 친정엄마 뿐이었다. 넉넉하지 않은 형편에 엄마 자신의 생계를 책임지느라 직장 생활을 하고 있어서 미안한 마음으로 조심스레 엄마에게 전화했다.

나 : 엄마, 오늘도 가게 나가?

엄마 : 가야지. 왜? 무슨 일 있어?

나 : 어려운 거 아는데 며칠만 우리 아이들 봐줄 수 있을까 해서.

엄마 : 왜? 무슨 일인데?

나 : 사실 며칠 동안 설사를 심하게 했거든. 그래서 병원 왔더니 염증 수치가 너무 높다고 하네. 입원해야 한대.

엄마 : 내가 다시 전화할 테니, 조금만 기다려.

또 다시 엄마의 손을 빌렸다. 마음의 짐은 늘었지만, 아이들이 느낄 엄마의 빈자리는 친정엄마만이 확실하게 채워줄 수 있을 것 같았다. 덕분에 안심하고 병원 생활을 할 수 있었다.

마음에 저장된 노래가사

병원에 입원하기 전 "오늘 정기검진 받고 왔는데, 갑상선 혹이 또 생겼다고 하네. 수술해야 한다더라."는 친정엄마의 전화를 받았다.

나 : 수술? 혹이 많이 커? 양성이래?

엄마 : 초음파 검사랑 조직 검사를 했는데 암이라고 하네. 제거 안 하면 안 된대. 그래서 지금 예약하고 집에 가는 길이야.

나 : 그동안 피곤하지 않았어?

엄마 : 피곤하긴 했지만 견딜 만해서 그러려니 했지. 그런데 이런 결과가 나오니 한숨밖에 안 나오네.

불과 한 달 전이었다. 친정엄마의 재수술 통보 후, 한 달 만에 맏이가 또 병원 신세를 져야 하는 상황이 벌어졌다. 이 무슨 기구한 운명이란 말인가. 엄마의 수술은 석 달 뒤였다. 그런 엄마를 쉬게 해주지 못할망정 아이들을 맡겨야 하는 게 너무 미안했다.

아프기 전에 잊을 만하면 꾸는 꿈이 있었다. 소름 끼칠 만큼 아주 무서운 꿈이었다. 꿈에는 새하얀 얼굴의 남자가 나왔는데, 그의 머리카락은 새까맸고 눈은 매우 컸으며 새빨간 입술을 하고 있었다. 몇 년 전부터 몇 개월 간격으로 꾸는 이 꿈은 가위에 눌리는 것보다 더 끔찍했다. 그 남자가 누구인지 알 수 없었다. 가장 힘들었던 건 꿈을 꾸고 나면 불길한 기운이 엄습해오는 것이다. 자주 가는 절에 가서 제발 나타나지 않게 해달라고 기도할 정도였으니 말로 다 표현하지 않아도 나의 괴로움이 전해질 것이라 생각한다. 나의 기도를 무시하는 듯 2011년~2012년에는 그 꿈을 꾸는 횟수가 늘어났다. 동생과 통화하며 남자의 정체를 알고 싶다고 여러 차례 이야기했다. 동생은 이상한 꿈이라며 무섭다고 했다.

하루는 우리 가족과 동생 가족이 캠핑을 떠났다. 화장실을 자주 찾는 나를 배려해 동생이 화장실에서 가까운 곳으로 자리를 잡았다. 그런데 공용 화장실의 위생은 민망할 만큼 좋지 않았고, 아래로 다른 사람들이 본 내용물까지 훤히 보이는 시설이었다. 까딱 잘못해 다리에 힘이 풀리면 발이 빠질 수 있는 위험천만한 곳이었다. 그래서 나는 될 수 있는 대로 음식을 먹지 않았다. 오랜만에 바깥 공기 쐬며 휴식을 갖는 가족들에게 걱정을 끼치고 싶지 않았다.

시간이 흘러 밤이 되었고, 동생은 꿈 이야기를 꺼냈다.

동생 : 며칠 전에 꿈 이야기 했잖아. 그런데 언니가 말한 그 남자, 내 꿈에도 나왔어.

나 : 뭐? 내가 말한 모습 맞아?

동생 : 응, 이상한 건 언니 꿈에는 언니만 나왔다고 했잖아. 내 꿈엔 엄마, 언니, 나 세 명이 있었어. 그리고 우리를 째려봤어. 처음엔 언니, 다음엔 엄마, 마지막으로 나. 너무 무서운 거 있지.

나 : 도대체 누군데 네 꿈에까지 나타나는 거야! 아무튼 좋은 꿈은 아닌 것 같으니 우리 몸조심 하자. 내일 엄마한테 전화해야겠어.

예사로운 꿈이 아닌 것 같았다. 불안한 마음을 안고 오지 않는 잠을 억지로 청했다. 캠핑에서 나의 복통은 점점 더 심해졌다. 설사는 끊어질 기미가 보이지 않았다. 이러다 죽겠다는 생각이 들었다. 보다 못한 동생이 같이 병원 가자고 했다. 여러 번 병원 생활 경험이 있었던지라 아이들 걱정이 앞서 병원 가기를 미뤘다. 미련하기 그지없었다. 또 내가 아닌 아이들 생각으로 참았고, 심상치 않은 증상이 무서워 도망가려고 했다. 가정을 지켜야 한다며 아픔을 견디고 버텼다.

그러던 어느 날 동생 가족과 외식하기 위해 음식점을 찾았다. 시도 때도 없이 찾아오는 복통으로 나는 화장실에서 나오지 못했다. 너무 오랫동안 자리를 비워 걱정이 된 동생은 화장실까지 쫓아왔다. 문을 두드렸지만 인기척이 없자 동생은 화장실 문을 강제로 열었고, 기겁했다. 거기 내가 쓰러져 있었던 것이다. 이내 정신이 돌아온 나는 동생을 붙들고 부탁했다. 방금 본 일을 모른 척해달라고. 가족에게 걱정 끼치고 싶지 않다고. 그리고 약속을 지켜준 동생과 함께 다음 날 동네 병원을 찾았다. 의사는 아무런 조치 없이 약만 처방했다. 그 상황이 의아한 동생은 "언니가 혈변을 많이 보고 지금은 어지러워 아무것도 못 해요. 링거라도 놔주세요."라고 했다. 의사는 아랑곳하지 않고 그냥 가라고 했고 처방받은 약은 소용없었다.

남편과 함께 찾은 병원 역시 다르지 않았다. 눈물이 났다. 죽고 싶을 정도의 고통을 가족들에게 감추고 싶었다. 구토가 나오는 것을 달래며 화장실 들어가는 순간까지 참고 인내하며 견뎠다. 유년 시절 겪지 말아야 할 일을 일찍 경험했고, 살아야 한다는 이유 하나로 이를 꽉 물고 버텼다. 그러다 듣게 된 슬픈 노래 한 소절이 마음을 무너져 내리게 했지만, 반면에 내 마음과 머리에 희망의 메시지로 남게 되었다. 영화 〈서편제〉 OST 가사에 나오는 '살다 보면 살아진다'가 그것이다. 정말 살다 보니 살아졌다.

죽을 만큼 고통스러운 삶이었지만 그 누구를 탓하지 않고 희망을 찾으려고 애를 썼다. 다시 일어날 수 있는 힘은 나에게 있다는 걸 알았기에.

끊임없이 나를 끌어내리는 고통

그토록 눈치 보지 않겠노라고 다짐해놓고 아프면서 비명은커녕 아프다 소리 한 번 못했다. 속으로 아파했고, 도움을 받지 않으려고 혼자 힘으로 일어서려 했다. 주변 사람들에게 민폐를 끼치고 싶지 않아 그저 치료받고 건강한 일상이 되기를 바랐다.

하지만 그건 내 바람일 뿐이었다. 염증 수치는 한없이 치솟았고, 열이 내리지 않아 병원에서는 난감해했다. 해열제를 처방했지만 일시적이었다. 몇 년 전처럼 몇 시간 후 다시 고열에 시달려야 했다. 복통을 유발하는 염증은 항생제만으로 수치를 잡을 수 없었다. 물만 마셔도 화장실에 가야 하는 상황은 바뀌지 않았다. 화장실에 가는 이유는 대장에 머물러 있는 피를 쏟기 위함이었지만 병원에서는 알지 못했다. 이유 없는 복통, 복통을 유발하는 염증이 어디서 오는지 알 수 없었다. 복통이 심하니 대장이 문제라는 걸 알았지만 동네 작은 종합병원에서는 그 원인을 정확히 알지 못했다. 지금으로부터 9년 전 궤양성 대장염이 생소한 병이었기 때문이다.

일주일간 입원했지만 뚜렷한 병명과 치료 방법은 알아내지 못해 퇴원했다. 주치의는 처방한 약을 먹고 대장내시경을 해보자고 했다. 원인을 알지 못해 답답했지만, 집으로 간다는 사실만으로 기뻤다. 퇴원 수속을 위해 원무과를 찾았다. 번호표를 뽑고 의자에 앉아 있는데 갑자기 어지러워 견딜 수 없었다. 복식호흡을 했지만, 현기증으로 속은 더없이 거북스러웠다. 곧장 화장실로 뛰어갔고 그 뒤 기억은 없다. 지긋지긋한 소독약 냄새가 싫어 남편을 기다리지 않고 서두른 대가였다. 입원해 있는 동안 내가 먹은 거라곤 물과 약뿐이었다. 먹으면 화장실을 가야 했으니 몸속에는 아무것도 없었다. 먹는 것이 고통 그 자체였고, 화장실 가는 횟수를 줄여보려고 밀려오는 복통을 참아보기도 했지만, 혈변 양은 똑같았고 괴로운 건 마찬가지였다.

화장실 갈 때마다 기도했다. '신이시여! 제발 제가 감당할 수 있는 고통만 주소서. 지금 이 고통은 너무 가혹합니다. 대체 무얼 일깨워주려고 이런 고통을 안겨주시나요? 벌을 주시려면 아이들이 크고 난 후 주셔도 늦지 않아요. 이미 온 고통은 피하지 않겠습니다. 부디 견딜 수만 있게 해주세요.'라고.

10년 전 고통이 떠올랐다. 그때 어떻게 이겨냈던가. 나를 사랑하기로 약속했기에 기적처럼 새로운 삶을 살 수 있었다. 큰 깨달음이 있었지만 나는 또다시 나를 위한 삶이 아닌 남이 요구하는 인생을 살았다. 다른 사람이 좋아하는 대로 살면 상대가 나를 사랑해주고 존중해줄 줄 알았다. 그러면서 '나는 이만큼 너를 위해 헌신하고 있잖아. 왜 알아주지 않는 거야!'라며 억울함으로 밤마다 마음을 후벼 팠다. 스스로 상처를 냈고 이 고비를 넘기면 좋은 날이 올 거라 여겼다. 그것은 나를 위험한 상황으로 밀어 넣는 행동이었다. 나 자신을 알지 못해 몸이 병들고 아팠다. 이는 아파야만 삶을 되돌아보는 나를 너무 잘 알고 있는 신의 벌이며 내가 나를 사랑하지 않으니 준 벌이었다. 그렇게 나는 10년 만에 비극을 맞이했다. 꼬리에 꼬리를 문 생각이 여기까지 치닫자 나를 찾아야겠다는 확고한 마음이 생겼다. 타인의 눈이 아닌 나의 눈으로 나를 돌보고 아픈 상처를 치유해야 했다. 나부터 바꾸고 냉철하게 나를 바라봐야 했다. 이겨내라고, 이겨낼 수 있는 강한 힘이 있다고 나를 다그쳤다. 고통 속에서 새로운 세상을 바라보는 눈, 희망을 볼 수 있는 눈을 가진 자에게 새로운 삶을 선물로 준다고 하지 않았던가? 앞으로는 희망을 찾는 일상으로 채워보기로 했다.

긍정의 기운으로 굳은 결심을 한 덕분일까, 퇴원 후 반갑게 맞이해주는 아이들, 그리고 유일한 내 편인 엄마가 반겨주니 가슴이 벅차올랐다. '그래! 사랑하는 사람들을 위해 할 수 있는 건 다시 일어나는 거야! 고통은 무섭고 두렵지만 이겨내 보자. 나를 위해서, 아이들을 위해서, 큰딸이 아픈 손가락이라고 말하는 엄마를 위해서. 다시 세상에 돌아온 이유를 찾아보자!' 며 힘을 냈다.

복통으로 거실 바닥을 뱅글뱅글 돌다 잠시 통증이 사라지면 엄마와 대화했고, 아이들 모습을 눈에 담았다. 다시 고통이 시작되면 안간힘을 내며 고통을 겪었다. 대장이 찢어질 듯해 눈물이 났지만 '참자. 이겨내자. 나를 위해, 엄마를 위해, 아이들을 위해. 아픈 엄마라도 곁에 있는 것만으로 힘이 될 거야! 너 알잖아, 엄마 없는 고통. 하늘이 무너졌잖아. 아팠잖아. 아이들에게만은 엄마 빈자리를 만들지 말자. 희망의 끈을 놓지 말자!' 고 되뇌고 되뇌며 이를 악물었다. 세상을 다시 살아보겠노라는 희망 하나로 나를 일으켜 세웠다.

휠체어 타고 한 병원 투어

생과 사 앞에서 절대로 무릎 꿇는 일은 없을 것이라고 맹세하고 또 맹세했다. 하지만 나의 기도가 무색할 만큼 감당할 수 없는 고통에 이러지도 저러지도 못했다. 희망의 끈을 놓을 때가 왔다고 생각했다. '아이들과도, 엄마와도, 병든 나를 위해 이리저리 뛰어다니는 남편과도 이별 인사하자.'는 마음이 내 정신을 휘감았다. 또 '누워만 있는 내가 무엇을 할 수 있을까. 사랑하는 당신들에게 나는 무엇을 남기고 갈 수 있을까? 신이시여, 방법을 안다면 외면하지 말고 꿈에서라도 알려주세요.'라고 기도했다. 마치 마지막을 준비하는 사람 같았다.

그 와중에 이 병원 저 병원 아무리 다녔지만 모두 알 수 없는 병이라며 큰 병원으로 갈 것을 권했다. 서글펐다. 병명이라도 알고 싶었다. 아픈 아내를 걱정하는 남편이 안타까웠는지 회사 대표의 편의로 대학병원 응급실을 찾았다. 엄마에게 아이들을 맡기고 기약 없는 병원 생활을 위해 떠난 길이었다. 10년 전 투병 생활을 한 병원이었다. 어쩜 이렇게 인생이 허무한지 웃지도 울지도 못했다.

남편과 함께 도착한 대학병원 응급실에는 환자가 가득했다. 알 수 없는 복통과 구토로 고통을 호소하고 있었다. 아주 잠시지만 나만 겪는 일이 아니라는 생각에 위안이 되었다. 그리고 알 수 없는 검사가 이어졌다. 아무리 기다려도 의사는 보이지 않았다. 자궁 쪽에 혹이 보인다는 소견으로 더 정확한 검사가 필요하다고 했다. 휠체어를 타고 산부인과로 향했다. 산부인과 진료실에는 그 흔한 간호사가 없었다. 어지러운 나를 부축해줄 수 있는 건 오직 휠체어 손잡이와 진료실 침대뿐이었다. 어지러운 내 몸을 다독이며 진료복으로 갈아입고 의사를 기다렸다. 곧이어 검사할 의사가 진료실로 들어왔다. 내진을 마친 의사는 아무 말 없이 그 자리를 떠났다. 영문을 알 수 없었다. 혼자 옷을 갈아입고 남편 부축을 받아 휠체어를 타고 다시 응급실로 돌아갔다. 그때까지 나를 수발하느라 밥 한 끼 먹지 못한 남편이 눈에 들어왔다. 남편에게 식사하고 오라 했다. 아무것도 할 수 없는 응급실에서의 기다림은 성한 사람에게는 고통이란 걸 여러 차례 병원 생활로 잘 알고 있었던 터였다. 남편은 내가 생과 사에 설 때마다 자기를 희생하며 할 수 있는 만큼 최선을 다했다. 다시 생각하면 고마운 사람이다.

복통의 강도가 세졌고 화장실에 가는 횟수가 늘었다. 수액을 맞고 있으니 더 자주 가야 했다. 몸에서는 좋은 것을 받아주지 않았다. 아픈 배를 부여잡고 화장실에 앉아 뭐가 잘못된 거냐며 푸념을 늘어놓았다. 일상을 돌려달라고 애걸복걸했고, 집에 보내달라고 눈에 보이지 않는 신에게 매달리며 기도했다. 응급실 찾은 건 이른 아침이었건만 늦은 밤이 되어서야 입원 수속을 밟을 수 있었다. 시간이 밤 10시라 당일에 입원하다니 운이 좋았다. 응급실에서 하루 이틀 기다린 환자들보다 먼저 입원했으니 말이다.

출근을 위해 아무 말 없이 보호자 침대에 몸을 맡기는 남자와 그 모습을 지켜만 봐야 하는 나 사이에 흐르는 기류는 어색했다. 보호자 없이 어떻게 버틸 수 있을지 답답했다. 복통을 안고 병원 생활을 이어 나갈 자신이 없었다. 상상 이상의 고통을 안고 있었기에 무서웠다. 그런데도 나보단 아이들이 우선이라는 생각에 나에게 오겠다는 엄마를 겨우 말리고 혼자 병원 생활을 이어갔다. 병동에서는 보호자를 찾기 시작했다. 간호사는 반드시 보호자가 있어야 한다고 했다. 난감했다. 주말이 되자 엄마는 남편에게 아이들을 맡기고 나에게 왔다. 그리고 단호하게 "내가 병실을 지켜야겠다."고 했다. 괜찮다며 아이들만 잘 봐달라고 했다. 하지만 엄마는 안하무인이었다. "나는 내 새끼가 더 중요해."라는 말에 나는 아무 말 할 수 없었다.

결국 아이들은 친할머니에게 맡겨졌다. 엄마 없는 빈자리가 컸던 탓일까. 유치원을 못 다니겠다는 둘째를 시어머니가 온종일 봐야 했다. 첫째는 나를 닮은 것인지 자신이 처한 상황

속에서 잘 이겨내고 있었다. 그렇지만 아이는 아이였다. 8살, 한창 학교생활에 적응하며 공부를 시작해야 하는 나이에 엄마가 곁에 없으니 그립고 보고 싶었을 것이다. 언제나 자기가 해야 할 공부를 알아서 하던 큰딸에게서 전화가 왔다. "엄마 오늘은 머리가 아파서 학원 못 가겠어."라고. 마음이 아팠다. 내가 할 수 있는 건 그저 학원 가지 않아도 된다는 말뿐이었다. 또 그게 유일하게 할 수 있는 일이었다. 아이들이 하고 싶지 않은 일을 하지 않아도 된다고 허락하는 것. 그렇게 우리 가족은 각자의 자리에서 주어진 상황을 받아들이며 적응했다.

엄마가 병실에 와 있는 며칠 동안 편안했지만 불안했다. 온통 아이들 걱정뿐이었다. 혹여 큰아이가 비염으로 고생하지 않을까, 하고 싶지 않은 일과 먹기 싫은 음식으로 스트레스받지는 않을까 하며 한숨만 내쉬었다. 이런 내 모습을 보다 못한 엄마는 "애들 걱정하지 말고 네 몸부터 챙겨. 네가 빨리 일어나야 아이들한테 갈 수 있지. 그리고 아이들은 어른들이 생각하는 것보다 훨씬 적응 잘하고 강하더라. 며칠 지켜보니 알겠더라고. 그러니 한숨 그만 쉬고 회복하는 데 집중해. 네가 툴툴 털고 일어나야 나도 병원에 가지."라고 했다. 엄마 말이 맞았다. 아이들은 약하지 않았다. 새로운 환경에 대한 적응이 상상 이상으로 빨랐다.

대학병원에 입원한 지 일주일 즈음, 나와 엄마는 병명이라도 시원하게 알았으면 좋겠다고 생각했다. 하지만 별 차도 없이 퇴원했다. 간호사에게 물어보니 내과 입원은 기본 일주일이었고, 그 이후부터는 내원 진료를 받아야 한다고 했다. 복통은 계속되었고 화장실에는 여전히 피비린내가 났다. 피라도 멈추면 살 것 같았다. 내가 원한다고 이루어지는 것은 아니었다. 이 병의 삼총사는 복통, 설사, 혈변이었기 때문이다.

무용지물이 되어버린 알약

퇴원하며 올려다본 하늘이 나를 위로해주었다. 아이들을 보면 고통을 이겨낼 수 있을 것 같았다. 또 옆에는 든든한 엄마가 있었다. 행복했다. 현관문을 들어서니 두 딸이 "엄마, 보고 싶었어." 하며 내 품에 안겼다. 시어머니는 곧장 자리를 떴고 친정엄마가 그 자리를 대신했다.

내가 먹어야 할 약은 10알이 넘었다. 목구멍에서 넘어가지 않는 알약을 넘기느라 매번 고생했다. 결국 뱉어내고 말았다. 나는 어느새 어린아이가 되어 있었다. "약은 도저히 못 먹겠어. 넘어가질 않아. 어떡하지? 가루로 만들어 먹으면 좀 나을까?" 어느 하나 마음처럼 되지 않아 서글픈 마음에 흘러내리려는 눈물을 참으며 엄마에게 말했다. 엄마는 "잘 한번 넘겨 봐. 처방받은 대로 먹어야 낫지. 절반씩 나눠서라도 먹어보자."라며 달랬다. 몸이 말을 듣지 않았다. 머리는 약을 먹고 일어서야 한다고 했지만, 몸이 약을 거부했다. 당연히 고통은 더 심해졌다. 고통으로 여는 아침이 무서웠다.

안방은 온전히 나만의 공간, 아니 환자 방이 되었다. 이사하면서 부부 사이가 더 좋아지길 바라는 마음으로 안방을 서재처럼 꾸몄었다. 부부가 대화하는 공간이 되길 바랐지만 꿈과 달리 몇 개월 사이 약 냄새와 피비린내가 나는 곳이 되어버렸다. 이런 안방은 아무도 들어오지 않았다. 학교와 유치원을 다녀온 아이들이 잠시 들어왔다 나갈 뿐. 초여름이었지만 침대는 싸늘했고 온기조차 없었다. 고통을 혼자 이겨내야 할 상황이 외로웠지만, 내 옆에 아무도 오지 않아 더 쓸쓸했다. 고통이 찾아오면 넓은 침대를 뱅글뱅글 돌며 몸부림쳤다. 고통이 잠잠해진다 싶으면 화장실에 갔다. 힘든 순간을 잘 견딘 나를 위로하기 위해서였다. 그렇게 마주한 화장실 거울에 비친 여인의 모습은 낯설었고 볼품없었다. 도저히 위로할 수 없었다. 그런 그녀에게 '넌 누구니? 어쩌다 이 모양이 되었니? 긴 터널을 벗어나고 이겨낼 수 있을까? 아이들이 커가는 모습을 지켜볼 수 있을까? 얼마나 더 참으면 일상으로 돌아갈 수 있을까? 알고 있다면 제발 답 좀 해줘!'라고 묻고 물으며 애먼 가슴을 쳤다.

그러고 나면 힘이 더 빠져 침대에 몸을 눕혀야 했다. 아이들 곁을 지켜주고 싶었지만 앉아있을 수조차 없었다. 누워있기만 하는 엄마가 무슨 엄마인가 싶다가도 과거 내 모습을 떠올리며 이렇게라도 함께 할 수 있는 것이 다행이라고 여겼다. 하루에 수십 번 바뀌는 마음이었다. 다행인 것은 감사한 일을 찾아나가기 시작한 것이다. 넓은 침대에서 하늘을 볼 수 있는 것도 감사했고, 아이들 소리를 들을 수 있어 감사했고, 아주 잠시지만 고통스럽지 않은 순간이 오는 것이 감사했다.

아주 어릴 때부터 엄마는 인사만 잘해도 좋은 일이 생긴다며 '안녕하세요.', '감사합니다.' 두 문장을 입에 달고 살도록 가르쳤다. 당시에는 잔소리 같아서 싫었지만 감사하다고 하니 감사한 일이 생겼다. 그리고 힘겨운 삶을 이겨낼 수 있는 원동력이 되어주었다. 더 나아가 감사한 마음은 내가 살아있음을 느끼게 했다. 고통이 길어져도 숨 쉴 수 있음에 감사하며, 고통을 겸허히 받아들이게 되었다. 10년 전의 나처럼 이번에도 이겨내리라 믿었다.

어떻게든 이겨내 보려고 넘어지고 일어서기를 반복하는 내 마음을 아는지 모르는지 다시 대학병원에 입원했다. 담당 의사에게 제발 아프지만 않게 해달라고 매달렸지만 "이 병은 일상생활이 힘들 만큼 복통이 심합니다. 고통을 줄일 방법은 없어요. 식사 잘하시고 약 잘 챙겨 드세요."라는 말만 했다. '그게 쉬우면 병원에 안 오지.'라는 불만이 삐쭉 고개 들었다.

가장 답답한 것은 여전히 병명을 알려주지 않는 것이었다. 담당 의사가 병의 흐름을 파악하며 내 몸을 관찰하는 기분이 들었다. 또 먹지 못하는 환자에게 스테로이드, 항생제와 함께 영양제만 투여할 뿐이었다. 오랜 시간이 지났지만 내 상태는 변하지 않았고, 입원과 퇴원만을 반복했다. 나는 물론 가족까지 이 현실에 익숙해져 갔다. 한여름이 되어 그 흔한 물놀이 한 번 가지 못하고, 아파트 단지 분수대에서 노는 것도 즐거워하는 아이들을 보니 마음이 불편했다. 못난 엄마로 인해 그 나이대에 누릴 수 있는 걸 누리지 못하는 것 같아서. 그리고 속으로 '밝고 건강하게 자라줘서 고마워. 너희를 위해 이겨볼게. 그러니 엄마 손 놓지 말고 꼭 잡아줘. 엄마가 이 세상 끝날 때까지 우리 두 딸, 책임질 수 있게.'라고 수도 없이 내뱉었다. 존재만으로 살아갈 힘을 안겨주는 금쪽같은 내 아이들을 위해서 나는 고통을 이겨내야만 했다. 아이들이 희망이 되어 주었다.

드디어 알게 된 병명

대학병원을 들락날락한 그해 여름은 유독 더웠다. 가만히 있어도 현기증이 날 정도였다. 그 와중에 나는 식사와 약으로 싸우는 나날을 보냈다. 내 안에서 지치지 않고 누웠다 일어나는 부정의 기운과도 싸워야 했다. 삼키기 힘든 약을 쳐다보며 '약 먹어야 해. 안 먹으면 죽어.'라고 다독이다가도 '아니야, 먹지 않아도 괜찮아. 너 하고 싶은 대로 해.'라고 실랑이를 벌였다. 살기 위해 밥이든 약이든 먹어야 했지만, 몸에서 강력하게 거부했다. 뭐든 입에 가져가면 역겨워 헛구역질부터 했다. 살아야 한다는 간절함이 있다면 음식에 눈길이 가야했지만 그마저도 허락하지 않았다. 이러다 희망의 끈을 놓칠 것 같은 불안감이 밀려왔다. "엄마, 나 이러다 죽을 것 같아. 매일 밤이 너무 무서워. 자고 싶은데 누군가가 나를 잡아당겨. 나 어떡하면 좋지?"라며 엄마를 붙들고 울었다. 아이들을 위해 살아내자고 다짐했던 마음은 온데간데없었다. 나약한 엄마가 된 것이다. 학교와 유치원에서 돌아오면 엄마부터 찾는 아이들에게 짜증까지 내며 내 옆에 오지 못하게 했다. 그러다 제정신이 돌아오면 엄마에게 살려달라고 했다. 이상한 행동이 이어지자 엄마는 문제의 심각성을 느꼈다.

엄마는 더 큰 병원으로 가보자고 했지만 나는 거절했다. "아니, 병원에서 고칠 수 있는 병이 아닌 것 같아. 자꾸만 그런 생각이 들어. 매일 밤 나를 찾아오는 그 여자가 누구인지 모르겠지만, 나를 죽이려고 해. 무서워서 눈을 감을 수 없어. 엄마, 나 좀 살려주면 안 될까? 나, 우리 아이들이랑 오래오래 행복하게 살고 싶어."라고 했지만 엄마와 나에게는 마땅한 대책이 없었다. 그저 두 사람 사이에 무거운 공기만 흐를 뿐이었다.

기력은 이보다 더 바닥이 있을까 싶을 만큼 쇠약해졌고, 손과 발은 자꾸만 부었다. 그로 인해 숟가락 들기도 힘들었고, 신발 신는 것도 어려웠다. 안색은 사람의 모습이 아니었다. 몸은 스치기만 해도 쓰러지기 일보 직전이었다. 몸속에서 무슨 일이 벌어지는지 알 수 없었다. 퇴원 일주일 만에 죽은 사람처럼 움직임이 사라져 다시 입원했다. 세 번째 입원이었다. 혈액 검사 수치가 정상인보다 현저히 떨어져 있었다. 그러나 두 달 만에 기적이 찾아왔다. 의료진의 움직임이 분주했다. 고통을 잠재울 수 있을 것 같은 느낌이 들었다.

두 달 투병 끝에 대장내시경을 해보자는 결정이 났다. 정확한 검사를 위해 장 청결제를 복용하라고 했다. 음식을 먹지 못하는 데다 화장실을 수없이 들락날락하는 중에 장 청결제를 복용하라니, 비록 끔찍했지만 의사 말을 따를 수밖에 없었다. 통증을 견디지 못해 장 청결제 한 통을 비운 후 거부했다. 의료진도 더는 강요할 수 없었는지 중단하라고 했고, 나는 잠들었다. 어쩐 일인지 그날 밤 꿈에는 매일같이 찾아오던 여자가 나타나지 않아 오랜만에 숙면을 취했다. 그 어느 때보다 기다렸던 아침이 찾아왔다. 눈을 떠 병원 천장을 올려다보고 있으니 갑자기 울컥했다. 나만 죽지 못해 살아가는 건 아닐 테지만 억울했다. 평범한 일상이 나에게는 허락되지 않는 것만 같았다. 힘들어도 힘들다고 내색하지 않은 것이 몸을 병들게 했고, 스트레스를 제대로 풀지 못해 병이 왔으며, 참아 내는 나를 벌하는 거라고 부정의 감정이 나를 향해 손을 뻗었다. 그 상태로 검사받을 수 없는 노릇이었다. 정신을 차리고 생각의 가지치기를 하고 이내 기도했다. 내 곁을 지켜준 엄마에게 고맙다고 되뇌었다.

낯선 곳에서 홀로 대장내시경 받는 것이 두려웠지만, 심판받는 마음으로 의료진의 지시에 따랐다. 그리고 "사빈 님. 하나, 둘, 셋 하면 잠들 거예요. 한숨 푹 자고 일어나면 다 끝나 있을 테니 걱정 안 해도 됩니다."라는 말을 듣고 기억이 끊겼다. 얼마나 지났을까. "사빈 님, 일어나 보세요."라는 소리에 눈을 떴다. 순간 복통이 일어났고, 옷에 실수할 거 같아 수액 바늘이 빠진 채 화장실로 달려갔다. 환자복과 병실 바닥이 온통 피투성이었다. 혈액이 부족해 수혈한 혈액이 바닥과 옷을 물들인 것이다. 밖에서는 간호사가 문을 두드리며 "사빈 님, 괜찮나요? 문 좀 열어주세요. 지혈해야 합니다."라고 했다.

그제야 상황 파악을 했다. 몸과 정신은 내 것이 아니었다. 침대에 눕고 싶을 뿐이었다. 부축을 받아 침대에 누웠다. 간호사에게 결과를 언제 알 수 있느냐고 물었고, 내일 회진 때 담당 의사에게 물어보라는 대답이 돌아왔다. 그 후 의료진은 대장내시경 받기 전보다 바삐 움직이며 투약했다. "무슨 약이에요? 계속 주사를 가지고 오네요."라고 물었더니 "처방이 나와서요. 계속 맞아야 하니 귀찮더라도 이해해주세요."라고 했다. 신기하게 통증이 차츰 잦아들었다. 신은 나를 버리지 않았다. 드디어 내 병명을 알게 되었다. 고통스러운 복통과 설사 혈변을 일으켰던 것은 '궤양성 대장염'이었고, 투병 생활 역시 만만치 않았다.

죽음 앞에서 발견한 희망

입원하기 전 엄마와 나는 일을 벌였다. 너무 고통스러웠던 나는 다른 사람에게 나를 이해해달라고 말하고 싶지 않았다. 그저 마음 가는 대로 하고 싶었고, 무의식 속 강한 의지가 나를 이끌었다.

여러 번 이야기했지만, 과학적으로 증명되지 않은 일이 나에게 또 일어나고 있었다. 매일 밤 나를 찾아오는 여자는 나를 죽이려고 덤벼들었다. 끔찍한 얼굴로 아주 날카로운 칼을 목 중앙에 갖다 대며 "죽어! 죽어! 죽으란 말이야!"라고 소리쳤다. 제발 살려달라고 애원했지만 그녀는 꿈쩍하지 않았다. 아무도 믿지 않을 꿈이었다. 이쯤 되면 다들 예상했을 것이다. 맞다. 두 모녀가 벌인 일은 점술가를 다시 찾은 것이다.

남편이 출장으로 집을 비운 늦은 밤, 나는 엄마에게 "엄마, 내 병은 병원에서 알 수 없을 것 같아. 병명을 알 수 없으니 이 약 저 약 처방하면서 지켜보는 거 아니겠어? 이대로 가다가는 내가 못살 것 같아. 엄마가 봤잖아. 약을 먹고도 효과를 보지 못하고 다 쏟아내는 거. 약이 몸에서 안 받아줘. 내 안에 또 다른 누군가가 있는 것 같아."라고 말했다. 엄마의 동공이 커지는 것이 느껴졌다. 그리고 나지막하게 물었다. "그럼, 어떻게 하고 싶어?" 바로 말을 이어갔다. "더 큰 병원 가봤자 지금이랑 별반 다를 게 없을 거야. 엄마도 고생일 거고. 김 서방이랑 아이들은 또 무슨 죄야. 그러니 이번에 엄마가 좀 도와줘야겠어. 저번처럼 점술가를 찾아봐 줘." 그랬다. 눈에 보이지 않는 힘을 느끼고 점술가를 찾았다. 살아야 한다는 절박함에 의한 끌림이었다. 꽤 늦은 밤, 당장 연락해달라는 말에 엄마는 당황하며 나에게 다시 한번 확인했지만, 나는 집요했다. 그날 밤이 아니면 안 될 것 같은 예감이 들었다. 다음 날 눈을 뜨지 못할 것 같았다.

엄마는 내 간곡한 부탁에 아니, 내 눈동자가 사납게 변하는 걸 보고 전화했다. 수소문 끝에 전화 연결이 되었는데, 전화를 받자마자 "기도를 하는데 제 귀에 '곧 아픈 사람에게서 연락이 올 거야. 그 사람을 살려.'라는 말이 들렸어요. 그래서 바로 전화를 받았습니다."라고 하더란다. 그래서 엄마는 "네, 제 딸이 많이 아픕니다. 병명이 나오지 않고, 약은 소용이 없네요. 너무 답답한 마음에 늦은 시간에도 불구하고 연락드렸어요. 어떻게 하면 좋을까요?"라고 했고, 상대방은 새벽기도를 할 테니 나의 사주를 물었다. 한 번 방문하라는 말과 함께. 짧은 통화였지만 그제야 안심되었다. 나를 위해 기도한다는 말에 편히 잘 수 있을 것 같았다. 그리고 엄마와 언제 방문할지 의논했다. 당장 날 밝는 대로 가라고 하고 싶었지만, 아이들을 돌봐줄 사람이 없어 영락없이 남편 휴무일까지 기다려야 했다. 나 혼자의 힘으로 아무것도 할 수 없었기에.

대신 다음 날 아침, 다시 전화해보라고 엄마를 다그쳤다. 엄마는 내키지 않았는지 미루고 미루다가 밤에 전화했다. 그랬더니 "왜 이제 전화하셨어요? 하루가 급합니다. 혹시 오늘 오실 수 있나요?"라며 기다리고 있었다고 했다. 하지만 갈 수 있는 상황이 아니었다. "손녀들을 봐줄 사람이 없어서요. 토요일 오전이 좋을 것 같은데 괜찮을까요?"라는 엄마의 말에 다시 "하루가 급하지만 사정이 그렇다고 하니 어쩔 수 없네요. 대신 토요일에는 꼭 오셔야 합니다."라며 당부 또 당부했다 한다. 심지어 늦게 연락한 데에 호통까지 치며.

시간은 더디게 흘러갔다. 구원의 손길이 기다리고 있는데 가지 못하는 것 같아 답답했다. 그래도 현실을 수긍하며 시간을 허투루 보내지 않았다. 긍정 에너지를 가득 채우기로 했다. 엄마와 내가 하는 행동을 극도로 싫어하는 남편으로 인해 마음을 다잡아야 했다. 남편을 설득하려면 내가 단단해져야 했다. 또 확신을 가져야 했다. '나는 누가 뭐라고 해도 가야만 한다. 남의 눈은 중요하지 않다. 나부터 살자. 이 길이 유일한 생명줄이다.'라는 말로 나를 무장했다. 가장 큰 문제가 있었다. 바로 돈 문제였다. 금요일 저녁이 되자 걱정이 되었다. 오랜 투병 생활로 경제권은 남편이 쥐고 있었기에 돈을 구할 수 없었다. 다시 엄마에게 손을 내밀었다. 부산으로 가는 엄마에게 전화해 "엄마, 잠시만 돈 좀 빌려줘. 어차피 가족이 알아야 할 일이니 조만간 김 서방에게 말할게. 그러니 내일은 엄마가 도와주면 좋겠어."라고. 엄마는 흔쾌히 수긍했다. 엄마 당신도 염려했던 것이다. 많은 사람이 과학적으로 증명되지 않은 일에 몇만 원도 아닌 몇백만 원을 들인다는 것이 정상적으로 보지 않을 것이고, 더욱이 남편은 한 번의 경험을 겪고도 이해하지 못했으니 더더욱 그랬을 것이다. 그럼에도 불구하고 나는 밀어붙여야 했다. 다른 길이 보이지 않았기 때문이다. 어떤 이야기가 기다리고 있을지 기대하는 마음으로 잠을 청했다.

내가 모르는 나의 모습

점술가가 기도한 후부터 나를 쫓아다니던 여자는 꿈에 나타나지 않았다. 그녀가 보이지 않는 것만으로 나는 편안함을 느꼈다. 엄마는 일요일에 다시 왔다. 남편이 있어서인지 엄마는 내게 아무 말을 하지 않았다. 남편이 출근한 월요일 아침, 엄마의 입이 무겁게 열렸다. "네 상태가 심각하다고 하더라. 기도하면 할수록 암흑만 보인다고 했어. 김 서방에게는 어떻게 말할 참이야?" 필요한 이야기만 하는 느낌이었다. 무슨 자신감이었는지 나는 "뜻이 있는 곳에 길이 있다고 하잖아. 좋게 생각하자. 말할 기회가 있을 거야. 큰일 앞두고 부정적으로 생각하지 말고 이미 결정했으니 엄마도 좋은 쪽으로 생각하면 좋겠어." 라고 말하면서 한마디 덧붙였다. "나를 살리고 싶다면 말이야."

라고. 엄마는 더는 왈가왈부하지 않았다. 더욱이 고통에 몸서리치다 살아보겠다는 딸을 누가 말릴 수 있었을까.

그날 오후, 남편에게서 문자가 왔다. "장모님 주말에 부산엔 무슨 일로 가신 거야?" 뭔가 눈치챈 분위기였다. 나는 감추지 않고 말했다. "어차피 다 알게 될 테니 솔직하게 말할게. 이상한 일 벌인다고 화내지 말고 내 입장에서 한 번만 생각해주면 좋겠어."라고 한 뒤, "엄마는 내 부탁으로 부산에 간 거야. 병원을 아무리 가도 병명을 알 수가 없고, 그렇다고 차도가 있는 것도 아니고. 심지어 약도 듣질 않잖아. 지푸라기라도 잡고 싶어 점술가에게 물어봐달라고 했어."라며 일의 경위를 밝혔다. 몇 분 뒤 남편은 딱 한 문장만 보냈다. "얼마 든데?" 천군만마를 얻은 것 같았다. 미신을 그토록 싫어하던 남편 마음의 문이 열린 듯했다. 나는 그 순간을 놓치지 않고 "미안해. 내가 이렇게 아파서. 10년 전에도 온 가족 힘들게 했는데 또다시 이렇게 만들었네. 결국 큰돈까지 쓰게 하고 말이야."라며 고마움과 미안함을 전했다. 한동안 휴대폰을 들고 있는 내 모습을 보더니 엄마가 누구냐고 물었다. "김 서방."이라고 말하고 주고받은 내용을 알려주었다. "간절한 내 마음이 전해진 것 같아."라는 말과 함께.

초조한 마음으로 남편의 퇴근을 기다렸다. 저녁 식사 후 남편은 엄마에게 "장모님, 얼마나 필요한 거예요?"라며 조심스레 이야기를 꺼냈다. 엄마는 "대충 이야기 들었겠지만, 사빈이가 지금 아주 위태롭다고 하네. 병명이 안 나오는 것이 맞다고 했어. 물론 믿기지 않을 걸세. 혹시 사빈이에게 꿈 이야기는 들었는가?" 하고 그동안 내게 있었던 일을 빠짐없이 하나둘 풀어나갔다. 끝으로 "죽은 사람 소원 들어준다는데, 산 사람 소원 들어주는 셈 치고 사빈이 말대로 한번 해봤으면 하네."라며 지시 반, 부탁 반의 진심을 밝혔다. 그랬더니 이게 웬일인가. "네, 장모님. 어디로 입금하면 되는 건가요?"라는 남편 말에 엄마와 나는 놀라고 말았다.

어찌 보면 남편은 많이 지쳐있었던 것 같다. 병명만 알고자 했지만 병원에서는 원인을 찾지 못했고, 거듭되는 병원 생활에 모두의 에너지가 바닥 나고 있었다. 약만 먹으면 나을 줄 알았던 병은 병원을 찾을 때마다 더 큰 고통을 호소했다. 황당하게 그 모든 일이 우연히 토스트를 먹고 벌어진 상황이었다. 이처럼 인생은 한 치 앞을 알 수 없었다.

일을 치르고 난 후 동생은 우리 가족과 함께했다. 그때 엄마와 동생이 맞장구치며 내가 했던 이상한 행동에 대해 말했다. "우리가 음식을 먹으려고 하면 네 검은 눈동자가 하늘로 치켜 올라갔어. 너무 섬뜩해서 눈을 마주치지 못했어. 그뿐인 줄 아니. 아이들이 다가가면 눈동자가 이상하게 변해서 아이들이 불쌍할 지경이었는데, 넌 몰랐지?"라는 것이었다. 그게 끝이 아니었다. 동생은 자기 느낌을 그대로 말했다. "어느 순간부터 언니 집에만 오면 등골이 오싹했어. 무서워서 오고 싶지 않을 만큼." 그저 그들이 부러웠을 뿐인데 이건 또 무슨 말인가. 그런데 그다음 말이 가관이었다. "병원에서 죽만 먹으라고 해서 나름대로 갖가지 죽을 만들어다 주면 표정이 싸늘하게 변해서는 '너네는 맛있는 음식 먹으면서 나는 죽만 주냐!'라고 했어." 기억에 없었다. 식탐이라고는 전혀 없는 내가 먹는 것에 집착했다. 여러 사람이 보고 느낀 나의 일상은 더 이상 내가 아니었다. 내 안에 다른 누군가가 있음이 분명했다.

반드시 회복되어야 할 일상

일을 치르는 날이 왔다. A·B 두 명의 여자와 한 명의 남자가 집에 들어섰다. 복통으로 소파에 누웠을 때 그들이 들어왔고, 그들도 동생이 느낀 섬뜩한 기운을 느꼈다고 했다. 엄마와 연락을 주고받은 여자 A는 우리 집을 돌아다니며 어떤 의식을 하는 듯했다. 또 여자 B는 내 곁으로 다가와 퉁퉁 부은 손과 발을 쓰다듬으며 누군가를 달랬다. "왜 거기 있어요? 이제 그만 어여쁜 아이 곁을 떠나는 게 어때요. 당신이 있는 곳으로 떠나요."라고 퉁퉁 부어 있는 내 손과 발을 쓰다듬으며 속삭였다. 그 광경을 지켜보던 엄마는 나를 유심히 관찰했다고 한다. 나는 그 어떤 표정도 짓지 않았다고 생각했지만, 엄마의 말에 의하면 여자 B의 말에 나의 얼굴이 일그러지며 험하게 인상을 썼다고 한다.

한편 우리 집 이곳저곳 돌아다니던 여자 A는 화장실에서 한참 동안 나오지 않았다. 30분 정도 지났을까? 상기된 얼굴로 나온 A는 "이 집에 들어온 순간 그리고 따님을 본 순간, 제가 따님을 살릴 수 있을지 의문이 들었어요. 사실 자신이 없었어요. 그래서 화장실에서 기도했더니 제가 섬기는 할머니가 살릴 수 있다고 해 나오게 된 거예요."라고 했다. 그들에게 무서운 존재가 있음을 알았고, 그런 대상이 내 안에 숨어 있다는 사실에 무서웠다. A의 말에 의하면 집에 들어오는 순간 살기가 느껴졌고, 나와 눈이 마주쳤을 때는 기선제압이라도 하듯 고약한 표정을 지었다고 한다. 기함할 노릇이었다. A가 집 곳곳에 팥과 소금을 뿌렸지만 자신이 없었고 결국, 할 수 있는 거라곤 기도뿐이라 기도만 했다고 했다.

집에서의 의식이 끝나고 엄마와 나, 남편과 아이들까지 법당으로 자리를 옮겼다. 병원조차 가기 싫어하던 딸이 통증을 부여잡고 문밖을 나서는 모습에 엄마는 놀랐다. 더욱이 장거리이지 않은가. 한 시간 이상 걸리는 거리를 마다 않고 따라나선 마음은 죽고 싶지 않은 간절함이었다. 그리고 아이들에게 미안한 마음이 컸다. 아이들에게 보답해야만 했다. 또 남편은 무슨 죄란 말인가. 신혼의 달콤함을 제대로 누리지도 못하고 3개월 만에 아내가 병원 신세를 지더니, 10년 만에 다시 똑같은 상황이 반복되고 말았다. 분양받은 집에서 알콩달콩 재미있게 살기만 하면 되었는데 나로 인해 물거품이 되고 말았다.

유년 시절부터 나의 삶은 호락호락하지 않았다. 돌고 돌아 자리를 찾는 것이 인생이었다. 몸이 아프지 않으면 마음이 아팠다. 비 온 뒤 땅이 굳어진다고, 나를 희생하고 넘어지며 큰 아픔을 겪어야만 깨달음이 있었다. 비단 나만 그런 것이 아닐 것이다. 나보다 더한 인생을 살아가는 사람도 있을 것이라고 생각하면 그나마 위안이 되었다.

아이들에게만은 법당 모습을 보여주고 싶지 않았지만 남편은 보았으면 했다. 거짓이 아니라 진실임을 보여주고 싶었다. 헛돈을 쓰는 게 아닌 오직 살기 위해 지불하는 값진 돈임을 말해주고 싶었다. 아이들을 돌봐줄 사람이 없어 어쩔 수 없이 남편은 법당을 떠나야 했다.

엄마와 내가 법당으로 들어가는 걸 본 남편은 아이들을 돌보기 위해 잠시 자리를 떴다. 엄마는 내게 누워보라고 했다. 가는 차 안에서 복통이 있었던 터였다. 화장실이 가고 싶었지만 참을 힘은 충분했다. 사실, 혹여나 실수라도 하게 될까 봐 미리 성인용 기저귀를 구매해 착용했다. 그만큼 나는 간절했다. 부처님을 보며 조용히 기도했다. 살려달라고, 내 남은 에너지를 모두 짜내듯 기도하고 또 기도했다. 기도가 끝날 무렵 참기 힘든 통증이 찾아왔다. 그때 내 눈앞에 드라마나 영화에서 볼 법한 장면이 펼쳐졌다. 또 한 번의 의식이 시작된 것이다. 아프면 누워도 된다는 말에 그들에게 몸을 맡겼다. 충분히 아팠으니 이제 평온한 일상을 돌려달라고 애원했다. 또 한 번 더 기회가 주어진다면 두 번 다시 나를 힘들게 하며 살지 않겠다고 맹세했다. '지금 여기 있는 나에게 감사합니다. 더 큰 고통이 오기 전 이들을 만나서 감사합니다. 병원에서 해결하지 못한 것을 이렇게 풀어갈 수 있어 감사합니다. 아이들에게 희망을 보여줄 수 있게 되어 감사합니다.'라고. 사실 그때 내가 중얼거렸던 말이 긍정 확언인 줄 몰랐다. 무의식 속에 숨겨져 있던 문장이 위급할 때 나도 모르게 나왔다.

그들은 나를 일으켜 세워 기도하라고 했고 밖을 보라고 했다. 일상의 소중함을 잊고 산 지난날이 스쳐 지나갔다. 눈물이 났다. 돌이켜보니 어느 하나 소중하지 않은 것이 없었다. 두 다리로 걷는 것, 맛있는 음식을 먹는 것 등. 몸에 이상이 오고 두 손 두 발이 세 배 이상 부었고 누군가의 도움 없이는 살 수 없었기에 비로소 내가 선택한 길을 겸허히 받아들이겠다는 마음으로 나의 잘못을 반성했다.

다시 찾아온 따스한 온기

무한 감사를 외치는데 점술가가 나의 머리부터 발끝까지 훑기 시작했다. 그러더니 내 몸 구석구석에 팥을 뿌리고는 작은 칼을 빼 들었다. 힘이 빠져 축 처진 몸을 반쯤 기대어 앉아 있는 내게 와 배를 찔렀다. 아프지 않았다. 진짜 찌르는 것이 아니었기 때문이다. 그들은 나에게 배를 찌르는 광경을 보지 못하게 했다. 곁에서 지켜보던 엄마는 찌릿함을 온몸으로 느끼며 많이 아플 것 같아 걱정했다고 한다. 정작 나는 아프지 않았는데 말이다. 한여름에 에어컨 없이 한 생명을 살리기 위한 그들의 움직임은 계속되었다. 모두가 땀범벅이었다. “여기가 어디라고 들어온 게냐! 여기는 네 놈이 있을 곳이 아니니 조용히 나와 네가 있을 곳으로 가거라.”라며 여러 차례 찔렀지만 말을 듣지 않는 모양이었다. 그녀는 의미심장한 표정을 짓고는 더 큰 칼을 꺼내 들었다. 내가 꿈에서 본 그 칼이었다. 소름이 끼쳤다. 크기만 큰 게 아니라 날카로워 보이기까지 한 그 칼은 내 머리를 지나 퉁퉁 부은 양팔과 다리로 내려갔다가 다시 배에서 멈췄다. 무서웠지만 달리 방법이 없었다. 그저 한시라도 빨리 고통에서 벗어나고 싶었다. 큰 칼은 옆구리를 찌르고, 허리를 찌르고, 배를 향해 사정없이 찌르는 시늉을 했다. 숨을 제대로 쉬지 못하는 그들은 나를 위해 자신의 사명을 다했다. 꽤 많은 시간이 흘렀고, 그 시간 동안 쉴 새 없이 이어지는 의식은 하는 사람, 받는 사람, 보는 사람 모두 숨 막히게 했다. 보다 못한 엄마는 아프지 않으냐고 물었고, 나는 엄마 말에 대꾸할 수 없었다.

모든 의식이 끝나고 살 수 있을 것 같은 기분이 들었고, 믿기 힘든 광경이 펼쳐졌다. 내가 혼자 화장실을 다녀온 것이다. 기운이 바닥이었던 나는 그동안 집에서만 스스로 화장실을 이용할 수 있었다. 바깥에서는 어림없었다. 통증이 사라지길, 몸에서 거부하는 밥과 약을 먹을 수 있길 바랐다. 부은 손발은 그대로였지만 혼자 걸을 수 있는 것만으로 희망이 보였다. 이제 병원만 가면 숙제가 풀릴 것 같았다. 그들은 "아주 독한 놈이 사빈이 몸에 붙어 있었어요. 배와 허리 옆구리를 꽉 붙들고는 안 나오려고 하더라고요. 그놈이 몸에 들어앉아 있으니 약이 소용없었던 겁니다. 이제 병원 가보세요. 병명이 나올 거고, 치료를 시작할 거예요."라고 확신했다.

집으로 가기 위해 남편을 불러 차에 올랐다. 아이들은 잠들어 있었다. 끊어질 듯한 통증은 가라앉았다. 똑바로 앉을 수 있었고, 몸은 훨씬 가벼웠다. 엄마는 보고 들은 것을 남편에게 전했다. 여전히 반신반의하는 남편은 지켜보자는 말뿐이었다.

모든 사람에게 미신을 믿으라고 하는 말은 아니다. 믿든 믿지 않든 중요하지 않았다. 사람마다 상황이 다르고, 나는 이것만이 내가 살 길이라 믿어 택한 방법이었다. 그리고 매 순간 고통으로 죽지 못해 살고 있던 내가 살았다는 사실이 핵심이었다.

그렇게 10년 같은 하루를 보내고 집에 도착했다. 누구의 부축 없이 혼자 집에 걸어 들어갔다. 아이들에게 사랑과 미안함의 눈빛을 보냈다. 아이들은 엄마 마음을 충분히 느낀 듯했다. 이제야 조금씩 안정을 취할 수 있을 것 같았는데, 남편이 무심코 던진 한마디가 상처가 되어 돌아왔다. "왜 당신 몸엔 귀신이 잘 붙는 걸까? 귀신은 왜 붙는 거야?" 아무도 모르는 일에 엄마와 나는 대답할 수 없었다. 누가 내 몸을 빌려주고 귀신을 오게 하겠는가. 그저 나에게 온 인생을 최선을 다해 길을 찾는 건 말고는 답은 없었다.

일주일 뒤 병원 예약이 되어 있었다. 이제는 병원의 판단에 맡겨야 했기에 예약 날짜만 기다렸다. 그동안 통증은 심하지 않게 왔다 갔다 했으며, 기피한 약은 누가 챙겨주지 않아도 먹기 시작했고, 죽만 주냐고 투정 부리던 나는 고분고분 죽을 먹었다. 남편은 신이 나서 한우를 공수해 왔다. 나를 수발하고 아이들을 돌보느라 힘든 장모님과 사랑하는 아이들을 위해, 아내에게 한우로 끓인 죽을 먹이기 위해. 웃음을 잃었던 집이 다시 살아나고 있었다. 싸늘한 공기만 맴돌던 곳이 따스한 온기로 가득한 공간으로 바뀌었다. 그 기운을 동생이 바로 알아차렸다.

희소 난치병을 안고 산다는 것

복통과 설사, 혈변을 하는 건 변함없었지만 음식과 약을 거부하지 않는 것만으로 가족은 기뻐했다. 남편 역시 믿어지지 않는다는 표정이었지만 믿어야 했다. 그때 내 몸무게는 30kg이었다. 먹지 못하고 설사와 혈변만 봤으니 그럴 만했다. 근육이라고는 없었고 당연히 걷기 힘들었다.

병원 예약을 기다리는 일주일 동안 친정 식구들은 파티를 열었다. 내 눈치 보느라 제대로 먹지 못한 회포를 제대로 풀었다. 집에는 웃음꽃이 끊이지 않았다. 불과 며칠 전에는 상상할 수 없는 풍경이었다. 무용담이라도 이야기하듯 며칠 전 그곳에서 있었던 일을 모조리 말하는 엄마, 그리고 말없이 듣는 사위들. 이해해달라는 것은 아니었다. 그래도 신기한 건 신기한 것이었다.

병원 가는 날이 되었다. 예전보다는 한결 좋아졌지만 휠체어의 힘을 빌려야만 했다. 또 그날은 엄마 대신 남편과 함께였다. 언제나 일이 먼저였지만 나의 상태가 궁금했던 남편이 보호자를 자처한 것이다. 접수 후 채혈해야 했다. 본격적인 진료에 앞서 거쳐야 하는 통과의례였다. 꼬박 2시간을 기다려 결과를 들을 수 있었다.

의사는 "혈액 수치가 많이 떨어져 있네요. 수혈부터 해야겠습니다."라고 했다. 나는 원인을 알아야겠기에 다급하게 "교수님, 제 손발이 모두 부어 숟가락질도 할 수 없고 신발도 신을 수 없어요. 왜 이런 건가요?"라고 물었다. "마그네슘이 다 빠져나갔어요. 그리고 염증 수치 최대치가 10이라면 사빈 님이 10이에요. 그러니 복통이 심했을 겁니다."라고 하지 않는가. 몇 번의 입원에도 듣지 못했던 말이 의사 입에서 흘러나왔다. 병명을 알 수 있을 것 같은 희망이 보였다. 이에 나는 놓치지 않고 "이전에 입원했을 때와 지금의 통증이 크게 다르지 않아요. 그런데 그때는 지금처럼 염증 수치 10이라는 명확한 소리를 듣지 못했어요. 왜 이제야 말씀하시는 거죠?"라고 따지듯 몰아붙였다. 의사는 "그때는 염증 수치가 10이 아니었습니다."라고만 할 뿐이었다. 나의 물음은 거기서 끝이 아니었다. "꼭 수치가 10이 되어야만 알려주는 건가요? 전 두 달 동안 이 병원 저 병원 다니다가 대학병원까지 왔는데, 통증 완화는커녕 병명을 알 수 없었어요. 환자 그리고 보호자가 얼마나 답답했는지 아세요? 대체 제 병명이 뭔가요!" 그동안의 상황이 억울했던 나는 그만 언성이 높아지고 말았다. 의사는 진정하라며 "사빈 님, 현재 사빈 님을 힘들게 하는 병명은 궤양성 대장염입니다."라고 말했다. 듣도 보도 못한 병명이었다. 그토록 바랐던 병명을 알았지만 생전 처음 듣는 용어 앞에 겁이 덜컥 났다. 나는 또 한 번 "그게 무슨 병인가요? 나을 수 있는 건가요?"라고 질문했다. 부디 치료하면 나을 수 있길 바랐지만 돌아오는 의사의 대답은 아니었다. "아뇨, 이 병은 완치가 없습니다. 궤양성 대장염 병명 앞에 희소 난치라는 수식어가 있는걸요." 평생 안고 살아야 한다는 뜻이었다.

가족들에게 피해를 줄 것이 제일 염려스러웠던 나는 "그럼, 수술하면 완치가 가능한가요?"라며 의사에게 간절한 눈빛을 보냈다. 불행하게도 이마저도 아니었다. "아니요. 아주 위험한 수술이니 우선 약물 치료부터 합시다. 치료약도 한정적이에요. 약물 치료가 차도 없으면 주사 치료법으로 넘어갑니다." 나로서는 도무지 이해되지 않았지만 남편은 모두 알아들은 듯했다. 입원 수속을 밟았다. 나에게는 산정특례가 적용되었다. 중증 난치 질환이나 희소 질환일 경우 주어지는 혜택이었다. 확연히 달라진 병원의 반응이었다. 앞서 두 번이나 입원과 퇴원을 강행했지만 지금처럼 자세한 설명을 듣지 못했다. 대충 얼버무리거나 아무 말 없이 기본 증상 확인만 할 뿐이었다. 이는 나만 느낀 것이 아니었다. 남편도 내심 놀란 눈치였다.

입원과 동시에 치료가 시작되었고 며칠 뒤 대장내시경 결과가 나왔다. 나만큼이나 답답했던 엄마는 "교수님, 우리 사빈이 상태가 어떤가요?"라고 물었고, 담당 의사는 "사빈 님 위장은 깨끗했습니다. 문제는 대장이었어요. 대장의 2/3가 염증으로 뒤덮였고, 피가 뒤범벅되어 혈변을 계속 본 겁니다."라고 답했다. 엄마는 "그럼, 치료는 어떻게 하는 건가요?"라고 재차 질문했다. "앞서도 설명해 드렸듯 마그네슘이 다 빠져나간 상태라 마그네슘과 영양실조로 인한 영양제 처방이 나왔어요. 아침 저녁으로 항생제가 처방될 거고요."라는 것이 의사의 설명이었다. 엄마는 퉁퉁 부은 내 손발이 안쓰러웠는지 의사에게 마지막으로 물었다. "손발 부기가 가라앉질 않는데 방법이 없을까요?"라고. 의사는 "우선 마그네슘 약물이 들어가고 있으니 지켜봅시다. 또 지금은 장을 쉬게 해줘야 하니 금식하세요."라는 말을 남기고 돌아갔다.

그제야 엄마와 나는 마음을 추스르고 마주 앉았다. '빨리 치료했다면 모두가 고생하지 않았을 텐데.' 하는 안타까움이 밀려왔다. 통증이 아예 사라지지는 않았다. 세기만 달라졌을 뿐. 그래도 병명을 알 수 없었던 두 번의 입원과는 확연히 달랐다. 꼼꼼한 치료가 이어졌고, 큰 혈관이 없어 오른쪽 어깨 혈관을 뚫어야 하는 불행이 기다렸지만 회피하지 않았다. 이렇게 고비 고비를 넘기며 치료를 감당해냈다. 수혈은 온몸을 가렵게 했고 피 냄새가 역겨웠지만, 몸에서 필요로 하는 혈액은 밤새도록 맞아도 부족했다. 누구의 혈액인지는 몰라도 그들로 인해 살았다며 마음 깊이 감사함을 전했다.

온전히 나를 위한 인생

아이들은 주말에 나를 찾아왔다. 아이들은 언제나 아픈 손가락이었다. 특히 엄마 사랑을 많이 받지 못한 둘째는 더 가슴이 아팠지만 언니보다 더 강하게 버텨주었다. 그런 아이들을 집으로 보내야만 했다. 더는 아픈 모습을 보여주고 싶지 않았기 때문이다. 건강한 모습으로 아이들 곁으로 가고 싶어 일주일 뒤에 보자고 했다.

아이들을 위해 더 힘을 내야겠다고 다짐했다. 통증이 찾아오면 안간힘으로 이겨냈다. 그리고 이전 고통과 비교되지 않을 만큼 견딜만했다. 마음에도 위안이 찾아왔다. 병명을 알게 되었고, 그에 따른 치료가 순탄하게 이어지고 있었다. 입으로 들어오는 모든 것을 거부하던 몸은 어느새 약에도 적응하고 있었다. 퇴원 날짜가 다가오자 금식 팻말을 떼어내고 미음을 받아들었다. 세 끼를 먹을 정도로 먹는 기쁨을 만끽했다. 퇴원 하루 전이 되어서야 겨우 죽을 먹을 수 있었다. 약해질 대로 약해진 내 속을 지켜봐야 한다는 것이 이유였다. 화장실을 빈번하게 들락날락해야 했지만 큰 어려움 없이 넘겼다. 대장의 2/3가 염증으로 뒤덮여 있다고 했으니 그쯤은 감내해야 했다.

큰 병으로 인해 마음가짐이 중요하단 걸 알았다. 완치되는 병이 아니니까 더욱 신은 내가 깨달을 때까지 병을 선물로 주고 있지 않은가. 다른 사람에 비해 우여곡절이 많고, 조금 다른 일상은 꽤 괜찮은 삶이었다. 완치가 안 되는 병일지언정 미워하거나 불행하다고 생각하면 안 되는 일이었다. 그래도 생각과 관점을 달리하기로 했다. 완치되지 않는 병은 곁에서 배신하지 않은 오래 머무는 친구라고 생각했고 그게 답이었다. 그리고 친구는 배신하지 않았다. 지금까지 거의 10년째 나를 지켜주고 있다. 스트레스가 쌓이면 몸이 먼저 반응하는 것으로 나를 지켜주었다. "너 그러다 아프다. 몸 챙겨."라고 말하는 듯했다. 힘든 일을 미련스럽게 하면 어김없이 "너 배 아프지? 거봐! 왜 스스로 몸 안 챙기고 무리하고 그러니? 조금 더 편하게 지내면 안 될까?"라고 속삭였다.

몸에 꽉 낀 옷을 입은 듯 자신을 압박하며 다그쳤던 지난 세월, 나는 지독하게 미련스러운 여자였다. 홍길동이 아버지를 아버지라 부르지 못하고, 형을 형이라고 부르지 못한 것처럼 아파도 아프다고 말하지 못했다. 맏딸로서, 언니로서, 아내로서, 며느리로서 그리고 엄마로서 주어진 역할에 충실하기 위해 도움을 요청하지 않고 혼자의 힘으로 해결하며 살았다. 그 결과 몸은 망가지고 마음은 상처로 얼룩졌다. 그 속에서 삶을 배웠고 깨달았다. 뭐가 무서워 숨도 제대로 쉬지 못하고 여기까지 왔는지 안타까웠다. 안타까워하는 시간이 또 아까웠다. 무엇이 나를 위한 일인지 나를 바꾸려고 할 때마다 핀잔을 주는 주변 사람들은 내 뜻대로 되지 않았다. 병든 내가 무엇을 할 수 있을지 고민했다. 희망을 안고 퇴원했다. 병든 몸이지만 세상을 살아보겠노라고 나를 위한 인생을 살아가겠노라고 다짐했다.

비록 완벽하지는 않았지만 나의 회복은 나와 가족에게 축복이었다. 다시는 입원하지 않겠다며 아이들과 약속했다. 매

달 1~2회 받아야 하는 정기검진은 의무였다. 가늘어질 대로 가늘어진 혈관을 겨우 찾아 채취한 혈액만이 나의 건강 상태를 알 수 있게 해줬다. 하루는 담당 의사가 면역억제제를 먹어보자고 권했다. 스테로이드를 줄이고 있었고 다른 약으로 대체해야 한다는 것이 이유였다. 그런데 면역억제제는 부작용이 심하다고 했다. 오심과 함께 구토, 두통을 동반한 경련이 일어난다는 말에 바짝 긴장했다. 감사하게 부작용은 견딜 수 있을 만큼 미세하게 찾아왔다. 그러나 다른 부작용이 있었다. 백혈구 수치가 급격히 떨어지고 있었다. 혈액 검사 결과를 보고 약을 중단하자고 했고, 면역억제제는 더는 사용할 수 없는 약이 되었다. 예상 밖의 결과에 의사는 놀란 듯했다. 결국, 궤양성 대장염 마지막 치료제인 약을 처방했고 그 약은 펜타사였다.

엄마는 수술을 위해 휴식을 가졌고, 남편은 회사로 출근했으며, 아이들은 아이들대로, 나는 나대로 각자의 역할에 충실했다. 모두 예전처럼 일상으로 복귀한 것이다. 거동이 불편하긴 했지만 또 다시 다른 사람의 손을 빌릴 수 없어 살림을 이어나갔다. 처음에는 내가 할 수 있는 만큼 하자고 다짐했지만 마음과 달리 전업주부는 생각보다 행동이 먼저 앞섰다. 몸이 버거워한다는 걸 느꼈지만, 아내와 엄마로서의 사명감이 모든 것을 지배했다. 그런 내 모습을 보고 남편은 내가 괜찮아진 줄 알았다. 늘 배를 움켜쥐고 있었음에도 눈치채지 못했다. 본인 몸이 아니니 알지 못했던 것 같다.

아차 싶은 순간이 오자, 더는 아프지 말자며 아이들 식사 외에 모든 살림을 남편에게 맡겼다. 단, 회복할 때까지라는 전제조건이 붙었다. 가사에서 손을 놓고 스트레스를 해소할 수 있는 방법을 찾기 시작했다. 남편과 같이 있으면 스트레스 지수가 더 올라갈 것 같았다. 그도 그럴 것이 남편은 언제나 자기가 원하는 대로 해주길 바랐고, 나 혼자 행동하는 걸 싫어했다. 밤에 잠시 외출하려 하면 굳이 늦은 시간에 나가야 할 이유가 있느냐며 따져 묻는 사람이었다. 밤에 동생을 만나는 일조차 이해하지 못했다. 아니, 이해조차 하지 않으려 했다. 그로 인해 결혼 생활 10년 동안 밤 외출은 그저 다른 사람 이야기였다.

회오리가 지나간 자리

아무리 생각해도 스트레스를 해소할 방법이 떠오르지 않았고, 바꾼 약은 나를 더 힘들게 했다. 마치 항암 치료 환자처럼 머리카락이 빠지기 시작한 것이다. 스치기만 해도 머리카락은 우수수 쏟아졌다. 아이들이 놀랄 정도였다.

우울감이 찾아왔고 나는 거울을 회피했다. 그림자에 비친 내 모습이 괴물 같았다. 급기야 영화 〈반지의 제왕〉에 등장하는 골룸을 흉내 내기 위해 모 개그우먼이 분장한 모습과 닮아 있었다. 모자를 쓰지 않을 수 없었다. 웃지도 울지도 못할 그 상황을 어떻게 지나왔는지 모르겠다. 그저 앞만 보고 달렸다. 병원 정기검진이 있는 날 모자를 벗어 의사에게 머리 상태를 보이면서 "교수님, 머리카락이 계속 빠져요. 약 부작용 맞지요?"라고 물었다. 아니라는 답변이 돌아왔다. 그리고 "머리카락이 빠진다고 절대로 스트레스받지 마세요. 스트레스가 만병의 근원이니까요."라고 했다. 모르는 사실이 아니었고, 머리카락이 빠진다고 스트레스에 시달릴 내가 아니었다.

겨울이 다가왔다. 여름에 투병 생활을 시작해 사투를 벌이다가 다시 살아났고, 두 계절을 지나서야 일상으로 돌아올 수 있었다. 처방받은 스테로이드 알약은 점점 줄었고, 면역억제제는 부작용으로 중단했다. 면역억제제를 대신해 먹게 된 펜타사는 내게 또 다른 부작용을 안겨주었다. 모든 것이 회복되는 과정이라고 생각했다.

그러던 어느 날, 상상조차 할 수 없는 일이 벌어졌다. 동생이 쓰러졌다. 캠핑장에서 동생이 했던 꿈 이야기가 현실이 된 것이다. 분명 동생은 꿈에 나타난 남자가 나, 엄마, 동생 순으로 노려봤다고 했다. 그런데 정말 내가 가장 먼저 원인 모를 복통과 설사, 혈변에 시달리다가 궤양성 대장염이라는 희소병 판정을 받았고, 뒤이어 엄마가 갑상선 재수술을 받았다. 끝으로 엄마가 회복하는 중에 동생이 쓰러진 것이다. 소름 끼쳤지만 우리 모녀는 불행한 삶을 헤쳐 오면서 누적된 에너지가 있었다. 어디서 나오는 힘인지는 알 수 없지만 나약해지려다가 다시 힘을 내며 앞으로 나아가는 건 분명했다.

사실, 엄마의 수술은 잘 끝났지만 조용히 넘어가지는 않았다. 나는 아픈 배를 부여잡고 엄마가 입원해 있는 병원으로 갔다. 엄마와 나는 마주 앉아 "인생이 이런 거야."라고 웃으며 농담을 주고받았다. 아픈 엄마를 혼자 두고 집으로 돌아가려니 발걸음이 떨어지지 않았다. 그곳에서 내가 할 수 있는 건 없었다. 설령 남아 있다 하더라도 엄마는 당신보다 나를 더 걱정했을 테다. 게다가 아이를 봐줄 사람이 없었다. 그러고 며칠 후, "사빈아, 여기가 어디야? 내가 왜 여기 있지? 네가 와서 나 좀 데려가."라며 이상한 말만 쏟아내는 엄마의 전화를 받았다. 아무래도 엄마에게 무슨 일이 생긴 듯했다. 떨리는 심장을 겨우 진정시키고 동생에게 전화해 엄마에게 가보라고 했다. 상대적으로 차분한 동생은 병동으로 연락해 어떻게 된 영문인지 알아보고 내게 다시 전화했다. 엄마는 수면유도제를 복용했고 기억이 사라졌던 것이다. 기억을 잃었으니 여기가 어디인지 인지가 되지 않은 상태에서 곧장 내게 전화한 거라고 했다. 엄마에게 간 동생은 엄마에게 신신당부하며 수면유도제는 가급적 먹지 말라고 했다. 하지만 소용없는 일이었다. 그렇게 작은 소동이 있고 난 후, 아무 일 없었다는 듯 각자의 일상으로 돌아갔다.

퇴원 후 혼자 있는 엄마가 마음에 걸려 집으로 오라고 했다. 하지만 엄마는 한사코 거절했다. 결국 동생이 나섰고 엄마는 건강한 동생에게 가기로 했다. 덕분에 나도 걱정을 덜고 치료에 전념할 수 있었다. 유쾌한 동생은 언제나 주변 사람을 웃게 만들었고 웃고 또 웃어 눈물까지 나게 했다. 본인이 나서야 할 때를 알았다. 이번에도 마찬가지였다. 그런 동생이 있어 행복했고 즐거웠다. 다 함께 하하 호호 웃는 순간마다 마음속으로 이대로만 살게 해달라고, 이 평화가 깨지지 않게 해달라고 기도했다.

엄마가 동생 집으로 가고 난 며칠 후, 엄마에게서 전화가 왔다. 왠지 불길했다. 보통 동생이 연락해오는데 엄마가 전화했기 때문이다. 아니나 다를까, 전화를 받으니 "사빈아, 네 동생 쓰러졌어. 지금 응급실이야. 일단 집에 가서 이야기해줄게."라는 것이었다. 사건의 전말은 이랬다. 회를 좋아하는 엄마에게 맛있는 식사를 대접하고 싶었던 동생이 회가 먹고 싶다며 내키지 않아 하는 엄마를 설득해 끝내 횟집에 갔고, 식사를 마치고 집으로 가던 중 동생이 쓰러졌다고 했다.

몇 년 전 동생 가족은 외출하던 중 교통사고를 당했다. 모두 병원 신세를 져야 했고, 입원해 있는 동안 건강검진을 받았는데 동생 머리에 작은 혹이 있음을 발견했다. 다행히 양성이 아니라서 정기적으로 병원에 방문해 MRI 검사를 받으라는 소견이 있었다. 그러나 동생은 아무런 증상이 없어 정기검진을 잊고 살았다. 동생 소식을 접하고 그것이 잘못된 듯한 예감이 들었다.

회를 먹고 나오면서 상황은 순식간에 일어났다. 동생은 간질환자처럼 온몸이 꼬였고, 입에 거품을 물며 눈동자가 돌아갔다. 평소 웃긴 행동을 많이 하는 동생이었다. 장난이 심한 동생은 이번에도 엄마를 즐겁게 해주기 위해 장난을 친 줄 알았다는 엄마. 그런데 동생의 행동이 심각해졌고 급기야 동생은 쓰러져 일어나지 못했다. 엄마의 다급한 소리에 앞서가던 제부와 조카는 동생이 쓰러진 곳으로 달려왔다. 심장이 약한 엄마는 아무런 조치를 할 수 없었고 엄마 곁을 지키던 조카는 울며불며 엄마를 살려달라고 사람들에게 도움을 청했다.

수술을 위한 서울행

나는 동생 집에 도착한 엄마와 통화했다. 다음날 조카 유치원 등원을 위해 제부에게 동생을 맡겨놓고 먼저 돌아온 것이었다. 엄마는 무슨 이런 일이 있냐며, 남한테 해코지 한번 한 적 없는 우리 모녀에게 몇 달 간격으로 일어난 일이 믿기지 않는다고 했다. 그렇다. 우리 모녀는 다른 사람을 힘들게 한 적이 없다. 그저 주어진 상황을 받아들이고 꿋꿋이 이겨냈을 뿐이었다. 나는 엄마가 안정을 되찾아야 조카가 안심할 수 있다며 다독였다.

이튿날, 엄마에게서 다시 전화가 왔다. 며칠 입원해 검사받아야 한다고 했다. 나는 엄마가 염려스러웠다. 수술이 잘 되었다고는 하지만 엄마는 아직 환자였고, 회복하는 중이었다. 우리 집으로 오라고 했다. 하지만 엄마는 갈 때 가더라도 동생 상황부터 살피는 게 우선이라고 했다. 며칠 후, 동생은 수술해야 한다는 소견을 듣고 집으로 돌아왔다. 분명 몇 년 전에는 작은 혹이라고 했다. 그러나 지금은 종양이라고 했다. 종양이 너무 커져 버렸다는 것이 이유였다. 영문을 알 수 없었다.

그날부터 제부는 동생과 유사한 사례의 수술 경험이 있는 뇌수술 전문 의사를 수소문했다. 그리고 엄마는 수술한 지 한 달 만에 동생을 위해 서울로 가는 채비를 해야 했다. 거주하는 지역에서 의사를 찾지 못해 서울 큰 병원으로 가기로 한 것이었다. 제부는 출근해야 하니 보호자는 영락없이 엄마가 되어야 했다. 환자가 환자를 간호하는 꼴이 된 것이다.

서울 병원 역시 소견이 희망적이지 않았다. 수술 전 항암치료로 혹 크기부터 줄여보자고 했고, 동생 부부는 그냥 수술하기로 하고 부산으로 돌아왔다. 덤덤하게 받아들이려고 했지만 초조하고 불안한 마음은 어쩔 수 없었다. 게다가 뇌수술은 되도록 하지 않는 게 좋다는 주변 사람들의 말은 걱정에 걱정을 더하게 했다. 동생은 수술이 최선이라고 말했다. 그 말이 어떤 의미인지 알 것 같았다. 혹을 완전히 제거한 후 건강을 찾는 것이 목표였다. 동생의 선택에 엄마와 나는 아무 말을 할 수 없었다. 목숨이 걸린 문제였으니까.

수술 날짜가 다가왔다. 엄마는 피곤하다고 했다, 하지만 딸을 위해 한 번 더 희생했다. 엄마는 애써 웃으며 서울에 가지 않고 집에서 수술 경과를 기다리는 일이 더 힘들 것 같다고 했다. 그 말에 일리가 있었다. 엄마, 동생, 제부가 서울로 떠났다. 이번 고통이 마지막이길 바라면서.

수술 당일, 아침에 들어간 동생은 수술이 끝나야 할 시간을 훌쩍 넘겼지만 소식이 없었다. 애가 탄 제부가 잠시 자리를 비운 사이 엄마에게서 전화가 왔다. 걱정되는 마음에 심장이 뛰어 수술실 앞에서 기다리지 못하겠다는 엄마. 그럼에도 자리를 뜰 수 없어 나에게 위로받고 싶은 마음에 전화를 한 것이리라. 제부 역시 마찬가지였다. 아내가 수술실 들어간 지 한참인데 나오지 않으니 얼마나 불안했을까? 제부는 엄마 몰래 눈물을 흘렸고, 그런 뒷모습을 보는 엄마 심정은 내려앉았다. 뛰는 가슴을 감추며 간신히 버티며 견디고 있었던 엄마. 초조한 수술실 앞은 보지 않아도 알 거 같았다.

10년 전 내가 수술할 때 엄마는 초주검으로 수술실 앞을 지켰다고 했다. 엄마는 내게 그랬던 것처럼 동생을 기다리고 있었다. 함께 들어간 환자들은 이미 수술실을 나왔지만, 동생은 아직 '수술 중'이라는 알림만 떠 있을 뿐 아무런 기척이 없었다. 내가 할 수 있는 거라곤 수술이 잘 되기를 기도하는 것밖에 없었다. 이런 사정을 잘 아는 옆집 언니는 나를 자기 집으로 불렀다. 혼자 힘겨워하는 것보다 서로 의지하는 게 더 큰 위안이 된다는 것이 이유였다.

동생이 오후 4시가 되어도 나오지 않았다는 엄마 전화에 심장이 내려앉았다. 도대체 무슨 일이 벌어지고 있는 건지 보호자는 알 길이 없었다. 그때 엄마 전화번호가 떴다. 수술실에서 나왔다는 말을 기대하며 전화를 받았다. 그러나 아니었다.

수술실에서 제부를 호출했다는 담당 의사. 동생 머리에 있는 혹이 생명에 지장을 주는 것이라며, 전신마취를 하면 말을 못 하거나 반신불구가 될 수 있어 여태 신경을 살린 채로 수술을 진행하느라 시간이 걸렸다며 설명했다. “신경을 살려둔 채 집도하는 수술은 환자와 의료진에게 힘든 수술입니다. 하지만 이 길이 환자분을 위하는 길이라 선택했고요. 수술 시간이 길어진 이유는 신경을 살려둔 채 수술하다가 환자가 힘들어하면 잠시 마취해서 잠을 자게 했고 다시 깨워 수술하는 방식이었습니다. 집도할 때 환자가 힘들어하면 아이 이야기를 합니다. 그럴 때는 잠시 고통을 잊는지 아프다고 하지 않았어요. 그런데 더는 수술 진행이 어려워 전신마취를 하기 위해 보호자를 불렀습니다. 부작용은 아시죠? 수술 동의서를 다시 작성해주시면 전신마취를 하고 수술을 진행하겠습니다.”

사태는 생각보다 더 심각했다. 제부는 눈물을 보이지 않기 위해 이를 악물었다. 하지만 수술실 풍경은 처참했다. 고통으로 축 늘어져 있는 아내, 혹 제거를 위해 머리를 둘러싸고 있었던 한 개 골이 수술대 위에 놓여 있었다. 겁에 질린 제부는 전신마취에 동의한다는 서류를 작성하고 사랑하는 아내를 두고 수술실을 빠져나왔다. 말을 못 하든 불구가 되든 아무렴 어떨까. 지금 아픈 아내를 위해 해줄 수 있는 건 이것뿐이었다. 그렇게 수술실 밖으로 나온 제부는 엄마에게 모든 걸 설명하고 이제는 의사에게 맡겨야 할 거 같다고 말하고는 밖으로 나갔다.

불행 속에 피어나는 감사

제부의 동의서를 받았지만 동생 수술은 꽤 늦은 시간까지 끝나지 않았다. 수술이 끝났다는 전화를 기다리는 일은 여간 힘든 게 아니었다. 동생이 중환자실에 있다는 소식을 접하고서야 전화를 한 엄마였다. 가늘게 떨리는 목소리로 늦어진 이유를 한참 설명했다. 곁을 지켜주던 지인들이 이만하기를 다행이라고 했다.

수술 동의서를 받고서도 늦어진 수술에 대한 설명은 이러했다. 전신마취를 하고 수술하면 의료진은 편안하겠지만 젊은 엄마가 말을 못 하고 거동이 불편하면 자식에게 얼마나 미안할까라는 생각이 들자 차마 전신마취를 할 수 없었다고 의사는 말했다. 집도한 의사 마음이 고마웠다. 더욱이 아이 이야기할 때마다 고통을 이겨내는 모습을 보고, 엄마가 말을 하지 못하거나 불구가 되었을 때 아이가 받을 충격과 상처를 대화로 풀어낸 지혜도 감탄하지 않을 수 없었다. 수술을 집도한 의사와의 대화는 이랬다. "환자분, 고통스럽겠지만 아이를 생각하고 이겨내봐요. 제게 딸과 함께한 추억을 이야기해줘도 좋아요. 만일 이 순간이 고통스러워 마취하게 되면 귀한 딸이 충격에 빠지는 상황이 올 수 있어요. 자, 이겨낼 수 있죠?"라는 재치 있는 말 한마디가 그 아이를 살렸다.

엄마는 연신 감사하다고 했다고 한다. 말을 못 하거나 한평생 불구로 살아가야 하는 딸을 바라보는 엄마 마음은 어땠을까? 생각만 해도 아찔하다. 신경을 모두 살리며 혹을 제거했다는 말에 세상을 다 얻은 기분이었다고 엄마는 말했다. 나 또한 떨리는 가슴을 쓸어내렸다. 그리고 불행이라고 말하고 싶지 않다. 더 행복해지기 위해 잠시 고난이라는 여행을 떠났을 뿐이라고 믿었다.

중환자실에서 입원실로 온 동생은 바로 말을 하지 못했다. 'ㅇ' 발음만 될 뿐 그 어떤 단어도 사용하지 못했다. 당연히 문장구사도 하지 못했다. 정신이 들고 병실에서 한 첫 마디가 '언니'였다고 한다. 엄마가 아닌 언니였고, 동생 말을 이해하지 못하는 엄마를 위해 글로 표현하려 했지만, 손과 팔이 뜻대로 움직이지 않았다. 이에 동생은 자기 입과 팔을 꼬집으며 하고 싶은 말을 전하지 못해 답답해했다. 엎친 데 덮친 격으로 수술 후 회복이 덜 된 엄마는 점점 면역력이 떨어져 급기야 대상포진이 찾아왔다. 그 사실도 모르고 엄마는 담에 걸린 것 같다고 했다. 견디기 힘든 고통을 힘겹게 견디지 말고 병원을 다녀오라고 말했다. 하지만 엄마는 거부했다. 그 이유는 그곳이 부산이 아닌 서울이었기 때문이다. 어디가 어디인지 알 수 없었던 엄마는 병을 안고 지내야 했다. 동생이 입원하고 며칠이 지나자 엄마 안색은 점점 더 나빠졌다. 엄마는 내색하지 않으려했지만, 앉지도 눕지도 서지도 못하는 엄마를 보고 눈치 빠른 동생은 엄마를 걱정했다. 엄마는 동생에게 걱정을 주지 않기 위해 괜찮다고 했다. 하지만 통하지 않았다. 부정확한 발음과 손짓발짓으로 병원부터 가라고 했다. 모녀는 실랑이를 벌이며 병원 생활을 이어갔다.

엄마라는 단어에 대해 다시 한번 생각해보는 시간이었다. 아파도 아프다는 말을 쉽게 하지 못하는 사람, 당신 몸보다 자식을 더 귀하게 생각하는 엄마라는 위치가 가엽고 위대하게 느껴졌다. 나 역시 엄마가 되고 나니 엄마의 모습을 하고 있었다. 아이에게 충격을 주지 않기 위해 아픔을 참으며 최선을 다하는 모습, 하늘이 무너지는 슬픔이 몰아쳐도 묵묵히 자리를 지키는 엄마라는 단어의 힘은 강력했다.

아프다는 엄마와 수술한 동생을 보기 위해 병원을 찾았다. 동생이 수술한 지 3일 차, 나 역시 회복이 덜 될 상태였다. 그러나 미룰 수 없는 상황이라서 아이들을 데리고 서울로 향했다. 이유 모를 고통으로 힘들어하는 엄마와 회복 중인 동생을 보려니 심장이 조여 왔다. 동생은 조카를 데리고 오지 말라고 했다. 아픈 엄마 모습을 보고 충격받을 아이 마음을 먼저 생각한 것이다. 하지만 나는 아이가 엄마 상태를 알아야 할 필요가 있고, 직접 봐야 충격이 덜할 것이라고 설득했다.

그렇게 마주한 세 모녀. 기쁨의 눈물조차 흘릴 수 없었다. 그토록 눈물겨운 투병기가 없었다. 말 한마디 잘못했다가는 울음바다가 될 수 있는 병원이었기에 다 같이 웃었다. 또 우리 옆에는 존재 자체로 행복한 미소를 짓게 해주는 아이들이 있었다.

엄마에게 미리 들었지만, 하루아침에 어눌해진 동생을 보니 마음이 아팠다. 가슴이 미어져 무슨 말을 해야 할지 몰랐다. 그러나 나는 웃으며 “우리가 다시 살아난 건 정말 운이 좋은 거야. 엄마와 나. 너에게 닥친 일은 불행이 아니야. 더 나은 내일을 위해 준 선물이지. 덕분에 우리는 더 단단해졌고, 서로를 생각하는 마음이 더 커졌잖아. 앞으로 불행은 없을 거야. 아니, 온다고 하더라도 절대 쓰러지지 않을 거야. 지금처럼 이겨내자. 지금은 말이 뜻대로 안 돼서 답답하지만, 이 또한 지나갈 거야. 난 믿어.”라고 했다. 왜냐하면 우리 세 모녀에게 부정의 말은 금기어였으므로. 동생 역시 같은 생각이었을 것이다.

잘 견뎌준 동생이 고마웠다. 당신의 고통을 이기며 끝까지 딸을 지킨 엄마가 존경스러웠다. 낙오자 없이 불행에 무릎 꿇지 않고 스스로 삶을 선택한 우리 모녀에게 박수를 보냈다. 다른 사람의 박수는 바라지 않았다. 환자가 환자의 보호자가 된 그들에게 영광을 돌렸다. 동생 퇴원 직후 엄마는 쉬고 싶다며 집으로 향했고 동네 내과를 찾아 진료를 받게 되었다. 속으로 품은 대상포진을 어떻게 참았냐며 의사가 물었고, 병간호를 했다는 엄마의 말에 의사는 기겁했다. 일반 대상포진보다 몇 배로 아팠을 고통을 참아낸 것이 대단하다는 말에 엄마는 눈물이 났을 것이다. 엄마는 약을 먹으며 휴식을 가졌다.

엄마는 회복 후 동생을 간호하기 위해 동생 집을 찾았다. 의사소통이 힘든 동생에게는 엄마가 필요한 존재였다. 조카는 동생만큼 유쾌한 아이였다. 힘든 상황에서 유쾌함을 잃지 않고 자기만의 세상을 즐겼다. 모두 어린 조카가 아픈 엄마 모습을 보고 슬픔에 잠기면 어쩌나 하고 염려했지만, 조카는 특유의 성향으로 극복했다. 매일 전화하며 우울이라는 단어가 머물지 않도록 사랑을 줬고 관심을 주었다. 그로 인해 수술 부위에 감각을 잃은 동생 몸을 슬퍼할 겨를 없이 웃음이 넘쳤다.

하루는 제부 출장과 엄마 건강을 위해 엄마, 여동생, 조카가 우리 집으로 온다는 연락을 받았다. 설레는 마음으로 세 여자를 맞이할 음식을 준비했다. 수술 이전에는 운전을 완벽하게 한 동생이었지만 혹시 모를 위험을 방지하기 위해 대중교통을 이용한 그녀들을 마중하러 버스정류장으로 나갔고, 세 모녀를 본 순간 뭉클함이 밀려왔다. 그것은 사랑이었다.

나의 든든한 지원군, 긍정의 힘

우리 집에 온 엄마는 내게 미안해하며 동생을 부탁했다. 다음날 엄마는 집으로 가야겠다는 것이었다. 아픈 몸을 이끌고 두 딸을 간호하느라 편하게 쉰 날이 없는 엄마였다. 그 사실을 너무 잘 아는 나는 "엄마는 이제 좀 쉬어. 우리 걱정하지 말고, 둘이서 하면 뭐든 잘할 테니깐."이라며 마음 편하게 해줬다. 동생은 미안해하는 눈치였지만, 나는 그런 동생에게 부담을 주고 싶지 않았다. 환자가 환자를 돌보며 할 수 있는 범위에서 최선을 다했다.

이런 세 모녀의 모습을 보고 안타까워하는 사람도 있었겠지만 그러지 말았으면 한다. 우리는 우리 삶을 최선을 다해 그려냈다고 환호해주기를 바란다. 그때는 우리에게 그게 최선이었으니까. 또다시 잘 살아내기로 선택한 세 모녀는 힘든 고통을 슬기롭게 해결했다. 앞으로 헤쳐 나가야 할 일이 많겠지만, 이미 극복한 경험이 있어 두렵지 않다. 더욱이 우리는 가족 아닌가. 가족의 사랑으로 말 못 할 고통을 이겨냈다. 죽을 만큼 아픈 고통을 이겨낼 수 있었던 건 가족이 있어서다. 그들이 살아야 할 명백한 이유가 되어주었다. 엄마는 두 딸을 위해 맏딸은 엄마와 동생을 위해 작은딸은 엄마와 언니를 위해 살았고, 각자의 가족을 위해 고통스러운 아픔을 참고 견뎠다.

동생과 지내면서 웃음을 자아내는 에피소드가 차고 넘쳤다. 유쾌한 아이에게 온 병마는 지루하지 않았다. 병과의 싸움을 유쾌하게 이겨냈다. 그 아이를 보고 '인생은 저렇게 살아야 하는 거구나.'를 배웠다. 힘든 일이 곁에 있다고 상심하다가 이내 즐거운 일거리를 찾아 주위 사람과 자신을 행복하게 만들었다. 재미없는 나와 정반대인 그 아이를 존경한다. 때론 외로움과 우울함으로 힘들어한다. 그럴 때는 내가 필요한 타이밍이다.

엄마는 가고 여전히 통증은 찾아왔지만, 동생만큼 아프지 않아 나는 할 수 있는 일을 하며 다 같이 즐겁게 지냈다. 하루는 밥상 차리는 게 버거워 집 근처에서 외식하자고 했다. 근사하지는 않지만 갈비탕 한 그릇 사줄 능력은 있다며 놀이터에서 신나게 놀고 있는 아이들을 데리고 근처 맛집을 찾았다. 가는 길에 사람들이 동생을 힐끔힐끔 쳐다보는 것이 보였다. 살이 많이 찐 몸과 수술한 부위만 머리카락이 없었으니 그럴 만했다. 모자를 선물했는데 동생에게는 어울리지 않았다. 예전의 얼굴보다 두 배로 커졌고 머리 한쪽이 찌그러져 얼굴 앞면에 변화가 있었기 때문이다. 거기에 발음이 분명하지 않았고, 동생 목에는 조카가 사용하는 휴대폰이 걸려 있었다. 남의 눈을 의식하지 않고 순수함이 묻어나는 동생 모습이 참 아름다웠다. 나는 행여 동생이 상처받을까 눈치채지 못하게 보호했다. 수술 전 건망증이 심했던 동생은 수술 후 증상이 더 심했다. 나는 동생 물건을 챙기지 못했고, 동생은 조카의 소지품만 챙겼던 것이다.

식사를 마치고 나오는데 동생 얼굴이 새하얗게 질리면서 초조해했다. 지갑이 없어진 것이다. 그리고 그 어느 때보다 정확한 발음으로 "언니, 지갑. 내 지갑……."이라고 했다. 나는 "허둥지둥하지 말고 침착하게 생각해보자. 우리가 마지막으로 놀이터에 있었잖아. 그때 어디에 뒀는지 기억나?"라고 동생을 안심시키며 질문했다. 동생은 지갑을 둔 곳이 생각났는지 손짓발짓을 하고는 서둘러 놀이터로 갔다. 하지만 지갑은 있어야 할 곳에 없었다. 혹시 몰라 아이들만 집으로 보내고 경비실을 찾았다. 다행히 경비아저씨가 잘 보관 중이었다. 경비아저씨가 건네는 지갑을 확인하고서야 환하게 웃는 동생은 고맙다는 말 대신 꾸벅 인사만 했다.

지갑을 찾아 기쁜 마음으로 집으로 돌아가려는데 동생이 경비아저씨에게 간식거리를 선물하고 싶다고 했다. 우리는 편의점에 들러 이것저것 사서 경비아저씨에게 전했다. 나와 동생은 잃어버린 줄만 알았던 지갑을 찾을 수 있어 기뻤고, 경비아저씨는 추운 밤을 달달한 간식과 함께 보낼 수 있어 한결 따뜻했을 것이다. 이것이 우리 자매가 힘들 때마다 발휘하는 긍정의 힘이다. 긍정 에너지가 원하는 모든 것들을 이루게 했다.

힘들수록 똘똘 뭉치는 자매

어린 시절 동생에게 엄마는 언니인 나였다. 열 손가락 깨물어 아프지 않은 손가락은 없다고 하지만 엄마는 나에 비해 동생에게 주는 관심이 상대적으로 적었다. 특별한 이유는 없었지만 나보다 동생이 월등히 건강했기 때문이다. 그로 인해 동생은 엄마보다 나에게 더 많이 의지했다. 친정집도 "언니네."라며 입버릇처럼 말했다.

부모님은 당신들 인생 자체가 고단해 자식을 보살필 힘이 없었다. 책임감이라는 단어로 동생을 돌보게 했고 나는 그것을 사명감으로 받아들였다.

아프거나 힘든 일이 있을 때마다 나를 찾아온 동생. 언제나 밝았지만, 그 뒤에는 오랫동안 간직해온 슬픔과 외로움이 있었다. 나 또한 힘들고 고단하더라도 긍정의 에너지를 끌어내 웃었다. 나는 책임감과 인내, 끈기로 힘겨운 세상을 견디며 살아왔고, 동생은 자기에게 없는 부분을 가진 언니를 따르며 좋아했다.

그로 인해 우리 자매는 힘들수록 더 단단해지고 서로를 아꼈다. 무서운 병 앞에서 타협하지 않고 버티며 오히려 웃었다. 각자가 가진 긍정의 무기로 힘듦을 기꺼이 받아들이고 맞서 싸우며 헤쳐 나갔다. 물론 처음부터 그것이 가능하진 않았다. 정면으로 맞설 용기가 없었다.그리고 상대가 무섭고 두려워 돌아갔지만 결코 쉬운 길이 아니라는 사실을, 경험하고 실패해보고서야 정면으로 부딪히는 것이 가장 현명한 방법이라는 걸 깨달았다. 하지만 실패는 끝이 아니었다. 성공으로 가는 길목에 실패라는 과정이 존재했을 뿐이다. 실패를 거듭하면 할수록 성공이라는 두 단어는 성큼 다가왔다. 평범한 일상이 주어졌고 여느 가정보다 평온한 생활을 이어갔다.

2012년, 그 해는 죽음과 함께 새로운 인생이 찾아왔다. 세 모녀 투병으로 병원에서 대부분의 시간을 보냈다. 아픈 것이 죄가 아니었는데 가족들에게 죄인이라고 스스로 말하고 다녔다. 어떻게 다시 얻은 인생인데, 나를 위해 살아가겠다던 맹세는 어디로 가고, 나를 버리고 가족만을 위한 일상으로 돌아갔다. 한 달, 두 달 점점 좋아지던 몸은 2013년 또다시 병원 신세를 지고 말았다. '너를 알라.'는 메시지였다.

가족과 외출한 어느 날, 나는 돌계단에서 넘어졌다. 넘어질 것 같은 예감에 다른 길을 선택했지만 머릿속을 스친 느낌은 적중했다. 누군가 발목을 잡는 느낌이 든 순간 넘어졌고, 계단에서 구르지 않으려고 두 다리 모두 무릎을 꿇으며 넘어졌다. 그 충격으로 왼쪽 발목의 복숭아뼈가 부서졌다. 앞서가던 남편과 큰딸은 작은딸의 울음소리에 달려왔다. 나는 극심한 통증으로 말조차 나오지 않았다. 저녁 식사는 고사하고 엄마가 옴짝달싹 못 하는 모습에 기겁한 아이와 남편은 발만 동동 굴렀다.

일단 자리를 옮겨야 했다. 움직일 수 없을 만큼 괴로웠다. 아이들이 지켜보고 있어 최대한 안정감 있는 말로 남편에게 업어달라고 했다. 그날은 그렇게 눈앞에 일어난 일을 수습하고, 날이 밝자마자 남편 등에 업혀 동네 작은 정형외과를 찾았다. 의사는 수술만이 답이라고 했고, 일반 병원에서는 힘들 것이라고 했다. 내가 궤양성 대장염을 앓고 있어 다른 합병증이나 의료 사고에 대해 병원에서는 책임지지 않는다는 것이 이유였다. 결국 간단한 수술조차 큰 병원을 찾아야 하는 상황이었다.

대학병원 입원과 수술. 간단한 수술이지만 보호자가 필요했고 또다시 엄마는 아이들 곁으로, 남편은 나와 함께 병원 생활을 했다. 남들은 평생 한 번 할까 말까 한 대학병원 입원과 수술을 1년 사이 여러 번 하는 신세가 되었다. 수술은 간단했고 일주일 입원 후에 귀가할 수 있었다. 1년 뒤 재수술을 해야 하지만 걸을 수 있다는 희망으로 상황을 받아들였다.

4부 첫 이혼이 선물한 근사한 일상

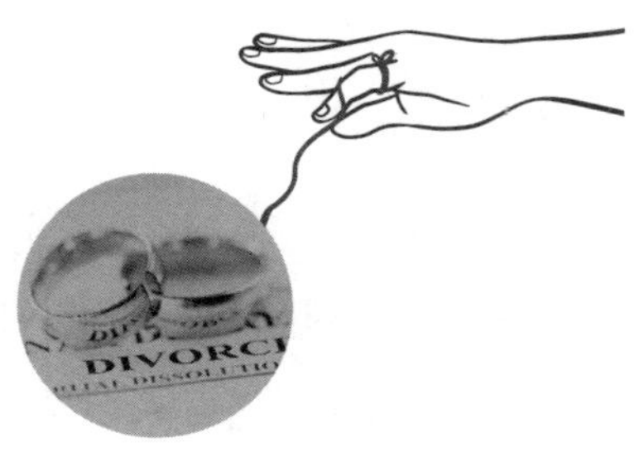

행복을 위한 결혼의 마침표

아픈 환자가 있는 집은 늘 돈 문제가 따른다. 나 역시 다르지 않았다. 남편 외벌이로 수입이 정해져 있기에 병원비로 큰 돈이 나갈 때마다 걱정하지 않을 수 없었다. 2003년부터 투병 생활을 한 나는 상처로 얼룩진 몸과 마음이 지칠 대로 지쳤다. 잔병치레는 일상이 되었다. 경제권이 없어 더 많은 눈치를 봐야 했던 나는 고민을 시작했다. 진정으로 나를 위한 길이 무엇인지. 다른 사람, 심지어 아이들도 배제하고 생각했다. 부부 그리고 가족이라는 이유로 불행을 안고 가정을 지키는 것이 맞는 건지 깊은 고민에 빠져들었다. 또한 아이들 마음에 반복적으로 상처를 주는 것이 못 할 짓이라는 생각이 들었다. 아픈 엄마를 보며 함께 살아가는 것보다 각자 인생을 살아간다면 더는 비극을 맛보지 않을 것 같았다. 끝내 결혼 11년 만에 결혼 생활에 마침표를 찍기로 했다.

인생 선배로서 불행한 가정에서 산다는 것은 하루하루를 위태롭게 시작해 위태롭게 마무리하는 것임을 잘 알고 있었다. 그로 인해 내가 내린 결정이 아이들 성장에 이로운 것이라고, 내가 할 수 있는 최선의 선택이라고 생각했다.

사실 아이들이 없는 세상은 나에게 있을 수 없었다. 그래서 뼈가 으스러지는 듯한 고통이 있어도 아이들을 애지중지 키웠다. 무슨 일이 있어도 아이들은 내 손으로 키우고 싶었다. 내가 아이들에게 "엄마에겐 너희가 전부이니 너희도 엄마를 사랑해야 해."라는 메시지를 무의식중에 전하고 있다는 동생의 말에 아차 싶었다. 엄마를 사랑하지만 아이들에게는 아빠를 더 사랑할 자유가 있었다. 나도 모르게 유년 시절 받지 못한 사랑을 아이들로부터 받으려고 했다는 것을 느꼈다.

2014년, 우리 부부는 각자의 길을 걸어가기로 했다. 나와 남편 그리고 아이들을 위해 굳게 마음먹었지만 이혼 진행 중에 아이들을 향한 미련이 남았던지 여자아이들이라 엄마 손이 필요할 거라며, 고등학생 때까지만 키우게 해달라고 했다. 그런 내게 남편은 "네 몸부터 챙겨. 건강이 우선이지."라며 "엄마의 빈자리는 내가 잘 채울 수 있도록 노력할게."라는 고마운 말을 남겼다.

무엇이든 엄마가 있어야 해낼 수 있다고, 엄마 없이는 아무것도 할 수 없다는 오만은 아이들과 떨어져 생활하고 나서야 알았다. 엄마인 나보다 아이들은 훨씬 강했다. 아이들은 아픈 나로 인해 엄마가 없는 빈자리를 일찍부터 경험했고, 엄마의 빈자리는 오히려 아이들을 살렸다. 자기 자신을 사랑하지 못한 엄마는 언제나 아이들에게 사랑을 갈구했다. 너희를 위해 희생했다고 말하고 싶었던 나였다. 나의 모습을 제대로 들여다보지 못해 아이들의 감정을 무시한 지난날의 어리석은 모습을 깊이 반성하고 있다.

그렇게 나는 이혼녀가 되었지만 여전히 복통과 혈변으로 오로지 내 몸 돌보는 일이 급선무였다. 더욱이 먹기만 하면 곧장 화장실을 가야 했던 나에게 회사 취업은 어려운 일이었다. 그러나 '무엇을 하며 살아야 하나!'라는 걱정보다 '이제는 숨을 쉴 수 있겠구나.' 하는 안도감이 먼저 들었다.

엄마 품이 싫어 난 결혼을 선택했다. 엄마 품에서 숨 쉴 수 없어 결혼을 선택했지만, 내 선택 자체가 잘못되었다. 이런 회피성 결혼은 결국 비극으로 끝났고 새로운 세상을 준비해야 했다. 제2의 인생을 시작하면서 기쁘다가 이내 슬픔이 다가왔다.

아이들이 그리웠고 보고 싶었다. 아이들 숨결을 느끼고 싶었다. 환절기만 되면 콧물 범벅으로 괴로워하는 큰아이와 건강하지만 언니에게 치여 슬픔을 간직한 작은아이가 걱정되어 노심초사하며 하루를 지냈다. 가까운 거리에 살았지만, 쉽게 다가갈 수 없었다. 아이들 생각으로 마음은 슬펐지만 시간이 지나면서 몸은 점점 좋아졌다. 내가 먼저였고 내가 먼저 살아야 한다는 생각으로 세상에서 가장 따가운 시선을 받아야 하는 이혼을 했고 후회하지 않았다. 간절했기에 스스로 선택한 길을 후회하지 않았다. 이기적인 엄마라고 사람들이 손가락질해도 절박한 심정으로 선택한 길이었다.

결혼 생활 10년 동안 아프지 않은 곳이 없었다. 왠지 이 남자와 함께 살면 평생 병으로 휘감겨 상처로 얼룩질 것만 같았다. 희망보단 절망 속에서 힘겨운 병마와 싸워야 할 것 같았다. 궤양성 대장염에 의한 부작용이었는지 대장과 가장 가까운 곳에 피부염이 생겼고, 염증이 심해지니 가렵고 따가웠다. 앉았다 일어나면 피고름으로 범벅이 되어 엉덩이 부분의 옷이 젖었다. 냄새도 지독했고 상처는 점점 깊어졌고 고름이 독해 옷에 구멍도 났다. 이유를 알 수 없는 염증으로 병원에서는 무슨 약을 써야 할지 몰랐고 가족들은 지쳐 갔다.

유일하게 엄마 상처를 위로해준 작은딸이 곁에 있어 힘이 되었다. 피고름으로 범벅된 속옷을 보며 아이는 "엄마 아프겠다."며 고사리 같은 손으로 고름을 짜주었다. 나는 말렸지만 아이는 끝까지 엄마 고통을 덜어주려고 애썼다. 그 모습을 보던 남편은 도와주지는 못할망정 한마디 던지고 지나갔다. "다 하고 나면 손은 씻어야 한다." 당연한 말이었지만 씁쓸했고 비참했다. 긴 병에 효자가 없다는 말이 딱 맞았다. 혼자 처치할 수 있는 부위라면 아이의 손을 빌리지 않았을 것이다. 뒤를 볼 수 없는 상황이라 옆 사람의 도움이 필요했다.

그러나 놀랍게도 이혼 후 원인 모를 피부병이 사라져 기뻤다. 스트레스를 받지 않으면 재발하는 일도 없었다. 피부병 호전으로 만병의 근원이 스트레스임을 확실하게 체감했다. 몸이 아프고 병들고서야 자신을 죽이면서까지 최선을 다해 인내심을 발휘할 필요가 없음을 또 한 번 경험했다.

죽음의 길로 인도했던 책임감과 인내는 모두에게 상처를 입히고 매듭지었지만, 더 나은 미래를 위한 선택임은 확신했다. '쥐구멍에도 볕들 날이 있다.'라는 속담은 꽤 오래 전부터 마음속에 간직하고 살았다. 캄캄한 쥐구멍에도 언젠가는 햇볕이 들 듯 지금은 고생하지만 내 인생도 반짝반짝 빛날 날이 오리라 믿었다. 처음 겪는 이혼으로 인해 세상이 보내는 시선이 따가웠지만 쥐구멍의 볕들 날만 떠올리며 당당해지기로 했고,

죽기 아니면 까무러치기 정신으로 나아가기로 했다.

이제는 이혼을 내 인생에서 가장 잘한 일이라고 말한다. 후회는 없다. 내 품으로 키우지 못하는 아이들에게는 미안한 마음이 큰 건 별개의 문제다. 당시 아픈 엄마가 아닌 건강한 엄마로, 나약한 엄마가 아닌 당당한 엄마로, 자기만의 세상을 그리는 멋진 엄마로 새로 태어나겠다고 한 맹세는 여전히 지켜나가고 있다. 그 과정이 호락호락하지 않은 삶이었지만 슬픔, 불안, 불행, 두려움, 무서움 등의 부정적 감정이 내 인생에 들어오지 못하게 긍정 스위치를 켜 내가 원하는 방향으로 힘차게 걸어갔다.

이혼녀 딱지가 준 상처

우연히 이서윤·홍주연 저자의 『더 해빙』을 읽고 난 후 내 삶에 적용한 행동은 내 감정에 휩싸이지 않고 내가 목표한 길을 가는 것이었다. 잘못된 길이라고 해도 감정에 휘둘리지 않기 위해 노력했고 홀로서기를 멋지게 성공할 자신이 있었다.

이혼하는 과정에서 길을 찾으려 부단히 고민하고 연구했다. 동네 상권 특성상 유치원생과 초등학생 자녀를 둔 가정이 많은 것을 파악하고, 주니어 의류를 판매하기로 했다. 모두가 "No!"라고 했지만 옷을 좋아하는 나를 믿고 도전했다. 두 딸을 키우며 어떤 옷감이 가장 편안하고 좋은지 알고 있었고, 얄팍한 경험과 지식으로 밀어붙였다. 도와줄 사람은 없었다. 몇 푼 안 되는 돈을 낭비할 상황도 아니었다. 그런데 함정이 있음을 뒤늦게 알았다. '재고'와 '치수'라는 단어의 함정. 유아복이 아닌 주니어 의류는 판매되지 않는 치수가 있었다. 같은 치수만 남으니 날이 갈수록 재고가 쌓였다. 하지만 더 큰 문제는 따로 있었다. 내가 매장을 오픈한 2014년, 주니어 의류 온라인 쇼핑몰이 생기기 시작했다. 저렴한 대신 옷감을 직접 만질 수 없고 정확한 치수를 아는 것도 어려웠다. 그로 인해 온라인으로 구매한 옷은 복불복이었다. 나는 여기서 발생하는 불만을 오프라인 매장이 충분히 채워줘 성공을 안겨줄 것이라 확신했다. 내 예상과 달리 소비자들은 똑똑했다. 가격과 치수 그리고 옷감 비교를 위해 매장을 찾았지만 매출로 이어지지 않았다. 고객들은 일반적으로 우리 매장에서 확인한 뒤 온라인으로 주문했다. 매장만 오픈하면 장사가 되는 줄 알았지만 한계가 있었다. 색다르다고 생각한 단골집 옷이 온라인 쇼핑몰에 깔리면서 좌절했다.

체력만 허락했다면 나도 온라인 쇼핑몰을 같이했을 것이다. 지인이 조언해줬지만, 한 쪽 귀로 듣고 한 쪽 귀로 흘렸다.

또 막상 해보니 온라인 판매는 좋아하는 분야가 아니었다. 사진 촬영이 버거웠다. 섬세함이 부족했고 나의 또 다른 부족한 부분을 스스로 채우지 못했다. 아니, 열정이 부족했다. 손발만 바쁘면 매출이 오를 줄 알았지만 정반대 방향으로 흘러갔다. 만일 매장에 쏟아부은 돈으로 부동산 투자를 했다면 밥은 굶지 않았을 것이다. 그걸 깨달은 시점이 2018년 12월이었다.

당시에는 적은 금액으로 부동산 투자를 할 수 있다는 사실을 알지 못했다. 직장을 다니지 않은 주부에게 대출해주지 않을 거라고 지레짐작했다. 이 또한 배움의 과정을 철저하게 지나고 오라는 우주의 뜻이었다. 사업을 시작했던 시점에 주니어 의류 온라인 쇼핑몰은 딱 한 곳이었다. 그때 시작했더라면 실패의 쓴맛을 보지 않았겠지만 후회하지 않았다. 운이 닿지 않았다고 생각했다. 무엇을 하든 내가 선택한 행동에 후회를 길게 하지 않았다. 실패에 대해 분석을 하며 같은 길을 걷지 않겠노라는 다짐만 했다.

처음 시작한 매장치곤 매출이 좋았다. 의류 외에도 주니어 신발부터 액세서리까지 준비했고, 성인 여성을 위한 액세서리로 눈길을 끌었다. 하지만 여기까지였다. 점점 늘어나는 재고로 현금이 돌지 않았다. 이걸 미리 알았던 엄마는 개업하기 전 당부했지만, 스스로 선택한 길을 돌이키지 않겠다는 딸을 더 이상 말리지 않았다. 이유인 즉, 엄마는 딸 인생이 자기 때문에 꼬였다고 생각했다. 2003년 처음으로 이혼하겠다는 의사를 밝혔을 때 엄마는 내 손을 들어주지 않았다. 당신 인생을 닮지 않기를 바라며 억지로 인연을 맺기를 바랐다. 자녀가 없을 때 이혼하겠다는 딸을 말렸다. 살아보지 않고 단면만 보고 이혼을 생각하는 건 잘못된 판단이라고 했다. 그러나 억지로 맺은 인연은 결국 온갖 병으로 만신창이가 되어 이혼했고, 두 아이와 함께 할 수 없게 되었다.

내가 차린 매장이 잘되지 않은 이유가 또 하나 있었다. 입소문이 나면서 고객들은 부산까지 가지 않아도 아이들 옷을 장만할 수 있어 좋다며 매장을 찾았고, 의류 매출이 없을 때는 액세서리가, 액세서리 매출이 줄어들면 신발이 부족한 부분을 메워주었다. 그러다가 나의 이혼 사실이 동네에 퍼지기 시작했다. 그 뒤로 고객들의 발길이 뜸해졌다. 하루 매출이 1만 원일 때는 처참했다. 정산할 때 불안함을 떨칠 수 없었다. 긍정의 힘조차 나지 않았다. 이혼녀라는 딱지가 다른 사람들에게 피해를 주지 않겠지만, 그들은 나를 꺼렸다. 시선이 달갑지 않았다.

엄마의 귀에 이 소식이 들어갔다. 엄마는 곧장 나에게 와 "남의 말은 시간이 흐르면 잊혀져. 또 험담은 잠깐 하고 말잖아. 걱정하지 말고 몸부터 챙겨. 그러다 또 아플까 걱정이다."라며 위로했다. 엄마 말에 눈물이 났지만, 그 말이 큰 힘이 되었다. 인생을 살면서 나도 그랬다. 남 험담을 듣고 이내 잊어버렸다.

엄마 말에 힘을 내려는 그때 중동 호흡기 전염병인 '메르스'가 번졌다. 동네는 지나다니는 사람 없이 조용했다. 필요한 생필품 사러 잠시 나오는 엄마들뿐이었다. 다시 재고가 쌓였고, 계절이 바뀌고 있었다. 패션은 언제나 한 계절 앞서기에 다가오는 계절을 위해 신상품을 들여야 했다. 현금 순환이 되지 않았고 갖고 있던 돈마저 바닥나고 말았다. 여기저기 대출을 내고 매장을 꾸려나갔지만 힘겨웠다. 하루 한 끼조차 사치라는 생각에 한 끼를 두 끼로 나누어 때웠다. 약을 먹어야 했으니 굶을 수 없었다. 내가 먼저라며 이혼했는데 결과는 자꾸만 이상한 쪽으로 흐르고 있었다.

매출이 없어 걱정에 걱정을 거듭했다. 장사의 신으로 거듭나면 두 아이 모두 유학을 보내려고 목표를 세웠었는데 그 목표가 사라지고 있었다. 삶이 나아지지 않았다. 그때 나약한 여자에게 나약한 남자가 나타났다. 도움이 필요할 때 손 내밀어 준 사람의 손을 잡고 싶었다. 나보다 강한 사람이라고 생각했고, 전 남편보다 나은 사람인 줄 알았다. 아니 그렇게 믿고 싶었다. 나는 이내 그 남자의 그늘로 숨었다.

눈앞에 다시 나타난 지뢰밭

그는 나를 대신해 남대문시장 조사를 마다하지 않았고, 매장을 잘 운영하기 위한 방법을 함께 고민해줬다. 그 노력을 아는지 모르는지 한 번 기울어진 매장은 좀처럼 일어설 기미가 보이지 않았다. 여전히 고객들은 구매가 목적이 아닌 가격과 치수, 옷감을 확인하기 위해 방문했다. 쥐구멍이 있으면 숨고 싶었다. 불쾌한 감정을 드러낼 수 없는 동네 장사는 인내가 필요했다. 1년 6개월을 버티다 지치고 말았다. 앞으로 나아가야 할 방향을 찾지 못했고 실패라는 단어에 무릎을 꿇고 말았다.

매장을 접어야겠다고 엄마에게 말했더니, 엄마는 매장을 살리자며 투자하려고 했다. 분식점이라도 해보자며 설득했지만 자신이 없었다. 돈 한 푼 쥐고 있지 않았다. 다 큰 어른이 노모의 돈을 쓴다는 것이 부끄러웠고, 어렵게 모은 돈을 딸을 위해 허투루 쓰고 싶지 않았다. 성공할 자신이 없었고, 미래가 보이지 않았다. 아픈 엄마가 밤늦게까지 번 돈을 받아 매장을 살릴 용기가 없었다.

엄마에게 마음만 받겠다고, 그 돈은 엄마를 위해 쓰라고 했다. 기댈 곳 없는 나는 그 남자에게 갔다. 기댈 곳이 없어 무서웠고 숨고 싶었고 도망치고 싶었다. 먼 곳으로 떠나면 그리워하는 아이들을 잠시 잊을 수 있을 것 같았다. 아이들과의 추억이 한가득한 곳에서 멀리 떨어진 곳이 내가 있을 곳이라며 안도했다. 이름 석 자마저 숨겼다. 아무도 찾을 수 없도록. 밥 한 끼조차 허락되지 않던 삶을 정리하고 나약한 남자에게 인생을 맡겼다. 이 선택이 최선이라며 위로했다. 이번에도 모두가 "NO."라고 했지만 혼자 "YES."라며 나의 선택을 믿었다. 모두가 짐처럼 생각하는 나를 받아준 그 사람이 고마웠고 새로운 삶을 살아가리라 다짐했다. 남편의 못난 성격을 혼자 감당하며 바뀌기를 바랐건만 이번에도 잘못된 길이었다. 그는 주제넘은 행동을 했다. 40년 동안 혼자 산 남자는 나쁜 말과 행동을 스스럼없이 했다.

지뢰밭인 줄 모르고 구렁텅이 속으로 걸어갔다. 가족을 이루면 지뢰밭이 사라지고 잔잔한 자갈밭이 될 거라고 믿었다. 그는 자기 분노를 폭언으로 풀었지만 나는 사랑하는 사람과 함께하면 분노가 사라질 거라 생각했다. 사랑하는 아이가 있다면 지뢰밭이 사라질 거라 생각했다. 모두 나만의 착각이었다. 초혼인 남자, 재혼인 여자가 함께 생활하는 건 어려운 일이었다. 그는 결혼하면 자신을 대신해 자기 부모님을 공경하고 효도할 줄 알았다고 했다. 남자는 자기 뜻대로 되지 않자 사소한 부분까지 싸움을 일으켰다. 거기다가 폭언과 폭행이 기본으로 물든 재혼 생활에서 평범한 일상은 좀처럼 찾아볼 수 없었다.

남편은 평범한 결혼 생활을 원한다고 당부했다. 조용히 살아가자고. 전 남편과 아이들 문제로 분란을 일으키지 말라고 자신의 불쾌한 부분을 드러냈다. 사실 아이들은 조용했고, 전 남편은 양육비 문제로 법적인 범위 안에서만 연락을 주고받았다. 시어머니가 한 말도 자기가 말하는 것처럼 퍼부었다. 내 감정은 안중에 없었다.

사랑은 점점 퇴색되어 불행으로 얼룩지기 시작했다. 믿음과 신뢰는 바닥이 났고 나약한 여자는 나약한 남자를 믿고 살아갈 수 없었다. 남편은 처음부터 알고 있었던 첫 결혼 실패를 결혼 생활하는 내내 불쾌한 말로 힘들게 했다. 거기에 의심까지 하는 남편을 난 극도로 증오하게 되었다. 혹여, 자기 모르게 양육비를 주는 건 아닌가 하는 의심의 눈초리로 감시하니 피가 마를 것 같았다. 순간 친아빠의 의처증과 새아빠의 난폭한 성격이 그 남자에게 투영되었다. 소름 끼쳤고, 말 섞는 것조차 부담스러웠다.

솔직히 고백하자면 첫 번째 이혼 사유 중 하나가 남편이 나를 의심하고, 처가에 돈 들어가는 것을 극도로 싫어한 친아빠와 닮아서였다. 엄마도 "김 서방은 친아빠의 모습과 흡사할 정도로 닮았다."라고 했다.그러니 나는 전남편의 모습에서 친아빠의 모습을 봤는지도 모른다. 내게 아빠를 떠올리게 하는 것만큼 소름 돋는 일은 없었다. 두 번 다시 상처받기 싫어 아빠 곁을 탈출했건만 사랑하는 남자들은 아빠와 닮아 있었다. 아빠와 닮은 사람을 피했건만 무의식 속에서는 아빠와 닮은 사람을 찾았던 것 같다. 게다가 첫 번째 남편보다 더 심각한 남자가 기다리고 있을 줄은 꿈에도 몰랐다. 그런 사람들을 인생의 동반자로 삼았던 나를 탓해야만 했다.

지금은 아빠에게 받은 상처를 치유하며 더 많이 나 자신을 알아가고 있다. 아빠에게는 사과 받지 못했으며 사랑한다는 말, 상처를 줘서 미안하다는 말도 듣지 못했다. 내면 아이가 상처를 고스란히 간직한 채 꾹꾹 눌러 담아 결혼 생활을 이어갔다. 하지만 불쑥 튀어나오는 내면 아이가 상처받고 싶지 않다고 외쳤고, 그 말을 들어주기 시작하면서 내게 변화가 시작되었다.

사랑, 살아내려는 희망의 불씨

의심은 전남편보다 두 번째 남편이 심각했다. 내가 재혼을 했다는 이유만으로 한없이 무시했다. 철저하게 부서졌다. 그 삶에는 희망과 미래가 보이지 않았다. 재혼 생활이 힘들어 돌파구를 찾으려 했다. 아이들이 보고 싶어 밤마다 불면증과 대면해야 했다. 그때 다가온 사랑이 있었다. 병든 몸에 찾아온 사랑은 또다시 살아가라는 희망의 불씨였다. 조금씩 좋아진 몸에 새 생명이 싹을 틔웠다. 약과 씨름 중인 병든 몸에 고귀한 새 생명이 나를 바라보고 있었다. 하지만 독한 약으로 두 번의 유산을 겪어야 했다. 살려보려고 의료기술을 동원했지만 여리고 여린 생명은 이겨내지 못했다. 그리고 마지막에 찾아온 생명은 엄마인 나를 꼭 붙들었다. 살아달라고, 살아서 자기를 세상 밖으로 나오게 해달라고 하는 것 같았다.

하혈하지 않기를 바라며 의료기술을 총동원해 뱃속 아이가 잘 버티기를 바랐다. 보지 못하는 아이들을 그리워하지 말라고 보낸 우주의 선물이었다. 동아줄을 꼭 잡고 함께 세상을 살아가자고 희망을 품었다. 이때만큼은 남편도 순한 양으로 돌아왔다. 그토록 원하던 아이를 품에 안겨주면 변할 줄 알았지만 남편은 본래의 모습대로 돌아왔다. 자기 핏줄을 임신한 아내에게 폭언과 폭행을 무자비하게 휘둘렀다.

내가 살아온 인생은 단 한 순간도 평탄한 적이 없었다. 그럼에도 진흙탕 속에서 진주를 찾는 심정으로 이겨내려고 했다. 그렇게 이겨낸 삶을 자랑하고 싶었다. 그런 내게 이 남자만큼은 내 힘으로 되지 않았다. 나와 아이를 살리기 위해 몇 번이나 부산으로 향하는 기차에 올랐다. 엄마 곁에서 쉬고 싶었다. 긴장을 풀고 원 없이 쉬고 싶었다. 긴장하며 살얼음처럼 살아가는 보금자리는 숨이 턱턱 막혔다.

2018년, 내 안에 잠들어 있던 마음이 깨어나 요동쳤다. 이대로 살면 죽을 것 같아 육아와 살림을 병행하며 돈 벌 수 있는 방법을 찾았다. 내가 바뀌면 상대도 바뀐다는 말에 그게 무엇이든 해결책을 찾아야 했다. 아이를 봐서라도 일어서야 했다. 또 내가 문제인지 상대방이 문제인지 알고 싶었다. 그 전에 사건이 하나 있었다. 일 년 전, '여기서 떨어지면 얼마나 아플까?'라는 생각을 하며 22층 베란다 난관에 한참을 서 있었다. 지금 생각해도 아찔한 순간이었다. 이런 나를 불러 세운 건 아이의 울음소리였다. 아이는 또 한 번 엄마를 살렸다. 그 아이를 위해 살아야 했다. 남편과 맞지 않다면 내가 문밖을 나서야 한다고 생각했다.

그때 동생이 했던 한마디가 뇌리에 스쳤다. "언니, 집에서 아이 잘 보는 게 돈 버는 거야. 우리는 스트레스 받으면 몸이 반응하잖아. 아프면 어쩔 거야. 아이는 언니뿐인데. 다혈질 형부가 아이를 볼 수 있을 거 같아? 그러니 아이를 봐서라도 돈 벌 생각 접고 언니 몸부터 챙겨." 동생 말이 맞았다. 병이 재발 되면 돈은 돈대로 몸은 몸대로 아이는 아이대로 상처받을 것이 뻔

했다. 머리는 동생이 한 말에 수긍했지만 다른 마음이 자꾸만 꿈틀댔다. 무엇인지 모르겠지만 그 길을 찾아야 했다. 꼭 찾아서 암울한 이곳을 벗어나고 싶었다. 부정 덩어리 속에서 탈출하고 싶었다.

남편은 나와 거리가 먼 보육교사 자격증을 따기를 원했고, 남편의 뜻에 따라 나는 보육교사 공부를 했다. 그러나 하고 싶은 공부가 아니었던 탓에 쉽지 않았다. 나는 내 아이만 사랑스럽지 다른 아이까지 보듬을 자신이 없었다. 알고 보니 주변에서 어린이집 원장이 되면 많은 돈을 번다는 소리에 솔깃한 남편이 내게 강요했던 것이었다. 주·야간으로 교대하며 근무하는 남편으로 인해 독박육아도 나의 몫이었고, 살림도 온전히 내 몫이었다. 그런 내게 공부를 위한 여유가 없었다. 종일 육아와 살림에 시달리고 나면 공부는 늘 뒷전일 수밖에 없었다.

내가 무엇을 하면 잘할 수 있을지 고민했다. 장사도 체질에 맞지 않았다. 내가 나를 너무 모르고 있다는 생각이 들었고 답답했다. 마흔을 훌쩍 넘긴 나이에 나를 찾아보겠노라고 결심했다. 그 마음에는 남편의 그늘에서 벗어나고 싶은 절박함이 있었다.

마음이 시키는 대로 해보자 싶었다. 나는 20대에 꿈이 있었다. 평범하게 사는 것, 그것이 내 꿈이었다. 남들에게는 쉬운 것이 내게는 너무 어려웠다. 평범한 삶을 살아보지 않아서 그랬던 것 같다. 그래도 나는 용기를 냈다. 20대에 꿈꿨던 모습을 이루고 나다움을 찾기 위해서. 남편은 본인 그늘에서 벗어나려고 발버둥 치는 나를 붙잡았다. 욕하면 욕하는 대로, 화내면 화내는 대로, 폭력을 휘두르면 폭력을 휘두르는 대로 참으면서 자기 옆에 살라고 붙잡는 그 사람이 끔찍하게 싫었다. 이 남자와 살았다가는 제 명에 살지 못할 것 같았다. 또 내가 바로 서야 아이도 바로 설 수 있게 키울 수 있다는 내면의 소리와 우주가 보내는 신호에 또 한 번 결단을 내렸다.

남편과 대화가 되지 않아 미움받을 용기를 택했다. 한 남자의 아내와 맏며느리 노릇을 그만두기로 했다. 남편에게는 차마 선포하지 못했고 그저 행동으로 옮겼다. 타지에서 믿을 사람이라곤 보석 같은 아이뿐이었다. 그렇다고 아이에게 기대어 우울해하며 살 수 없었다. 그것만큼 인생을 허비하는 건 없었다. 나이는 숫자에 불과했고, 다행히 몸이 건강했다. 정신은 지극히 맑았다. 아프지 않을 때 스스로 길을 찾아야 했고, 내 옆에 있는 아이와 보지 못하는 아이들을 위해 멋진 인생을 그려야 했다. 지체할 시간이 없었다. 내가 먼저라는 생각은 지금도 변함없다. 고통스러운 불행과 병마와 수없이 싸우면서 깨달은 교훈은 나를 잃고서는 아무것도 이루어지지 않는다는 것이었기에.

온갖 비난과 화살이 돌아온다는 건 자명한 일이었다. 나는 그 누구보다 남편 성격을 잘 안다. 그렇다고 똥이 무서워 아무것도 하지 않는 건 내게 죄짓는 것과 같았다. 폭격이 날아오더라도 가야 할 길로 걸어가야 했고 거침없이 실행에 옮겼다. 몸과 마음에 그리고 어린 딸에게도 선포했다. '엄마가 멋지게 성장할게. 지켜봐 줄 거지? 응원해줄 거지? 살아가기 힘든 세상이지만 엄마를 믿고 너를 믿고 희망이 있다는 걸 보여줄게.'라고.

난폭한 남자를 만났지만 강력한 인내심과 '나'를 찾는 방법을 터득했다. 당시에는 무척 힘들었지만 내게 재산이 된 것들이다. 세상의 무엇과도 바꿀 수 없는 딸이 내 옆에 있었으니까.

이혼, 더 근사한 삶을 위한 선택

매달 지출하는 대출 이자가 있었다. 남편이 모르는 부분이라 혼자 감당할 수 없었다, 일을 해야만 할 것 같았다. 그래야 살 수 있을 듯했다. 아내와 며느리 역할을 포기하니 나에게 투자할 시간이 생겼다. 폭언과 폭력이 덤이었지만 기꺼이 받아들였다. 다음으로 포기한 것은 맏딸과 언니, 누나의 자리였다. 40

년 동안 유지했던 그 자리를 비우면 막내지만 장남인 남동생이 엄마를 챙길 줄 알았다. 남동생이 성장하고 자리 잡는 동안 내가 남동생 몫까지 책임졌으니 쉬고 싶기도 했다. 현실은 예상과 달랐다. 동생들은 바뀐 내 모습을 받아들이지 못했다. 평온한 가정을 일구는 동생들에게는 내가 방패막이나 다름없었던 것이었다.

나는 결국 엄마에게 "엄마! 이제 나부터 살아야겠어. 그러니 그동안 나와 의논했던 모든 것을 동생들과 의논하고 결정했으면 좋겠어. 아빠 곁을 떠나 엄마 곁으로 왔고, 나는 내가 서 있는 곳에서 최선을 다했어. 지금부터는 나로 살면서 돈을 벌고 싶어. 아픈 몸으로 무슨 돈을 버냐고 하겠지만, 내가 하고 싶은 일을 하며 세상 밖으로 나가고 싶어. 그러려면 1분 1초가 부족해."라고 선포했다.

엄마의 반응은 남편과 똑같았다. "책 읽는다고 돈이 나오니, 밥이 나오니. 갑자기 그러면 어떡해. 네 여동생은 연락을 안 하고, 남동생은 지방에 있는데."라며 다시 생각해보라고 했다. 예전 같았으면 엄마 말을 따랐겠지만, 나의 의지는 확고했다. "엄마 말대로 책을 읽는다고 해서 돈이 나오는 것도 아니고 밥이 나오는 것도 아니겠지. 그렇다고 내가 지금까지 있었던 자리에 있다고 해서 달라질 게 있을까? 내게 했던 걸 동생들에게 똑같이 의논하고 소통하면 되는데 그게 어려워? 나도 도울 수 있는 건 도울게. 단지 맏딸이라는 이유만으로 책임을 내게만 주지 말라는 거야. 다 같은 자식이잖아. 멀리 있다고 말 못 한다는 건 아닌 것 같아. 엄마는 내가 다른 지방에 있을 때 책임지게 했잖아. 아들만 너무 배려하지 마. 나, 속상해."라고 했고 엄마는 달라진 맏이의 모습에 당황한 기색이 역력했다. 더는 가족을 위해 발 벗고 나서던 내가 아니었다.

미움을 받더라도 바뀌어야 할 이유가 분명했다. 나는 무언가에 이끌려 자기 계발 서적을 읽기 시작했다. 그리고 넓고 넓은 세상에 자기 자신을 브랜딩하여 당당히 살아가는 주부가 있다는 걸 알게 되었다. 내가 나아갈 길을 알려준 것은 김수영 작가의 『마음 스파』였다. 어지러운 마음과 정신을 깨끗하게 하고 싶어 저자와의 만남 이벤트에 응모했다. 불가능에 가깝다고 생각한 일이 현실로 이뤄져 김수영 작가를 만나게 되었다. 우물 안 개구리가 세상에 한 발짝 내디딘 날이었다. 그로부터 나는 온라인이라는 신세계를 맛보았다. 그것도 아주 근사하게. 그리고 싫은 일을 꾸역꾸역하는 나에게 그만두자고 했다. 2018년 12월에 시작한 일이었다.

고백하자면 애초부터 시어머니의 "조용히 살아라."는 문자를 받고 잘못된 선택임을 직감했다. 시가에서는 시어머니만 내가 재혼이란 사실을 알고 있었던 것이다. 언제 들킬지 모른다는 불안함으로 재혼 생활 5년을 이어갔다. 그때까지 직접 부딪치고 아파야만 세상 이치를 깨달았던 나는 그 불행도 최선을 다해 맞닥뜨려보자고 마음먹었다. 그래야만 행복을 찾을 수 있을 것 같았다. 감당되지 않는 일을 피하지 않았고 받아들였다. 버티며 이겨내는 건 내 주특기였기에, 아픈 나를 엄마라고 찾아온 아이를 위해 최선을 다하면 조금이라도 나아질 줄 알았다. 안타깝게도 나의 최선에 남편과 시가에서는 더 많은 것을 바랐고, 삶은 점점 고달파졌다. 어쩌면 나는 두 번째 가정만큼은 지키고 싶었던 마음이 간절했는지 모른다.

아무리 애를 써도 안 되는 게 있다는 걸 알고 믿을 사람은 나뿐임을 직시했다. 나를 강하게 만들어야겠다는 생각은 자기계발의 세계로 안내했고, 통화와 게임 용도로만 사용했던 휴대폰은 새로운 세상을 보게 했다. 하루 24시간 아이와 씨름하다 스트레스 해소용으로 게임을 하며 시간을 보내던 나를 떠나보내고, 그 대신 나를 알리는 일에 집중했다. 기대 이상으로 즐거웠고 행복했다. 또 이미 온라인 세상에서 생각을 행동으로 옮기는 사람들과 소통하며 정신을 차렸다. 주부는 집에서 밥만 하는 사람이 아니었다. 자기 영역을 만들어가는 그들이 존경스러웠고 부러웠다. 우연한 기회로 시작된 나의 행동으로 인해 휴대폰은 내가 원하는 모든 것을 알아가기에 편리한 도구가 되었다.

거기서 그치지 않고 책과 담쌓고 살아온 지난 세월을 보상하듯 미친 듯이 책을 읽었다. 글도 쓰기 시작했다. 내 안에 세상 밖으로 나오고 싶어 하는 강한 욕구가 있음을 발견했다. 마흔이 넘도록 좋아하는 것과 원하는 것을 해본 적이 없는 나는 뭐가 됐든 실행으로 옮겼다. 그것이야말로 나를 아는 방법이라 판단했다. 당장 돈을 벌 수 있는 건 아니었지만 분명히 길이 있다고 믿었고, 온라인으로 만난 인연들이 은인이 되어 주었다. 처음에는 내가 쓴 글에 나를 아는 사람들이 이혼녀라고 비난하면 어쩌나 하고 두려웠지만 그건 일어나지 않은 그저 걱정일 뿐이었다. 비난은 쏟아지지 않았고 쓰고 싶은 글을 쓰면 되었다.

별거, 나를 알아가는 시간

별거를 작정하고 부산으로 내려온 것은 아니었다. 우선, 꼭 듣고 싶었던 강의가 부산에서 진행한다는 소식을 들었다. 천안에서도 강의가 있었지만, 당시에 아이를 봐줄 사람이 없어 선택한 부산행이었다. 그렇게 2019년 6월부터 부산 생활이 시작되었다. 한 달만 쉬고 가자, 두 달만 쉬고 가자며 차일피일 미뤄진 것이다. 그리고 부산으로 내려온 지 한 달쯤 지나서 엄마와 4살 딸과 함께 여행을 떠났다. 여태껏 일만 하느라 딸과 제대로 된 여행 한 번 못한 엄마였다. 오랫동안 추억으로 남을 순간을 꿈꾸며 전주 한옥마을로 향했다. 3대의 소소한 여행이지만 삶이 고단하고 힘들 때마다 그 추억을 꺼내어 본다면 힘이 될 것 같았다.

내가 운전을 못하니 교통이 편리한 곳에 위치한 한옥 게스트하우스로 숙소를 정했다. 엄마는 끼니 걱정을 덜 수 있는 곳을 원했고 의미 있는 여행이라는 생각에 매 끼니 지역 향토 음식을 먹으며 제대로 쉬고 오자고 했다. 중요한 건 아침이었다. 엄마와 나는 아침마다 약을 챙겨 먹어야 하는 환자였기 때문이다. 이 또한 게스트하우스에서 제공하는 조식으로 해결할 수 있었다. 출발부터 느낌이 좋았다. 토스트와 과일로 가볍게 아침을 맞이한 3대는 2박 3일이 아쉬워 하루 더 머물기로 했다. 갑갑하게 살아온 나와 고생한 엄마, 여행을 제대로 해보지 못한 아이에게 주는 선물로 제격이었다. 설렘으로 떠난 여행은 힐링 그 자체였다.

그 지역의 시장을 구경하는 것은 여행의 또 다른 묘미였다. 탐스러운 배추와 무를 볼 때마다 김치를 담고 싶다던 엄마는 결국 배추를 구입했다. 게스트하우스 사장에게 들키면 부끄럽다며 배추를 꽁꽁 숨겼다. 그런 모습이 귀엽기도 하면서 한평생 남의 눈치 보고 살아온 엄마가 안쓰러워 "그게 무슨 부끄러운 일이라고 그래. 배추가 맛있어 보이니 구입했거니 생각하겠지. 오히려 고맙다고 할 것 같은데."라고 한마디 했다. 이런 내 말에 아랑곳하지 않고 엄마는 기어코 배추를 들키지 않기 위해 비닐과 끈으로 꽁꽁 싸맸다.

여유만 있다면 더 머물고 싶은 여행이었다. 돌아다니다 보니 가고 싶은 곳이 제법 있었다. 새롭게 안 사실은 남자 도움 없이 여행이 가능하다는 것이었다. 이는 우리 3대 모녀에게 자존감을 높여준 특별한 경험이었다. 뿐만 아니라 전주동물원을 방문해 아이에게 솔직하게 내 감정을 표현하며 마음껏 사랑을 주었다. 사랑으로 키우면 혼자서 키울 수 있겠다는 자신감이 생겼다. 그곳에서 마음을 굳혔다. 엄마가 불행하면 아이도 불행하니 이대로 집으로 돌아가지 않겠다고.

무더운 여름이 지나고 간간이 부는 시원한 바람이 코끝을 간질이는 가을이 찾아왔다. 초록빛 잎은 노랗게 변하고 있었다. 내가 자연을 아름답게 바라볼 수 있었던 건 부정적인 시선으로 나를 바라보는 이가 없었던 덕분이다. 그동안 나는 원 없이 도전했다. 염려와 달리 별거는 나를 찾는 시간으로 채워지고 있었다. 그 와중에 가정으로 돌아가자는 마음 반, 이대로 이혼하자는 마음 반, 반반의 마음으로 하루를 시작하고 마무리했다. 생각이 대립할 때마다 엄마와 다툼이 잦았다. 온전히 나에게만 의지한 엄마가 버거워서 그만 의지하라고 했던 말이 못내 섭섭하다고 억울함을 호소했다. 서러운 말이 쏟아졌고 이내 추운 겨울이 찾아왔다. 부산에서 세 번째 계절이 지나가고 있었다. 남편은 화를 냈으며 폭언도 했다, 이내 미안하다는 문자를 보냈다. 그때마다 내 심장은 쉴 새 없이 펌프질 해댔다. 아내를 설득이 아닌 협박으로 마음을 돌리려는 그 사람이 무섭고 싫었다.

다시 봄이 찾아왔다. 나는 어느새 콧노래를 흥얼거리는 습관이 생겼다. 좁은 집이라도 좋았고 바퀴벌레가 나오는 집이어도 괜찮았다. 여자 셋이 살아가는 친정집은 천국이었다. 하루를 즐기는 나를 발견했고 글을 쓸 때는 미소가 떠나지 않았다. 책을 읽으며 그동안 잊고 살았던 감정과 기억들이 떠올라 좋았다. 나를 살린 건 별거이지만 행복한 삶을 살아갈 수 있었던 건 글과 책이었다.

엄마가 곁에 있어 별거를 할 수 있었다. 살림에 보탬이 될 수 있도록 생필품 이벤트에 응모했다. 이내 당첨이 되었고 새로운 음식을 접하게 되었다. 딸이 행복해하는 모습에 가정으로 돌아가라는 말을 하지 못했고, 딸의 편안한 모습을 보며 지옥으로 가라고 엄마는 말하지 못했다고 했다. 새로운 경험을 집 구석에서 하며 아이와 즐겼다. 신선한 도전은 일상에 생동감을 불어넣어 주었고 살아갈 원동력이 되었다.

별거하면서 미처 보지 못했던 상대방의 좋은 모습이 보였다. 별거 생활은 여유를 안겨줬고 새로운 안경을 쓰게 했다. 실보다는 득이 많았다. 나를 알아가기엔 더없이 좋은 방법이었다. 아이는 행복해했고 성장은 걷잡을 수 없이 했다. 직접 경험을 해봐야 감이 온다. 별거를 해본 사람으로선 괜찮은 방법이었다. 요즘엔 졸혼이 유행이지만, 이혼이 싫다면 별거하면서 각자 자리에서 상대방 입장을 생각해보는 시간을 갖는 것도 나쁘지 않다. 별거는 새로운 출발이자 나를 알 수 있는 돌파구임을 그때 알았다.

한편, 나에게 불안을 잠재울 수 있는 유일한 방법은 잠이었다. 오지 않는 잠을 청할 때가 많았다. 생각을 멈추고 불안을 물 흐르듯 내버려 둘 수 있게 하는 것이 바로 잠이었다. 자고 일어나면 생각이 유연해졌다. 닥치지 않은 일에 미리 겁내지 않는 것이 현명한 선택이라는 걸 확실히 알게 되었다. 그 어떠한 불행도 시간을 갖고 여유로운 상태를 만들어 놓고 펼쳐진 문제를 바라보면 아주 간단하게 답이 나왔다.

나의 단점은 닥치지 않은 일에 미리 걱정하며 조바심을 낸다는 것이다. 닥치지 않은 미래를 걱정할 시간에 생각을 단단히 만들면 되는데 알면서 잘되지 않았다. 감정은 파도를 일으켜 여기저기 부딪히지만, 현재에서 마음만 정리하면 된다. 현재에 집중하다 보면 미래는 자연스레 따라온다. 만약, 불행이 닥쳐 불안이 나를 감싸고 힘겹게 한다면 어떻게 해결하면 좋을까? 방법은 각자의 마음에 있다. 불안을 잠재우려면 일단 부딪치는 거다. 결과를 걱정하기보다 일단 덤벼야 한다. 두려움을 떨쳐버리고 실행해야 한다. 해야 한다고 생각이 들면 미련 없이 부딪히면 된다. 부딪치고 나면 그 일은 깔끔하게 잊어버리면 된다. 내 마음이 움직이는 그날이 행운의 날이다. 그때 실행하면 후회가 없고 미련이 남지 않는다.

과거를 회상하면 나는 내가 하고 싶을 때가 아니라 상대에 의해 결정했고 움직였다. 내가 원해서 행동에 옮긴 것이 아닌 타인의 말과 행동에 의해 움직였던 나는 AI였다. AI처럼 움직이다 보니 감정도 생각도 없는 사람처럼 취급당했다. 또 내가 바라는 결과도 손에 넣을 수 없었다. 이제는 아니다. 내가 마주한 지금의 문제는 금전적인 부분과 관련된 것이라 성급하게 움직일 필요가 없다는 결론이 나왔다. 법 문제 역시 사람이 하는 일이라 수정이 있을 것이고 오류가 있을 테니까. 그래서 조금은 여유를 가지고 때를 기다리기로 했다. 냉철함을 잊지 않고 나와 아이만 생각하며 앞으로 걸어가기로 했다. 그것이 나를 지키는 일이며 현명한 선택을 내리기에 가장 좋은 방법이라고 생각했다.

나 자신을 편안하게 내버려 두면서 성급함의 존재는 서서히 사라졌다. 호텔 카페에서 여유를 찾기도 했고 동네 꽃구경을 했다. 복잡한 일을 잊고 다른 일에 몰입하면 해결 방법을 찾을 수 있다고 믿었다. 그리고 때가 되면 두려운 일을 실행하면 된다. 내키지 않은 일을 해야 한다면 때를 기다리면 된다. 일도 해야 할 때가 있고 하지 말아야 할 때가 있다. 불행이 닥치더라도 해결할 시기가 있다. 그동안에는 무수히 반복된 행복과 불행 앞에서 때를 기다리지 않고 해결했고 이런 성급함이 준 결과는 불행을 자초했다. 그렇지만 경험은 살이 되고 피가 되었다. 피가 되고 살이 된 실패 경험으로 난 불행을 견디려고 한다.

급한 성격의 소유자인 나는 다 된 밥을 그르칠 때가 많았고, 불행에 불행을 거듭하며 살았다. 나를 포기하지 않고 나를 믿으면 불행은 지고 만다. 이 또한 지나가겠지만 힘듦 앞에 굴복하지 않는다면 새로운 길이 열린다. 좋은 일이 오기 전에 나쁜 일이 먼저 오는 이치를 깨달으면 앞으로 나아가는 건 어렵지 않았다. 한 가지 불행에서 많은 것을 배웠다. 두려움 앞에 지지 말자. 두려움을 깨는 방법은 부딪히는 것이므로 돌아가지 말고 정면으로 맞서자. 그러면 좋은 결과를 얻을 수 있다. 나를 믿자. 내가 나를 믿어야 사람들이 나를 믿어준다.

존재 자체로 빛나는 '나'

이혼녀인들 어떠하리, 재혼녀이면 어떠하리. 〈인생은 미완성〉이라는 노래가 있듯 나는 아직 남은 인생을 위해 여전히 성장 중이고 성장통을 겪고 있다고 말하고 싶다. 오랜 투병 생활을 했고, 희귀성 난치병을 앓고 있지만 난 현재 건강한 것으로 만족하고 있다.

죽을 고비를 여러 번 넘기고, 괴로운 상황을 극복하며 잘 버텨온 나 자신을 칭찬하고 싶다. 아니, 충분히 칭찬받아 마땅하다. 그리고 힘겨웠던 지난날의 모든 경험이 소중한 글감으로 다시 태어났다. 처음에는 어디서부터 어떻게 글을 써야 할지 몰랐다. 유년 시절 겪지 않아도 될 비극부터 치유하는 일이 급선무였다. 무엇이든 밀고 나갈 힘을 만들기 위해 반드시 거쳐야 하는 과정이었다. 내 상처를 어루만지며 그 부분을 조금씩 도려내는 작업을 했다. 그래야 나의 진정한 모습을 찾을 수 있을 것 같았다.

처음으로 나의 이야기가 펼쳐진 곳은 블로그였다. 블로그에 나의 오랜 투병기부터 써 내려갔다. 어떤 마음으로 살아왔는지 내가 삶을 대했던 태도를 쓰기 시작했다. 글을 쓰면서 비로소 존재 자체로 아름다운 나, 꽤 괜찮은 나를 발견했다. 나는 부정과 긍정을 적절하게 아우르며 덤덤히 세상을 버티고 있었다. 고작 40년을 살았을 뿐인데 다양한 경험을 한 내가 대견했다.

책과 친구가 되었고 글은 동반자가 되었다. 힘겹게 지켜왔던 자리를 모두 내려놓고 나니 세상이 달라 보였고, 내가 보였다. 더불어 나에게 필요한 것이 보였다. 불안한 마음이 들 때마다 글을 써 내려갔다. 불안이 좀처럼 잦아들지 않을 때는 책을 펼쳤다. 상처를 준 부모조차 용서를 구하지 않던 용서라는 단어를 책에서 보고 가슴이 먹먹했다. 그토록 듣고 싶었던 말이 책에 있었다. "사랑한다. 수고했다. 애썼다. 장하다." 읽으면 읽을수록 깊게 패인 상처는 조금씩 아물기 시작했다. 힘든 일을 마다하지 않고 했던 이유는 뭔지, 이름 석 자를 지우고 철저하게 다른 사람으로 살려고 했던 이유를 쓰기 시작했다. 인정받기 위해 온갖 힘을 짜내 몸이 부서져라 학대하던 내가 수면 위로 올라왔다. 누가 시키지 않던 일을 힘들게 해내고 있었다. 내가 나를 버렸던 것이다. 나의 민낯이 드러나는 글 쓰는 공간은 유일한 안식처였다.

혼자 감당하기 힘들 땐 어김없이 책을 펼치면 저자들은 말했다. "너 혼자 힘들게 살아가는 게 아니야. 용기를 낸다면 인내하며 살아갈 수 있어."라고. 100% 맞는 말이었다. 내가 여기까지 버티고 살아올 수 있었던 건 인내심이다. 인내심은 한계를 느껴도 그것을 뛰어넘게 하는 힘을 발휘하게 했다. 또 강한 인내는 쓰러져도 다시 일어설 수 있게 했다. 오기로 버틴 인생은 나도 모르게 나만의 멋진 라이프가 되어 있었다. 그 속엔 분명히 긍정의 힘이 있었다. 글을 쓰니 미래가 보였고 앞으로 걸어가야 할 방향이 잡혔다. 다양한 경험과 극복한 삶을 사람들에게 이 길을 알리고 싶은 의무감이 생겼다. '뜻이 있는 곳에 길이 있다'는 속담을 마음에 새기고, 내 안의 불행을 찾아 불행을 인정하고 떠나보낸 후, 그 자리에 행복을 채워 넣고 조금 더 나은 모습을 그려 나가는 방법을 공유하고 싶었다.

절망적인 시간을 청산하고 버킷 리스트를 꺼냈다. 이혼할 당시 두 아이를 위해 버킷 리스트를 작성했었다. 그러나 삶이 녹록치 않아 모든 걸 포기해 버렸다. 다시 살 수 있다는 강한 자신감이 생기자 버킷 리스트가 떠올랐다. 아무것도 할 수 없었던 삶에서 도전하는 삶이 시작되었다. 2018년, 주부로 당당히 일어설 수 있는 희망이 보였고, 2019년에는 지독하게 독서를 했다. 돈을 벌기 위해 시작한 독서였지만, 나는 심리 서적으로 궁금한 내 마음을 들여다보고 있었다. 이따금 '이게 아닌데. 돈 벌어야 하는데…….'라는 마음이 생겼지만, 행동은 생각과 반대로 움직였다. 돈도 좋지만 불행한 씨앗을 뽑아 그 자리에 행복의 새살이 돋기를 간절히 바라는 마음이었다.

나부터 바꿔야 했으므로 독서를 늦출 수 없었다. 남편은 본인이 만들어둔 새장 속에서 벗어나려고 발버둥치는 나를 어떻게든 잡아두려고 "억만장자 책을 읽으면 돈 벌 수 있게 해 준다고 하냐?", "작가 영상을 보면 너를 작가로 만들어준다고 하냐?"와 같은 비아냥거리는 말을 쏟아 부었지만 나의 열정을 막을 수 없었다.

간절히 원하면 이뤄지는 마법

2019년 6월, 특강 주인공은 김유라 작가였다. 『나는 마트 대신 부동산에 간다』, 『아들 셋 엄마의 돈 되는 독서』를 읽고 그녀를 만나러 부산으로 향했다. 그 시점으로 내 인생이 비극에서 희극으로 운이 바뀌고 있었다.

마음이 움직이는 대로 엄마 곁에서 몇 달을 더 머물렀다. 그래야 살 수 있을 것 같았고 또다시 무덤을 파고 싶지 않았다. 내가 철저히 변한 다음 집으로 가겠노라고 다시 다짐했다. 남편은 끊임없이 나를 철저하게 괴롭혔다. 이대로 가면 반죽음이 기다리고 있을 것만 같은 느낌이 들었다. 여름이 지나고 가을이 왔고 가을옷이 필요했다. 남편은 옷 핑계로 부산을 찾았다. 부부 사이는 좀처럼 좁혀지지 않은 상태였기에 어색하기만 했다.

한 달만 있겠다던 맏딸이 사위와 아무런 대화와 화해를 하지 않는 것에 엄마는 답답해했다. 좁은 집에 세 식구가 살기란 불편했다. 더욱이 혼자 지낸 세월이 길었던 엄마는 힘겨워했다. 삼시세끼 챙기며 일하기란 벅찼을 것이다. 난 힘들어하는 엄마를 모르는 척 눌러앉아 꿈쩍하지 않았다. 늘어나는 아이 짐과 내가 읽은 책, 지원받은 책이 쌓이면서 엄마는 한마디 했다. "부부가 오래 떨어져 지내면 안 되는 거야. 일단 집에 가서 김 서방이 무시하거나 난폭해지면 그때는 결단 내리고 내려와."라고 했다. 그러나 나는 엄마 말에 미동하지 않았다. 다른 이유는 없었다. 남편은 5년 동안 거짓으로 약속한 것이 나에게 상처가 되었기 때문이다. 이에 나는 "김 서방이 보낸 문자 엄마도 봤잖아. 몇 달 떨어져 지냈으니 결과물이 있어야 해. 이대로 가면 죽어. 이왕 이렇게 된 거 지켜봐 줘."라며 엄마에게 시간을 달라고 했다.

남편이 몇 개월 동안 무례한 말과 행동을 거침없이 해대는 것을 곁에서 지켜봤던 엄마는 더는 강요하지 않았다. 엄마 당신은 힘들지만, 딸을 위해 방 한 칸을 내주었다. 기약 없는 별거는 또 다른 단단한 마음과 근육이 필요했다. 강한 부정을 이겨낼 힘이 필요했다. 2019년 6월 내 인생 전환점이 되었고 나를 확실하게 드러내기로 했다. 그게 바로 글을 쓰는 일이었다. 나를 위한 투자는 신선하게 다가왔다. 쓰는 삶을 시작하면서 유튜브도 도전했다. 여기저기에서 이벤트가 쏟아졌다. 이벤트라면 기관에서 하는 줄 알았다. 일반인이 하는 이벤트가 있는 줄 몰랐다. 온라인 세상을 알고서야 누구나 이벤트를 할 수 있고 누구나 당첨될 수 있다는 것에 놀라웠다. 가벼운 마음으로 이벤트에 참여했다. '뭘 해도 행운이 비껴간 네가 무슨 이벤트에 도전하니?'라는 시끄러운 내면의 소리에는 귀 기울이지 않았다. 오직 나 자신만 믿었다. 믿었던 결과 읽고 싶은 책이 당첨되었고 작가와의 만남이 이루어졌다.

도전하면 할수록 용기가 생겼다. 잊어버렸던 지난 세월을 보상해주는 것만 같았다. 나를 알아봐 주는 사람이 있다는 것에 황홀했다. 수치스러운 일이 자랑스럽게 느껴졌다. 단, 한번이라도 나를 자랑스럽게 대한 적이 없었다. 지금 여기 내가 있다는 건 두 남자가 있었기에 가능한 일이라는 생각이 들었다. 온라인 이벤트는 모두 좋은 운으로 손짓했다. 운이 좋았다. 아픈 것도 운이 좋았고 힘겨운 수술과 투병도 운이 좋았다. 전 남편과 이혼한 것도 운이 좋았고, 사업에 실패한 것도 운이 좋았다. 나약한 남자를 만나면서 결혼 생활을 이어가며 불행했던 삶도 운이 좋았다. 지내온 과거는 모두 운이 좋았다. 병든 엄마 곁에 다가온 천사를 만난 것도 운이 좋았다. 불행한 일을 되돌아보고 곱씹을수록 운이 좋은 것이었다. 불행은 다시 행복할 수 있다는 가능성을 열어 줬으니까. 행운의 여신은 조금만 더 힘내라고 손짓했다. 지금껏 이겨왔으니 앞으로 잘 버티고 이겨내라고 했다. 현명하게 이겨내라고 용기를 주었고 성장이라는 단어를 안겨주었다. 절박함이 없었더라면 나는 이 세상에서 큰 행운을 찾아내지 못했을 것이다. 마음 소리를 외면했다면 가정을 지키려고 애쓰고 노력하며 나를 죽이고 있었을 것이다. 나의 절박함과 마음의 소리에 귀 기울였더니 가장 멋진 나날로 다가왔다.

10평 남짓한 친정집에서 불행보다 행운을 맞이했다. 마음만 먹으면 다 되었던 2019년과 2020년이 참 행복했다. 집 크기와 행복은 반비례했다. 저자 만남이 이루어지던 2019년 3월, 내게 큰 행운이었고 '처음'이라는 단어를 붙일만한 인연이 생겼다. 『마음 스타』, 『당신의 꿈은 무엇입니까?』 등의 저자 김수영 작가를 만났다. 아이를 남편에게 맡기는 일이 처음이라 불안했지만 나를 위해 저자와의 만남에 참석했다. 그곳에 가기 전부터 내 마음은 설렘으로 가득 찼고, 만남이 이뤄지는 공간에 들어서는 순간 금빛 환희가 보였다. 나를 위해 투자한 모습이 신기했고 대견했다. 바보처럼 기회를 놓친 예전과는 다른 모습이었다. 어쩐지 김수영 작가가 구원의 손길을 내밀 거라는 확신이 들었다.

김수영 작가에게 질문했다. "현재 부부 사이가 좋지 않은 이유는 내 안의 분노가 문제인 걸까요?" 김수영 작가는 "내면을 잘 들여다보면 홀로 외로이 울고 있는 아이가 보일 거예요. 그 아이를 잘 달래고 놓아주어야 해요. 그래야 부부 사이의 문제가 보일 거예요."라고 친절히 답해줬다. 그 어떤 말보다 강렬했다. 내 안의 문제가 부부 사이를 벌어지게 했다는 것이 가슴이 아려왔다. 그 후로 닥치는 대로 심리 서적을 읽었다. 내 안의 문제를 찾기 위해 책부터 읽어야 했다.

나는 정신병원을 다녔던 적이 있었다. 아이 첫돌이 지난 후 극심한 우울증으로 찾은 병원이었다. 남편의 반발로 처음이자 마지막으로 병원을 찾았고 병원에서는 약을 먹어야 한다고 했다. 나에게는 도움이 되지 않는 약은 임시방편일 뿐이었다. 한

번 먹기 시작하면 영원히 먹어야 하는 게 약이다. 그런 약을 먹기 위해 병원 다닌다는 것은 의미가 없었다. 근본적인 문제를 해결하기보다 현재 심리 상태의 안정을 위한 병원 처방은 내가 원하는 길이 아니었다. 먹고 있는 약이 많아 우울증 약까지 먹고 싶지 않았다.

병원을 다녀온 후 원하는 일을 찾아야겠다는 마음이 더 강렬하게 다가왔다. 엉킨 실타래를 조금씩 풀어야 했다. 나와 같은 상처를 안고 있는 저자 책을 골라 읽기 시작했고, 상처를 치유하기 위해선 글을 써야 했다. 나에게 가장 잘 맞는 처방이었다. 내가 나를 알아야만 미래가 보였다. 기본적인 살림만 선택하고 몰입했다. 어찌나 재미있던지. 별것 아닌 별것을 하면서 그 어느 때보다 신났다. 나를 알아가는 과정이 행복했다.

삶을 더 풍성하게 해준 도전

2019년 9월, 색다른 도전을 하게 된 계기가 있었다. TV를 보던 엄마가 "김수미가 밥을 해준다는데, 나도 김수미가 해주는 밥 한번 먹고 싶네."라는 것이었다. 아이를 씻기고 나오던 중에 들은 그 말이 내내 귓가에 맴돌았다. 새로운 프로그램이

개편되었나 싶어 TV 앞으로 다가가 프로그램을 살펴봤다. 보낸 사연이 당첨되면 배우 김수미가 만든 음식을 먹을 기회가 제공된다고 했다. 가장 잘하고 좋아하는 일이 글쓰기라 자신 있었다. "돈 드는 일이 아니면 무조건 들이대고 도전해보세요."라는 김유라 작가의 말을 뼛속 깊은 곳까지 새겼다. 기회가 생기면 '나는 할 수 없어!', '나는 못 해.'라는 생각을 버리기로 한 그때 기회가 찾아왔다.

예전 같았으면 지레 겁먹고 도망쳤을 내가 당당히 사연을 쓰고 있었다. 과거의 내 모습을 떨쳐내기 위해 SBS PLUS 프로그램 〈김수미의 밥은 먹고 다니냐!〉에 도전한 결과는 대성공이었다. 이혼 이야기를 쓰다 지우고 엄마와 내가 현재 진행 중인 투병 스토리를 보냈다. 내 진심이 통했을까? 몇 주 후 연락이 왔다. 서울로 올 수 있냐는 작가의 말에 하늘을 날듯이 기뻤고, 모든 기회는 내 것이라고 소리 질렀다. 『더 해빙』의 저자 이서윤 작가는 기쁜 일이 있으면 미친 듯이 기뻐하라고 했다. 나는 그저 책대로 따라 했다.

그런데 아쉽게도 방송국에서 제시한 촬영 날짜와 엄마 약속이 겹쳤다. 결국 촬영이 한 달 미뤄지더니, 석 달 만에 겨우 촬영 할 수 있었다. 연기에 연기를 거듭해 촬영한 그날은 엄마, 나 그리고 아이 마음에 영원히 추억으로 자리 잡았다. 엄마 말

한마디로 출발했지만, 그 기회를 잡는 건 나의 몫이었다. 또 그렇게 잡은 기회로 걷잡을 수 없는 운이 터졌다. 부정을 무시하고 긍정의 기운을 마음껏 받아 들었다. 부지런히 읽었던 책들이 용기를 주었고 힘을 주었기에 가능한 일이었다.

그에 더해 열심히 기록한 글들이 빛을 보기 시작했다. '어디에서 운이 터질지 모릅니다. 가능하면 할 수 있는 모든 SNS를 활용해 가능성을 열어두는 게 우리가 해야 할 일입니다.'라는 말을 들었을 때 정신이 번쩍 들었다. 기회가 다양한 형태로 다가온다는 말처럼 들렸다. 나는 그 즉시 블로그 외에도 인스타그램, 페이스북, 유튜브에 쉼 없이 나를 알렸다. 별거 1년 동안 좋아하는 일을 찾아 살아가는 과정은 흥미로웠다. 결과보다 과정을 즐기는 자체로 운이 좋아지고 있었다. 힘들지만 힘들다고 말하지 않았다. 행복한 비명이었으니까. 끈기, 인내, 부지런함, 꾸준함, 책임감 마지막엔 실행으로 이어졌다. 그러다 블로그 투병기 글에 뜻밖의 댓글이 달리면서 2020년 2월, 실감 나지 않는 일이 벌어졌다. 뜻밖의 기회가 생길 때면 어김없이 찾아오는 느낌이 있었다. 전율이 흐르면서 희망의 에너지가 스며들었다.

〈김수미의 밥은 먹고 다니냐?〉는 2020년 설 연휴 마지막 날 방영되었다. 7분 동안 전국으로 전파되었다. 수치스러운 민낯의 모습을 부끄러워하기보다 대견하게 나를 바라보았다. 촬영 내내 울지 못하는 바보는 밝은 분위기에서 촬영을 마무리했다. 그래서일까? 그 방송을 본 JTBC의 〈다큐 플러스〉 팀에서 연락이 왔다. 현재 진행 중인 프로그램에서 다루는 내용이 내가 가진 병과 일치한다며 섭외 의뢰를 해왔다. 촬영장을 찾아가는 것이 아닌 친정집에 오겠다는 작가의 말에 당혹감을 감추지 못했다. 집이 좁았고 짐들로 인해 어지러운 상태였으므로 내키지 않아 하는 엄마를 설득했다. "엄마, 이건 기회야. 이 기회를 놓치지 말자. 지저분한 짐은 정리하면 되잖아." 나의 말을 가만히 듣고만 있던 엄마는 "그럼, 이불장과 수납장을 사서 정리하자."라며 흔쾌히 수락했다. 엄마는 몇 년 만에 장롱과 수납장을 구입했다. 너저분한 짐들을 과거와 함께 정리했다.

즐거운 마음으로 집을 신혼집처럼 꾸몄다. 작가는 이것저것 물어보기 위해 블로그에 포스팅된 투병기 글을 모두 읽었다고 했다. 대장에 관한 글을 모두 읽은 그들은 프로그램 특성상 궁금한 점을 질문했다. 그렇게 촬영 날짜가 잡혔고 그들을 기다렸다. 대본이 있어 마음 편히 촬영할 수 있었다. 집에서 밥만 하던 주부, 본인 몸만 관리하는 투병자, 경단녀 아줌마가 용기를 낼 수 있었던 건 바로 책과 긍정적인 자세 덕분이었다. 무엇이든 가능하다는 마음 자세를 습관 들였더니 부정적인 결과도 긍정으로 받아들일 수 있게 되었다. 더 좋은 기회가 온다고 더 나은 삶이 찾아온다고 희망을 품었다.

온라인에서 진행하는 수많은 이벤트는 커피 쿠폰부터 읽고 싶은 신간, 생수와 라면 등과 같은 먹거리까지 다양했고, 거기에 응모해 줄줄이 당첨되는 나를 보면서 친정엄마는 신기해했다. 사실 부산에 내려와 있는 1여 년 동안 엄마에게 변변한 생활비 한 번 주지 못한 나였다. 그랬던 내가 글을 쓰기 시작하면서 받은 선물들로 작게나마 엄마에게 보답할 수 있었다.

JTBC 출연으로 이어진 행운

세상에 공짜는 없다. 상대방이 원하는 부분을 긁어주기만 하면 세상의 운은 내 것이 되었다. 집에서 할 수 있는 일은 글쓰기였다. 책을 읽고 나누는 것이 즐거웠다. 내가 직접 구매해 읽은 책이든, 협찬 된 책이든 나쁜 책은 없었다. 책은 내게 희망을 주었고 지혜를 주었다. 그들이 몇 년을 걸쳐 연구하고 터득한 지식을 몇 시간 만에 내 것으로 얻을 수 있었다. 나 또한 유년 시절 수많은 아픔을 간직한 채 스스로 살아야 할 방법을 터득하며, 나약하지만 이겨낼 수 있다는 메시지를 가슴 깊은 곳에 간직한 덕분에 잘 견뎌냈다.

약속한 촬영 날 아침이 밝았다. JTBC 〈다큐 플러스〉는 이른 아침부터 오후까지 촬영이 이어졌다. 병원 촬영까지 계획되어 있었으니 빠른 촬영은 필수였다. 내가 메인으로 구성된 방송은 아니었지만, 영광스러운 방송 출연으로 그저 감사했다. 나를 드러내지 않았다면 절대 일어날 수 없는 일이었다. 아픈 상처를 드러내고서야 나라는 존재가 명확하게 보였다. 방송 진행이 순조로웠다. 질문마다 답변을 잘한다며 PD는 칭찬했고 대본을 다 외웠냐고 물었다. 그건 아니었다. 안타깝게도 나는 외우는 걸 못 한다. 있는 그대로, 있는 삶을 보여주기로 다짐했기에 대본을 외우지 않더라도 가능했다. 내 안에 질문과 답이 있었고, 병은 내가 더 잘 알았기에 PD가 묻는 말에 척척 답할 수 있었다.

촬영팀은 나의 일거수일투족을 모두 담았다. 식사부터 나의 SNS 채널까지. 그러던 중 방 한구석에 쌓인 책을 보고 PD는 "책 많이 읽으시네요. 독서를 하는 이유를 물어봐도 될까요?"라고 물어왔고, 나는 망설임 없이 "용기와 자신감을 갖기 위해 책을 읽고 있어요. 긍정적인 생각만이 험한 세상을 살아갈 수 있는 유일한 길이거든요."라고 답했다. 방송과는 별개로 물어본 질문이었다. 코로나19로 한창 힘든 시기를 보내면서 대장 면역력이 가장 중요한 시기였다. 대장 건강은 모든 면역력 체계를 담당했다. 촬영팀은 대장 건강을 지키는 방법과 병원까지 촬영했다. 보는 눈이 많은 병원과 동네 촬영은 부끄러웠지만 최선을 다해야 했다. 카메라 감독과 PD의 수고를 덜어주기 위해서는 부끄러움은 나의 몫이 아닌 보는 이들의 몫으로 돌리며 촬영팀이 원하는 대로 따랐다.

이번 촬영을 계기로 궤양성 대장염을 처음 진단한 담당 의사를 5년 만에 만났다. 반갑게 맞아준 교수는 죽지 못해 살려고 했던 환자를 잊지 않았다. 그동안 어떻게 지냈냐며 서로의 안부를 묻는 그 시간이 내가 다시 살아있음을 실감 나게 했다.

모든 촬영을 마쳤다. 나의 민낯을 보여주는 것 같아 민망했지만 사람 살아가는 방식은 똑같지 않던가? 그때가 친정에서 지낸 지 7개월에 접어들고 있을 때였다. 세 번째 계절이 지나고 있었지만 부부 사이는 좀처럼 좁혀지지 않았다. 반면 나를 위해 선택한 일들은 술술 풀리고 있었다. JTBC 작가는 〈김수미의 밥은 먹고 다니냐?〉를 보고 나에게 연락을 해왔다. 연락처를 알지 못하니 SNS를 검색했고, 결국 연결이 되었다. 이 하나의 상황만 살펴봐도 모든 것에 가능성을 열어두어야 한다. 또 그들이 원하는 것을 검색했을 때 쉽게 찾을 수 있어야 한다는 사실을 배우게 되었다. 한마디로 기회는 준비한 자에게 오는 것이었다.

1월에 촬영한 방송은 2월 초에 방송이 되었다. 본디 일찍 일어나지 못하는 나였지만 그날만큼은 본방 사수를 위해 일찍 일어나 모니터링했다. 푸석푸석한 얼굴로 내가 가진 병에 대해 설명하는 모습이 자랑스러웠다. 두려웠던 세상을 살맛 나게 만드는 계기가 되었다. 이번 역시 〈김수미의 밥은 먹고 다니냐?〉처럼 전국으로 방송이 전파되었다. 블로그 이웃이 방송 잘 봤다며 긍정적인 에너지를 얻었다고 쓴 댓글을 볼 때마다 행복했다.

JTBC 〈다큐 플러스〉 방영 후, 얼마 지나지 않아 인스타그램으로 메시지를 받았다. 이번에도 방송 출연 의뢰였다. 친정에 머무는 동안 밤에는 책을 읽고 낮에는 글을 쓰는 작업을 꾸준히 했다. 나와의 약속이었기에 게으름을 피울 수 없었다.

새벽 3시까지 책을 읽었으니 늦게 일어나는 건 당연했다. 새벽에 다양한 책을 접하는 것도 새로운 경험이었다. 인스타그램은 하고 싶은 것과 이루어낸 것을 기록할 수 있는 아주 간편한 SNS라 애용했고, 지금도 매일 여러 차례 인스타그램을 이용해 기록을 남기고 있다.

어느 날 엄마, 나, 딸 3대의 추억을 남기고 싶어 부산에 위치한 스튜디오를 찾던 중 도전해보고 싶은 콘셉트를 발견했다. 그곳 콘셉트를 캡처해 인스타그램 피드에 남겼다. 3대가 추억으로 남기고 싶은 희망을 담아. 마음이 움직이는 대로 했을 뿐이었다. 깊은 생각과 고민 따위로는 기회를 얻을 수 없다는 걸 경험으로 알고 있었다. 기록하면 이루어진다는 말을 실천으로 옮겨 내 돈 한 푼 들이지 않고 꿈이 이루어졌다.

인스타그램으로 온 메시지는 아주 길었다. 잠이 덜 깬 상태에서 읽는 메시지는 꿈인지 생시인지 헷갈릴 만큼 온몸에 전율을 흐르게 했다. 정신을 가다듬고 다시 읽었다. JTBC 〈다큐플러스〉 출연을 요약해 올린 인스타그램 기록을 보고 방송 출연 요청을 한 사람은 무려 SBS 작가였다.

기록이 가져다준 기적

기적 같은 일이 계속 쏟아지는 걸 실감했다. 나는 방송 출연을 흔쾌히 수락했다. 이번 방송은 SBS 〈그린라이트〉였다. 아이러니하게도 늦게 자고 늦게 일어나는 내게 출연 제의가 들어오는 모든 방송은 아침 프로그램이었다.

이미 촬영을 경험한 나와 가족들이라 준비하는 과정은 어렵지 않았다. 대본은 없었다. 무슨 질문을 할지 속으로 되뇌며 준비했다. 촬영 날짜가 다가오면서 작가가 질문했다. 분량이 나오지 않는다며 인스타그램에 올린 스튜디오 촬영을 하면 어떻겠느냐고 제안했다. 절호의 찬스였다. 사비를 들여 촬영하려고 했던 것을 돈 들이지 않고 추억까지 남길 수 있으니 하지 않을 이유가 없었다. 아니, 기쁜 마음에 환호성을 질렀다.

너무 기뻐 엄마에게 소식을 알렸지만 기대했던 것과 달리 엄마는 나처럼 기뻐하지 않았다. 촬영이 피곤하다는 걸 안 터라 촬영 시간이 몇 시간인지부터 물었다. 이번에는 1박 2일이라고 했더니 엄마는 깜짝 놀라면서 일하러 못 가는 거냐고 물었다. 당연히 못 간다고 말했더니 엄마는 미묘한 표정을 지었다.

SBS 〈그린라이트〉 촬영분은 메인이었다. 꿈에 그리던 주인공이 되는 날이었다. 10분 정도 나올 예정이라 긴 시간 촬영해야 한다고 했다. 사실 유튜브 촬영을 하면서 촬영 분량이 넉넉하면 편집을 할 만 했다. 반대로 짧은 영상은 편집하기가 버거웠다. 엄마를 설득해야 했다. 이참에 하루 쉬는 것도 괜찮다고 했지만, 엄마는 여전히 부정적이었다. 돈은 돈대로, 손님은 손님대로 놓친다는 것이 이유였고, 그 외 부정적인 생각을 끊임없이 표현했다. 나는 이에 굴하지 않고 긍정적인 말로 엄마를 달랬다. 엄마와 나에게 운이 들어온 것 같다고, 운이 들어왔을 때 노를 저어보자고, 딸을 위해 양보해달라고.

친정에서 얹혀살면서 앉으나 서나 써 내려간 글이 기회라는 행운으로 빛을 내는 듯했다. 나에게만 좋은 일이 일어난 것이 아니었다. 함께 출연한 엄마도 어디를 가든 방송에서 봤다는 사람들이 있었고, 동네 유명 인사가 되었다. 특히 〈김수미의 밥은 먹고 다니냐?〉는 재방송을 자주 한 터에 얼굴이 자주 노출되었다. 그 사실을 나는 몰랐다. 독서의 재미를 느낀 나는 TV와 이별을 했고, 친정에서 유일하게 들리는 TV 소리는 딸이 보는 어린이 프로그램이었다.

이제 나와 당신, 우리가 해야 할 일은 과거를 숨기지 않는 것이다. 아픈 곳이 있다면 당당히 드러내고, 슬픈 과거가 있다면 떠나보내야 한다. 세상은 사람이 사는 곳이다. 사람이 사는 곳에서는 별의별 일이 다 있다. 그리고 그 별의별 일을 어떻게 받아들이는가도 사람만이 할 수 있다. 그러니 자신을 숨기지 말고 당당하게 드러내야 한다. 어디든 좋다. 영상에 소질이 있다면 유튜브에, 글쓰기에 자신 있다면 블로그나 브런치에 간단하게라도 자기의 스토리를 담는다면 운은 저절로 다가온다. 부디 SNS를 통해 자신을 알렸으면 한다.

두려워한 상황도 존재하지 않았다. 두려움은 그저 내가 만든 허상에 불과했다. 이 세상에 태어난 이상 세상을 무대로 한 번쯤 주인공이 되어야 하지 않을까? 주인공으로 살아가는 삶은 누구나 할 수 있다. 나를 버리지 않고 나를 사랑한다면 가능한 일이다. 내가 지내 온 과정만 보아도 알 수 있다. 죽지 못해 살아낸 인생을 정신력으로 버티고 이겨냈다. 강한 정신력 밑바탕에는 긍정 기운이 있었다. 남들과 다르게 살아가는 인생은 오히려 득이 되었다. 나를 빛내줄 아주 좋은 재료가 되었다.

평범한 인생을 바랐건만 신이 평범한 인생을 주지 않았던 이유를 이제야 알 거 같다. 평범한 인생이었다면 감사함도 고마움도 모르는 나약한 인간으로 살아갔을 것이다. 남들과 조금 다른 인생을 살고 있고 그 속에서 꿈과 희망을 발견했다. 또 내 인생을 비난하고 비판했다면 방송이라는 기회를 얻지 못했을 것이다. 나는 오늘도 '고통을 감내할 수 있도록 용기를 주셔서 감사합니다. 고통을 이길 수 있도록 힘을 주셔서 감사합니다.'라고 기도한다. 확언이라는 단어를 모르던 유년 시절부터 나는 확언을 해왔다. '이 또한 지나갈 거야. 그리고 더 나은 내일이 기다리고 있을 거야.'라는 확언 덕분에 지금 내가 여기 있을 수 있다고 믿는다. 또 살아내었기에 매일 행복한 꽃길을 걷고 있다.

SBS PD는 아주 디테일했다. 다양한 각도와 표정 그리고 가장 예쁘게 나오는 측면까지 파악하는 유능함을 갖추고 있었다. 또 연기 요청에 어색해하는 나를 연기할 수 있도록 이끌어 주었다. 이로써 어릴 적 소망했던 연기자의 꿈을 잠시나마 맛볼 수 있게 해줬다. 그에 더해 연기를 잘한다며 칭찬까지 들으니 '방송이 천직인가?' 라는 혼자만의 생각에 웃음이 났다. 방송 촬영하는 동안만큼은 내가 주인공이 되었고, 방송이라는 무대에서 나 홀로 춤을 추는 듯했다. 평범한 주부가 아주 근사한 일을 해내고 있었다. 그렇게 그날은 또 한 번 나의 재능을 발견하는 날이기도 했고, 앞으로 들어오는 방송 섭외는 거절하지 않겠노라고 선포한 날이기도 하다.

2020년, 봄이 지나가고 여름이 찾아왔다. 늘 같은 일상이지만 소소한 운이 들어오고 있었다. 한 번은 우연히라기에는 너무 멋진 책을 알게 되었다. 온라인 서점에 서평 등록을 했는데, 모 온라인 서점에서 서평 의뢰가 들어왔다. 처음 있는 일이라 어안이 벙벙했다. 『더 해빙』 저자가 직접 나를 찾은 것이었다. 느낌이 좋았다. 기회라고 생각해 놓치고 싶지 않았다. 저자에게 메시지를 남긴 며칠 후 연락이 왔다. 책을 보내주겠다는 회신이 왔다. 예상했던 대로 『더 해빙』은 인기에 인기를 더해갔다. 나 역시 전율이 흘렀다. 내가 찾고 있던 책이었다. 가능성을 열어두고 운을 기다리며 운이라는 그릇을 키운 결과는 넓고도 광활했다.

책을 좋아하게 되니 기록으로 남기게 되고, 기록을 남겼더니 저자가 직접 서평 의뢰하는 기회가 찾아왔다. 나에게 큰 도전이 되었던 김수영 작가를 한 해에 두 번 만나는 기쁨을 누렸다. 엄마와 함께한 일 년은 그야말로 내 세상이었다. 큰돈을 벌겠다던 꿈에 조금씩 다가가고 있었다. 로또 아닌 이상, 운을 모아 더 큰 기회를 만들어야만 했다. 그러기 위해서는 초심을 잃으면 안 되었고, 남을 시기 질투하지 말아야 하며 좋은 일이 생기는 모든 분에게 축복을 보내야 했다. 하지만 여기까지는 들쭉날쭉했다. 잘된 사람을 볼 때마다 부러웠다. 나보다 앞서가는 사람을 볼 때마다 주춤거렸다. 그럴 때는 어김없이 책을 읽었다. 마음을 다스릴 수 있는 책을 읽으며 초심을 잃지 않으려고 무던히 노력했다.

지금은 앞서가는 사람들에게 축하한다고 진심으로 축복한다. 언젠가는 나도 그곳에 서 있을 거라는 믿음이 생긴 것이다. 또 먼저 가는 게 중요하지 않다는 걸 깨달았다. 감정에 휩싸여 가고자 하는 목표를 잃어버리는 순간 모두 도로 아미타불이 될 수 있다. 그러므로 목표를 향해 꾸준히 걸어가는 것이 중요하다. 사람 살아가는 일에는 좋은 일만 있는 것이 아니기에 초심을 잃지 않도록 자기 자신을 단단히 붙들어야 한다.

5부 두 번의 이혼이 만들어준 당당한 엄마

굽이굽이 이어지는 산과 같은 인생

행복과 불행은 같이 온다고 했던가. 불행은 길었고 행복은 짧았지만 나는 짧게 찾아온 행복을 즐기고 있었다. 그리고 예고했던 불행의 기운이 서서히 다가오고 있었다. 그때의 불안한 기운을 아직도 잊을 수 없다.

길고 긴 싸움으로 부부 사이에 약간의 틈이 생겼다. 남편은 그 틈을 비집고 들어와 내게 앞으로 잘하겠다고, 노력해보겠다고 했다. 그로 인해 굳게 닫혀있던 내 마음에 여유가 생겼다. 친정엄마는 사위 성격을 알고 있었던 터라 힘들면 다시 돌아오라는 말로 다독여 나를 집으로 보내려고 했다. 마냥 엄마 곁에서 지낼 수 있는 노릇은 아니었다. 엄마도 엄마의 생활이 있었기에 집으로 가거나 나와 딸이 지낼 방을 구해야 하는 상황이었다.

남편은 오랫동안 떨어져 지냈으니 가족여행을 가자고 제안했다. 그때까지만 해도 나는 부부 사이에 생긴 틈에서 새살이 돋고 있다고 착각했다. 그런데 1년이라는 공백은 무시할 수 없었다. 함께했던 공간이 낯설게 느껴졌다. 또 이 공간에 오래 머물면 오히려 좋지 않은 일로 괴로울 것 같았다. 운의 씨앗을 싹 틔우고 키웠던 곳은 친정집이었고, 어떤 결정이든 결론이 나기 전에는 집에 발을 들여놓지 않겠다고 다짐했다. 남해 여행이 끝나자마자 나는 다시 부산으로 향했다. 부산에서만 숨을 쉴 수 있을 것 같았다. 넓고 쾌적한 집을 두고 낡고 좁은 친정을 택한 것이다.

감정에 이끌려 부산행을 선택한 건 아니었고 마음이 원했다. 아이에게 상처를 주지 않기 위한 결정이었다. 아이는 엄마의 감정을 고스란히 느끼는 존재이므로. 부부가 다시 합치려면 확실한 믿음이 있어야 했다. 믿음 없는 흐지부지한 결론은 부부에게도 아이에게도 고통스러울 수밖에 없다는 걸 나는 잘 알았다. 그리고 나의 선택이 옳았다.

불같은 여름이 지나고 가을이 오면서 이유 없이 심장이 뛰기 시작했고 불안했다. 언제나 그랬듯 불안함을 잠재우기 위해 책을 집어 들어 안정을 찾았다. 나로서는 초심을 잃지 않으려고 무던히 애를 썼다. 그러던 어느 날, 친정엄마가 "김 서방에게 연락해봐. 영 기분이 좋지 않아. 외할머니가 꿈에 나타났어. 너도 알지? 안 좋은 일 생길 때마다 외할머니가 꿈에 나타나 조심하라고 이야기해주는 거."라고 했다. 엄마 말대로 외할머니는 어떤 사건이 생기기 전 미리 엄마 꿈에 나타나 경고했다. 그 사실을 모르지 않았던 나는 조금씩 초조해지기 시작했다.

그 무렵 남편과 연락이 닿지 않고 있었다. 남해 여행 후 나와 남편은 부부조항을 작성했다. 나는 서로의 마음이 확인만 되면 재결합 의사가 있었다. 부부조항을 작성하며 남편에게 동의를 구했고, 남편도 흔쾌히 응했다. 서로의 의견을 적절히 융합해 부부조항계약서를 만들어 남편과 연락을 주고받았다. 하지만 메일을 발송한 지 한 달이 지나도록 소식이 없었다. 연락 없이 불쑥 집을 찾는 나의 습성을 알고 있는 남편은 집 근처에 오지 못하게 했다. 시간이 흘러 아이 생필품이 필요해 문자를 보냈지만 연락이 닿지 않았다. 시간이 흐를수록 좋지 않은 느낌이 들었다. 그러나 그런 느낌을 나는 무시했고 엄마는 남자가 수갑을 차고 어디론가 끌려가는 이상한 꿈을 계속 꾸고 있었다.

엄마는 남동생 집으로 가는 길에 우리 집을 들러 사위를 만나야겠다고 했다. 그런 엄마를 말리고 기다려보자고 했다. 그래도 엄마는 불안한 마음이 가시질 않는다며 나를 재촉했다. 엄마의 성화를 이기지 못해 남편에게 전화했다. 나 또한 예감이 좋지 않아 무서웠기 때문이다. 아니나 다를까 없는 번호라는 안내 음성에 당혹감을 감출 수 없었다. 설마 하는 생각을 떨쳐버리기 위해 여러 상황을 가정해봤다. 휴대폰을 잃어버렸거나 수리 중일 거라는, 되도록 긍정으로 생각하는 것이 최선이었다.

예감은 틀리지 않았다. 그리고 예감이 들어맞는 순간, 소름이 끼쳤다. 별거 1년 동안 연락 한 번 하지 않던 시부모는 어느 순간부터 지속해서 전화했다. 나는 그 전화를 받고 싶지 않아 피했다. 어느 하루는 남편 후배에게서 문자가 왔다. 집에 좋지 않은 일이 생겼다는 것이었다. 그 말에 심장이 내려앉았다. 떨리는 심장을 부여잡고 후배와 통화했다. 엄마가 꿨던 꿈과 나를 불안하게 했던 감정은 현실이 되어 있었다. 그토록 내가 원했던 이혼을 거절하던 남자는 가정만은 지키고 싶어 했다. 가정을 지키기 위해 발버둥 치던 남자는 자신이 저지른 일로 가족 곁을 영영 떠나고 말았다.

인생은 굽이굽이 넘어야 하는 산과 같다는 것을 알려준 2020년 가을이었다. 그리고 굴곡진 역경은 더욱더 강인한 사람으로 태어나라고 했다. 더 큰 사람으로 성장하라는 우주의 메시지 같았다. 놀란 가슴을 겨우 진정시키고 법정 앞에 서야 했다. 단 한번도 법을 어겨본 일이 없던 나는 '법' 이라는 단어가 주는 무거움에 무섭고 버거웠다. 인생의 산전수전공중전 모두 겪은 나였지만 이번 일이 가장 큰 산 같았다. 그동안 읽은 책을 제대로 이해했는지 테스트하는 것만 같았다. 몸이 희생하지 않으면 정신적으로 고통을 안겨주는 인생을 밀어낼 수 없었다. 사람마다 생김새가 다르고 인생이 다르듯 고통의 생김새도 다르게 다가왔다. 가장 큰 시련이자 고통이었다. 200권 정도 책을 읽으며 마음의 근육과 운의 그릇을 키우기 위해 노력했고 그걸 지금 쓸 수 있게 우주가 상황을 만들어준 것 같았다. 고통 앞에서 낙담할 수 없었다. 어차피 이 길을 걸어야 했다. 내가 원하는 걸 얻으려면 보기보다 어려운 관문을 통과해야 했다.

피눈물이 흘렀다. 이혼을 위해 별의별 수단을 동원했지만, 쉽사리 이루어지지 않았던 과거가 떠올랐다. 그러나 이제는 내가 원하는 대로 상황이 펼쳐졌다. 상황은 펼쳐졌으나 원하는 고지까지 오르려면 굽이굽이 이어지는 산을 오르고 또 올라야 했다. 그리고 막다른 길목에서는 내려와야 하는 게 인생이라고 했다. 냉철해져야 했고 욕심도 금물이었다. 복수, 배신, 좌절과 같은 부정적인 단어들이 쏟아지던 2020년 9월은 암흑 같은 지옥이었다. 배신으로 얼룩진 상황 속에서 그동안 알게 모르게 지었던 죄를 한꺼번에 벌을 받는 거 같았다. 용서하지 못한 이들에게 용서를 구하고 놓아주어야겠다고 다짐했다. 또 다른 유형으로 다가온 고통은 삶을 깨우치게 했다.

슬기로운 법정 싸움

다가온 고통을 이겨내는 나의 유일한 방법은 부정 속에서 긍정을 찾아내는 것이었다. 긍정을 찾아야만 힘든 일을 버티고 이겨낼 수 있었다. 사건이 터진 이후부터 2021년까지 숱한 법적인 문제로 골머리를 앓았지만 불행 앞에 주저앉지 않았다. 어떻게든 버티기 위해 내가 원하는 일을 찾아 열심히 모험을 하고 있었다. 법적인 문제는 법적으로 대응하면 된다고 조급한 마음을 달랬다. 목표가 있기에 아까운 시간을 원망과 좌절에 낭비하고 싶지 않았다. 간절함으로 이루어진 절박함이 있기에 모든 걸 감내할 수 있었다. 달콤한 맛을 보기 위해 쓰디쓴 맛을 봐야 한다면 기꺼이 그 맛을 볼 것이고, 성장통을 겪어야만 한다면 회피하지 않았다. 슬기롭게 삶을 이겨내기 위해 불행에 맞서며 희망의 끈을 놓지 않았다.

하루가 10년 같았던 2020년 한 해는 그동안 가보지 못했던 곳까지 가보는 좋은 경험을 했다. 떨리는 가슴을 진정시키기 위해 약의 기운을 빌렸고, 그렇게 해서라도 내가 강해져야 아이를 지킬 수 있다고 믿었다. 법원, 검사, 판사, 변호사를 비롯해 법정, 재판, 수용자, 영치금 등 법과 관련한 단어는 뉴스에서나 보고 들었건만 내 앞에 펼쳐지고 있었다. 그해 가을은 유난히 아름다웠다. 하나를 잃으니 하나를 얻는 기분이었다.

책은 거짓말을 하지 않았다. 인생을 살면서 굳이 경험하지 않아도 되는 일을 겪으니 온전한 내가 되었다. 행불행을 같이 경험하며 내게 일어난 사태를 혼자 이겨내야 하는 타지는 쓸쓸했다. 나 홀로 불안해하는 아이를 달래며 지내야 했다. 내가 아픈 것보다 아이가 아픈 것이 더 괴로워 이겨내려고 무던히 애썼다. 찾아온 불행이 워낙 위협적이라 당장 해결하지 못하면 나와 아이의 삶이 무너질 거 같았다. 처리해야 할 일은 산더미처럼 쌓였고, 글 쓰는 시간은커녕 독서할 시간마저 앗아가 버렸다. 분한 마음과 억울한 마음이 뒤섞여 배신한 남자를 용서할 수 없었다. 지독하게 거짓말했던 것들이 하나, 둘 실체가 드러났다. 비겁한 남자는 본인이 처한 상황을 이해하지 못했다.

신은 감당할 수 있을 만큼 고통을 안겨준다고 했다. 그렇다면 이 고통은 살아오면서 최고의 고통이었다. 그리고 최고의 고통은 나에게 좋은 모양새로 한 발짝씩 오고 있었다. 행복을 찾으려면 좌절하지 않고 탑을 쌓듯 차근차근 하나씩 해결하면 된다고 확신했다. 남편 명의로 된 모든 것들을 처분하는 과정이 쉽지 않았다. 쉬운 일은 그 어디에도 존재하지 않았기에 철저하게 서류를 준비했다. 사건이 터지기 이전까지 법의 'ㅂ' 자도 몰랐던 나였기에 제아무리 꼼꼼하게 준비해도 단번에 통과되지는 않았다. 그 흔한 인감증명서조차 발급하기 어려웠다. 남편은 만약을 위해 인감 보호라는 장치를 걸어두었다. 그 과정을 통해 한 가지 깨달았다. '아, 내가 세상을 참 모르고 살았구나!', '여태껏 보호만 받고 살았구나!' 하는 것이었다. 또 한 번 나의 존재를 확인할 수 있었다.

나는 아픈 몸만 챙기면 되는 줄 알았다. 더는 아프지 않기를 바라며 책을 찾았고, 글을 쓰면서 단단한 나를 만들었다. 하지만 법이라는 단어 앞에 주저앉을 수 있다는 생각에 아찔했다. '20년 동안 두 번의 투병 생활로 병을 마주하는 자세를 익혔다면, 이제는 몸이 아닌 정신적인 고통을 통해 더 성장하라는 게 아닐까?'라는 생각이 스쳤다.

별거는 나와 아이가 살기 위한 행동이라고 스스로 칭찬했다. 더는 아프고 싶지 않았고, 내게는 건강한 삶을 선택할 자격이 충분히 있다고 주장했다. 나에게는 나도 몰랐던 용기가 있음을 법 앞에서 알아차렸다. 현재 가진 것에 초점을 맞추고 행복을 찾았다. 그리고 내 앞에 놓인 행복은 내가 가질 수 있는 것이었다. 모든 과정이 고통스러웠지만, 그 속에서 삶의 지혜를 찾으려고 노력했고 그래야만 앞으로 전진할 수 있었다. 지금까지 쉼 없이 달려왔고 더는 무서운 일이 터지지 않을 거라고 나를 다독였다.

어쩔 수 없이 동분서주하며 법 공부를 하며 통과되지 못한 서류를 다시 작성했다. 남편이 원하는 서류와 변호사가 원하는 서류에 구걸하다시피 타인에게 사인을 받아냈다. 남편이 원하는 서류가 어느 정도 마무리될 즈음 법을 모르는 여자에게 또 다른 법적 분쟁이 붙었다. 상대가 법을 이용해 우리 가족을 옭아맨 것이다. '손해배상 청구' 즉, 민사소송이 제기되었다. 잠시 숨 돌릴 틈 없이 대응해야 했다. 가을에서 겨울로 넘어가는 11월의 매서운 칼바람이 내 몸을 칼로 베는 듯했다. 집이 매도되지 않은 상태라서 이대로 진행된다면 그나마 남아 있는 재산을 상대측에 넘겨야 할 것 같았다. 그 몇 푼은 아이를 양육하는 데 필요한 최소한의 재산이었다. 무엇을 어떻게 해야 할지 대책이 서지 않았다. 법률 자문을 얻으려면 대한법률구조공단을 찾아보라는 조언에 부랴부랴 문의했지만 뾰족한 방법은 없었다. 변호사를 선임하는 것이 가장 현명한 방법이었다.

혼자 힘으로 결코 해결할 수 없는 문제였다. 매수인은 빠르게 찾았지만, 매수인은 전세 세입자가 나타나면 도장을 찍자고 했다. 전세 세입자 계약과 함께 명의가 이전되는 일이 발생했다. 내 집이건만 그조차 내가 원하는 방향으로 전개되지 않았다. 유독 추운 겨울처럼 내 마음도 꽁꽁 얼어붙었고 시린 마음을 더 아프게 했다. 정신을 놓치면 모녀 앞날은 그 어디에도 없을 것 같았다. 다시 마음을 다잡고 필요한 용품과 식자재를 구비해 철저히 대비했다. 집안 곳곳에 쌓이는 식자재와 아이 생필품이 쌓이는 모습에 허탈함이 물밀듯이 밀려왔다.

죄를 지었다면 당연히 벌을 받아야 마땅하다. 하지만 그 남자는 억울함을 호소했다. 시시비비를 가려보자고 변호사에게 매달렸다. 그러나 법 앞에서는 어쩔 도리가 없었다. 아는 이 없는 타지에서 모녀는 한겨울의 칼바람을 맞으며 그 자리를 지켜야만 했다. 무서운 태풍이 찾아오더라도 모녀는 그 자리를 지키고 이겨내야만 했다. 모두가, 그리고 내 안에서 꿈틀대는 내가 이겨내라고 했다.

모든 순간이 처음인 인생

남편 소유의 차량이 쉽게 해결되지 않았다. 인생이 늘 호락호락하지 않았던 것처럼. 초조함으로 일을 그르칠 듯했다. 생각이 많아지고 불안한 감정에 바다로 가야 할 배가 산으로 가는 듯했다. 불안을 이겨낼 방법을 찾아야 했다. 눈을 감고 있어도 걱정은 그대로였다. 내 마음이 명확하다면 주위의 부정적인 소리에 휩쓸리지 않을 것 같았다. 시종일관 '하늘이 무너져도 솟아날 구멍은 있다'는 속담을 되뇌며, 긍정 에너지가 스며들기를 기도했다. 기도가 무색할 정도로 힘든 일이 정신없이 몰아쳤다.

불안한 마음을 진정시키기 위해서는 나 자신을 알아야 했다. 원점으로 돌아가 지금 이 순간, 이혼을 원하는가에 대해 깊이 고민했다. 재판 이혼만이 답인가에 대해서도 점검했다. 이혼을 한다면 두 사람이 안정된 상태에서 진행하려고 했다. 하지만 일은 내가 원하는 대로 흘러가지 않았다. 모든 상황은 내 뜻과 상관없이 일어나고 있었다. 법률 자문을 구할 당시 이혼은 급한 문제가 아니라고 했다. 모든 일을 해결한 뒤에 처리해도 늦지 않다는 말에 한시름 놓은 지 불과 한 달이 채 되지 않았을 때 이혼이 거론되었다.

사건이 터지고 나는 곧장 이혼하려고 했다. 하지만 내가 해야 할 일이 있다고 생각했다. 시어머니는 나에게 "나는 네가 안 올 줄 알았는데 이렇게 와줬네."라고 했다. 1년의 별거 생활, 시어머니 입장에서는 며느리가 가정을 단념했다고 생각했을 것이다. 당신 아들이 저지른 일로 며느리 마음이 움직이지 않을 것이고, 행동하지 않을 거라고 여겼다고 했다. 맞다. 솔직히 아무것도 해주기 싫었다. '내가 왜, 이런 일까지 도맡아 처리해야 해! 나는 아이만 있으면 돼.'라며 이혼부터 서둘렀다. 그러나 어른들이 그리고 변호사들이 이혼이 급한 것이 아니라고 했고, 모든 상황을 정리한 후 이혼할 수 있는 여건이 충분하다고 했다. 이에 깔끔하게 정리하고 미련 없이 마무리 짓자고 해서 이혼이 미뤄졌다.

그런데 변호사도 모르는 부분이 있었던 것인지, 사건 자체를 파악하지 못했던 건지 변호사가 이야기했던 것과는 반대 상황으로 흘러갔다. 피해자의 법적 대응은 매서웠다. 법을 너무 잘 아는 그들은 서류상 부부 관계를 유지하고 있다면 민사 소송으로 불이익을 당할 거라고 남편 측 변호사가 귀띔했다. 이런 사건은 100% 민사 소송이 기본이라며 사건이 일어나고 한참 지나서야 알려주었다. 천안에 온 지 한 달 만에 내 머릿속은 온통 '법법법'이었다.

남편을 담당하는 변호사는 남편의 법적 대응 외에 그 어떤 상황을 내게 알려주지 않았다. 내가 처한 상황을 듣고서야 핵심 단어를 알려주는 정도였다. 다행히 그것으로 법적 문제를 추려낼 수 있었다. 이 또한 내가 선택하고, 감당해야 했다.

변호사가 알려준 피해자 측이 진행 가능한 민사 소송 핵심 단어에는 이혼과 가압류라는 키워드가 있었다. 이 상황에서는 합의 이혼이 아닌 재판 이혼이 필수였다. 민사 소송이 제기될 경우 피해자 손에 단 한 푼을 넘기지 않으려면 가압류만이 해결책이었다. 당사자를 만날 수 없으니 답답했고 상황을 알 수 없어 난감했다. 피해자는 그들이 아니라 나와 아이가 피해자라고 말하고 싶었다. 숨 쉴 수 없도록 목을 졸라맸던 법적 다툼은 지루하고도 힘든 시간이었다. 나쁜 일이 연속으로 터지면서 모녀가 피할 곳은 없었다. 물러설 곳이 없다면, 받아들여야만 출구가 보일 것 같았다. 이미 벌어진 상황을 받아들이지 못한다면 그것만큼 바보 같은 짓은 없다고 생각했다.

내 앞에 펼쳐진 미로 속에서 출구를 찾기 시작했다. 내려놓아야 할 일은 내려놓고 급한 일을 수습해야 했다. 하나를 해결하면 또 하나의 일이 터지는 다람쥐 쳇바퀴처럼 뱅글뱅글 돌기만 했다. 삶이 넉넉했다면 피해자 요구를 받아들일 수 있었겠지만, 아니었다. 아이 양육비뿐이었으니까. 그런데도 피해자는 아이 양육비마저 용납하지 않았다. 이 아니면 잇몸으로라도 싸워서 이겨보자고 다짐했다. 독한 세월 악바리처럼 버텨왔듯 법 앞에 주저앉고 싶지 않았다. 포기하지 않겠다고 다짐했다. 닥친 불운과 앞으로 다가올 불행을 피하지 않고 아이 손을 잡고 헤쳐 나갈 거라고 맹세했다.

시부모를 만나 내가 없는 사이 당신 아들에게 일어난 일에 대해 들었다. 그리고 교도소에 수감 중인 남편을 만나 자초지종을 들었지만 이해할 수 없었다. 일반적으로 일어나는 일이 아니었기에. 더욱이 앞뒤 상황이 맞지 않았다. 당사자가 아닌 이상 단어를 연결해 고리를 이어 뒷일을 수습해야 하는 것은 온전히 사회에 남아 있는 가족의 몫이었다. 상황을 더 자세히 알기 위해서는 변호사를 만나야 했다. 변호사를 만나는 일이 유쾌하지는 않았지만, 문제를 해결하고 정리할 사람은 나였고 상황을 아는 사람은 남편과 변호사뿐이었다.

법원에서 약간 떨어진 곳에 남편을 담당하는 변호사 사무실이 있었다. 떨리는 가슴을 달래며 도착한 그곳에서 면담이 이어졌다. 내가 미처 알지 못한 부분을 변호사 입에서 듣는 순간 피가 거꾸로 솟았다. 한 여자의 남편이, 딸을 가진 아빠가 해서는 안 될 행동을 했다는 것에 분노했다. 떨려오는 손발을 어찌할 수 없었다. 하늘이 무너지고 땅이 꺼지는 것 같았다. 그런 내 모습에 변호사는 아무 말 없이 아파하는 의뢰인 아내의 말을 묵묵히 듣기만 했다.

사건 정황을 알고 싶어 변호사가 알고 있는 부분을 빠짐없이 말해 달라고 요청했다. 돌아오는 답은 의뢰인인 남편이 배우자에게 함구하라고 했다는 것이었다. 부부지만 본인이 거부하면 그에 따라야 하는 게 변호사의 의무라 어쩔 수 없다고 했다. 이보다 더 황당할 수 없었다. 철저하게 '각자'가 성립되었던 날이다. 이로써 겉도는 말만 하는 변호사의 말을 경청했다. 교묘하게 돌려가며 부푼 풍선처럼 전하는 변호사의 말은 무슨 뜻인지 알 것 같으면서도 알 수 없는 그 어디쯤이었다. 변호사 사무실을 나서는 순간까지 참담함을 감추지 못하고 집으로 돌아왔다. 눈물이 왈칵 쏟아졌다. 눈물의 의미를 알 수 없었지만, 그 사람이 불쌍했다. 한순간의 잘못된 선택으로 자신의 인생을 옭아맨 사실이 안타까웠다. 어리석은 사람, 아내를 그토록 바보로 만들고 무시하던 사람이 어째서 사회와 격리된 채 갇혀 있는지 눈으로 보고 귀로 들었지만, 믿어지지 않았다. 하루빨리 집을 처분해야 했다.

변호사를 만나고 나니 가야 할 길이 명확하게 보였다. 시부모에게도 친정엄마에게도 알려야 했다. 그래야 내가 원하는 대로 상황을 이끌 것이고, 그것만이 부모들의 기대치를 꺾을 수 있는 유일한 방법이었다. 양쪽 부모님은 놀라움을 감추지 못했고, 내가 원하는 대로 하는 게 맞다고 인정했다.

영화 〈님아! 그 강을 건너지 마오〉 제목이 떠올랐다. 내용은 다르지만 남편은 건너지 말아야 할 강을 건너고 말았다. 좋은 직장을 잃고, 좋은 집을 잃고, 형제를 잃고, 부모마저 외면하고 나니 그제야 나와 아이가 보였던 그 사람은 하루가 멀게 편지를 보냈다. 억울한 감정이 섞인 하소연 글이었다. 절규하는 심정은 알겠지만, 아내인 내가 할 수 있는 일은 없었다. 원하는 서류를 변호사에게 전해주는 일이 전부였다. 모든 정황을 알고 나니 나부터 살아야 했다. 아이를 위해서 나부터 살아야 했다. 모두가 그랬다. 지금은 너부터 생각하라고. 맏이 성향을 아는 엄마는 현실만 보자며 다독였다.

예전의 나라면 마음 약해져 불쌍한 사람을 우선으로 생각했다. 나를 죽이는 일인 줄 알면서 나보다 그들을 먼저 챙겼다. 그리고 나를 막다른 골목까지 밀어붙여 죽지 않을 만큼 살게 했다. 그 사람 곁이 싫었던 나는 매번 부산으로 도망갔고 지금은 그 사람이 숨어버렸다. 아내를 버리고 아이를 버렸다는 걸 깨달았을 때는 늦어도 한참 늦은 뒤였다. 남편은 강을 건너고서야 자신이 한 행동이 잘못되었음을 알았다고 했다. 시간은 더디게 흘렀고, 세입자는 좀처럼 계약이 성사되지 않았다. 그럴수록 피해자는 법으로 압박하려고 했다. 변호사 추측도 그러했다. 지금과 같은 상황에서는 피해자 쪽에서 모든 법을 끌어모아 대응할 거라고.

제자리를 찾은 평화

피해자가 법으로 대응하기 전에 나 또한 법적으로 재산을 지켜야 했다. 내가 먼저 집을 가압류하기 위해 변호사와 상담을 시작했고, 가압류와 재판 이혼하겠다는 계약서를 작성했다. 법은 시간 싸움이라는 말에 쇠뿔도 단김에 빼라 했듯 결정과 동시에 비용까지 지불했다.

변호사와 모든 계약을 체결한 후, 공인중개사 소장과 통화하면서 가압류 진행 중이라고 했다. 그랬더니 소장이 크게 놀라며, 여러 가지 불리한 상황이 발생할 수 있다고 했다. 이에 기간을 따져보니, 가압류를 위한 소요 기간은 일주일이었다. 그런데 중개인 소장과 매수인은 2020년 12월 중 세입자를 체결하겠다는 입장을 내세웠다. 가압류 소요 기간을 빼면 열흘이 남는 셈이었고, 매수인과 세입자 간의 계약이 성사되는 기간이 약 열흘이었다. 이런 정황을 변호사에게 전달했더니, 열흘은 가압류해도 그만, 하지 않아도 그만이라는 대답이 돌아왔다.

가압류를 진행하면서 공인중개사 소장에게 나의 현재 상황을 설명했고, 일이 간단하다고 생각한 나와 달리 공인중개사 소장 입장에서는 복잡했다. 나는 가압류 후 세입자와 구두로 계약이 성사되면 가압류를 풀면 되는 문제라고 생각했다. 변호사 측에서는 가압류 상태에서 압류를 풀려면 열흘의 시간이 필요하고, 아무리 빨라도 5~6일이 소요된다고 했다. 압류 해지 시간을 예상하지 못한 것이다. 변호사는 세입자를 구하는 시점을 한 달 이상으로 계산했고, 나 또한 세입자가 쉽게 들어오지 않을 거라는 예상으로 가압류하면 된다고 생각했다. 재산을 지켜야 했기에 남을 배려할 이유가 없었다. 이런저런 생각을 정리하니 가압류가 먼저였다.

공인중개사 소장의 의견은 정반대였다. 자기가 무슨 수를 쓰더라도 12월 말에 계약을 성사할 테니 가압류하면 안 된다고 했다. 본인 입장만 생각하는 것 같았다. 이유를 물었더니 가압류하게 되면 세입자 전세 대출을 할 수 없고, 말소하더라도 시간이 흘러야 은행에서 대출이 이루어진다고 했다. 말소와 동시에 대출을 받을 수 없다는 것이 가장 큰 이유였다. 공인중개사 소장은 나에게 다시 생각해주기를 부탁했다. 열흘 동안 가압류한다면 세입자는 대출이 막히는 상태가 된다. 그렇다면 공인중개사 소장의 말대로 또 한 번 법 앞에서 무너져야 했다. 법을 모르는 채 법으로 당하게 되면 어떤 상태가 되는지 똑똑히 알게 되었다. 처음 겪는 일이라 혼자 힘으로 해결할 수 없었고, 또 자문이 필요했다. 둘 중 하나를 선택하는 것 말고는 뾰족한 방법이 없었다. '가압류냐와 아니냐.' 하는 갈림길에 서게 된 것이다. 만에 하나 법으로 손해를 보지 않을까 하는 생각으로 가압류한다면, 매수자와의 계약은 물거품이 되고 집이 매도되기 전까지 압류를 풀 수 없었다. 지금 매수자를 놓치면 다른 매수자를 찾기까지 많은 시간과 노력이 낭비되어야 했다. 후자의 경우를 생각했다. 피해자의 민사 소송이 들어오기 전 세입자와 계약이 이루어지는 상황에서 2주라는 시간 동안 세입자를 만날 수 있을 것인지는 아무도 알 수 없었다.

사람은 바로 코앞의 내일을 알 수 없다. 그저 나를 믿고 현명한 판단을 내려야 좋은 결과를 얻을 수 있겠다는 생각만 했다. 이제는 혼자 결정하고 책임져야 했다. 무슨 일이 생기더라도 감내해야 했다. 이혼 전문 변호사를 선임한 후 많은 대화를 했지만, 답은 그 어디에도 없었다. 가압류한다는 전제하에 변호사를 선임했다. 만만치 않은 비용이 들었지만 혼자 해결할 수 없는 부분이라서 전문가의 도움이 필요했다. 법은 내 능력 밖의 일이었다.

현재 상황과 공인중개사 소장이 조언한 내용, 그리고 진행 중인 가압류 건을 두고 가장 현명한 방법을 찾아야 했다. 공인중개사 소장은 가압류가 걸려 있으면 세입자의 대출이 막히니 가압류를 취하하라고 했다. 반대로 가압류를 취하할 경우, 빠른 시일에 세입자를 찾는 일이 확실해야 했다. 공인중개사 소장은 자신 있다고 했다. 플랜 1과 2의 계획을 세웠다. 언제나 변수가 생기는 법이니 반드시 짚고 넘어가야 할 부분이었다.

공인중개사에게 내가 세운 플랜1을 말했고 확실한 답을 녹음했다. 그리고 변호사와 대화하며 내가 꼭 알아야 할 부분을 듣고 생각에 잠겼다. 어떤 방법이 최선인가를 계속 고민했다. 하지만 결단을 내리기 쉽지 않았다. 문득 '제3자가 바라보는 관점이라면 명확한 해답을 얻을 수 있지 않을까?'라는 생각이 들었다. 당장 조언을 구할 수 있는 사람에게 전화했다. 그 사람은 나에게 "두 가지 방법 중 사빈 씨에게 가장 쉬운 방법은 뭐예요?"라고 물었다. 나는 후자이지만 만일 실패할 경우 더 큰 손해가 따른다고 대답했다. 다시 지인은 "전자를 선택하면 다른 일은 터지지 않나요?"고 물었다. 그러나 그 역시 큰 타격을 입을 수 있었다. 나의 모든 이야기를 들은 지인은 "그럼, 내가 쉽게 해결할 수 있는 방법이 최선의 선택 아닐까요? 일어나지 않은 일에 미리 걱정하지 말고 현재에 집중해 보세요. 그게 가장 현명한 길인 것 같아요."라고 말했다.

통화를 마치고 다시 생각에 잠긴 나는 사건을 하나하나 적어 내려갔다. 나의 현재 상황, 지인의 조언, 공인중개사 소장의 이야기, 변호사의 의견 등. 눈에 보이게 적어야만 복잡한 머릿속을 정리할 수 있을 것 같았다. 긍정과 부정의 물살이 휘감겨 나를 못살게 굴었다. 하루는 나를 믿었다가, 어느 하루는 나를 믿지 못하게 해 지치게 했다. 다시 플랜 1과 2를 정리하면서 내 감정도 옮겨 적었다. 두서없는 말들이 쏟아졌다. 그렇게 몇 날 며칠이 흘렀다. 결국 나는 가벼운 마음으로 결정하기로 결심했다. 플랜 1과 2의 계획을 세웠으니 공인중개사 소장과 매수자에게 나의 생각을 분명하게 전달해야 했다. 일어나지 않은 일에 전전긍긍하지 않기로 했다. 전날 밤 적었던 글로 답을 찾을 수 있었다. 여러 날 머리 아파가며 전전긍긍한 것이 무색하리만큼 쉽게 결정 났다. 고민하는 동안 가압류 단계가 마무리되어 보험료를 입금하면 모든 법적인 절차가 끝나는 상황이었다. 한마디로 가압류되는 거였다.

보험료 관련 통보 문자를 받고 곧장 변호사에게 전화했다. 이 시점에서 소송을 취하하면 어떻게 되는지 물었다. 가압류 소송은 없는 걸로 된다고 했다. 반대로 보험을 입금하면 가압류가 된다고 했다. 나는 심호흡을 크게 하고 변호사에게 취하해달라고 요청했다. 변호사는 후자로 결정한 것이냐고 재차 확인했다. 그리고 변호사도 후자를 선택하는 것이 낫다고 했다. 가압류하자마자 세입자가 나타나면 가압류 해지까지의 소요 시간을 무시할 수 없다고 했다. 지금 상황에서는 열흘 가압류 하느니 취하하는 편이 유리하다고 했다.

사실 처음 가압류와 이혼 소송을 진행할 때, 지금과 같은 상황이 발생하리라고는 상상하지 못했다. 변호사 또한 세입자가 나타나지 않은 상태에서 가압류가 진행되었으니 알 수 없었다. 그런데 매수인은 2020년 12월 안에는 세입자를 들인다는 계획으로 우리 집을 매수했다. 모든 문제는 언제나 쉽게 해결할 수 있는 것이 조급하면 엉킨 실타래처럼 꼬인다는 세상의 이치를 이번 계기로 다시 한번 깨달았다. 그럴 때 필요한 것은 냉철함이었다. 일은 꼬여있었지만 나는 선택했다.

가압류는 물 건너갔고 이제부터 세상을 믿어야 했다. 피해자가 법적 대응이 늦어지기를 바랐고, 세입자가 12월에 나타나기를 기도했다. 다 잘 되리라는 긍정 주문을 외우며 나의 선택지가 옳다고 되뇌었다.

우리는 인생을 살면서 늘 갈림길에 서게 된다. 이게 맞는지 저게 맞는지 아무리 고심해도 답은 보이지 않는다. 답이 없기에 자기가 선택한 결정에 책임질 수 있는 범위에서 행동으로 옮겨야 한다. 모든 선택지가 힘들다면 가장 편안하고 안전한 방법을 택하는 것이 현명하다. 가압류 비용은 날렸지만, 돈보다 더 좋은 교훈을 얻었기에 아깝지 않았다. 어떠한 방식이든 비용을 지불해야 새로운 깨달음을 얻을 수 있다. 이것은 세상의 진리인 듯하다.

모든 걸 다 가지려고 하면 항상 불행이 닥쳤다. 예전에도 지금도 그랬다. 반쯤 포기했을 때 엉켜 있는 실타래가 풀리듯 한 가지를 내려놓으니 일이 풀렸다. 이사 진행까지 순탄했다. 부산을 벗어난 지 5년 만에 고향으로 돌아갈 준비를 했다. 혼자가 아닌 이 세상에서 가장 귀한 보물, 아이를 안고 부산에서 새로운 둥지를 틀었다. 여전히 친정엄마 손길이 필요해 엄마 곁에 보금자리를 마련했다. 다행히 아이도 밝았다. 약간의 불안 증세를 보였지만 이 또한 잘 극복하리라는 믿음으로 지내고 있다.

2020년 12월 23일, 이날은 잊을 수 없다. 내 고향 부산에서 홀로서기를 선언한 날이다. 추운 겨울, 칼바람을 가르고 이사하며 설렜고, 행복한 미래만 꿈꿨다. 충청도에서의 석 달은 지옥과도 같았지만, 한편으로는 천국이었다. 분노를 잠재울 수 있었던 건 천국이 기다리고 있었기에 가능했다고 확신하며, 멋지게 세상을 살아보겠노라고 다짐했다.

원하는 인생을 상상하며 꿈을 키웠다. 꿈이 곧 실현될 것 같았다. 세상 밖으로 나가기 위해 두려움은 양념으로 사용했다. 이 글을 쓰는 지금은 부산에서 생활한 지 6개월이 지나고 있는 시점이다. 아이와 아옹다옹하며 살아가고 있다. 엄마와 떨어지는 걸 극도로 불안해하는 아이를 믿어주고 기다려주고 있다. 엄마와 단둘이 살아야 한다는 걸 알아버린 아이는 오로지 엄마만 의지하며 엄마 곁을 떠나지 않고 있다.

어느 날 잠들기 전 아이는 내게 "내가 엄마를 지켜줘야 하잖아. 그래서 유치원을 안 가는 거야."라고 속삭였다. 여섯 살 아이 입에서 나온 말은 엄마를 감동하게 했다. 자신이 엄마를 지켜줘야 하는 책임감으로 자기가 하고 싶은 일을 포기하고 있었다. 그 말을 듣고 눈가가 촉촉해지지 않을 수 없었다. 기특하면서도 슬픈 마음에 "아이코, 우리 딸이 언제 이렇게 컸을까. 이런 기특한 생각을 다 하고. 엄마도 얼른 건강해져서 사랑하는 널 지켜줄게."라며 꼭 안고 잠이 들었다.

아이는 어른들 세계를 이해하지 못하겠지만, 어림짐작으로 상황을 파악한 것 같았다. 영상통화를 하던 아빠는 어느 날부터 보이지 않았고, 할머니 집에 찾아오던 아빠는 더 이상 오지 않았다. 그 뒤로 아이는 아빠에 대한 말을 꺼내지 않았다. 아이 앞에서 우리는 서로 죽일 듯이 싸웠었다. 아이를 고통 속에 밀어 넣었다고 생각하니 가슴이 미어진다. 엄마가 자기 자신을 찾으면 아이는 밝게 성장할 거라는 걸 잘 안다. 아이를 위해 나를 제대로 알고 존중하며 살아가기로, 아이가 받은 상처를 어루만져 주는 슬기로운 엄마가 되기로 다짐하면서 나는 오늘도 나의 상처와 마주하며 성장하고 있다. 아이가 자신의 세상을 즐길 수 있도록 어른들 세상처럼 힘겹지만 않은 곳이라고 보여주고 싶다. 그러려면 엄마인 내가 어려움에 굴복하지 않고, 당당히 일어서야 한다. 아이를 끌어안고 자는 지금 이 순간 나는 강해지자고 한 번 더 다짐한다.

나를 치유해준 이혼

모든 법적 문제가 해결되었다고 생각할 무렵 다른 문제가 불거졌다. 부부 관계를 오래 유지하면 안 된다는 것이었다. 당시 이혼 소송은 2020년 11월에 진행했지만 재판은 2021년 4월로 미뤄진 상태였다. 이혼 재판이 끝나기 전에는 그 어떤 법적 문제가 일어나지 않기를 바랐지만 결국 올 것이 오고야 말았다. 다른 민사소송이 있기 전에 재판을 하루빨리 진행해달라고 부탁했지만 어쩔 수 없었다.

다른 소송은 바로 '사해행위'였는데, 나는 듣기에도 생소한 그 단어의 의미와 어떤 효력을 가진 것인지 알아야 했다. 사해행위는 '채권자를 해하는 채무자의 재산권을 목적으로 하는 법률행위'라는 뜻이었다. 담당 변호사는 사해행위 고지를 받았을 때 그냥 두면 안 된다고 했다. 법적 대응을 해야만 아이 양육비를 지킬 수 있다고 했다. 또 피해자의 법적 대응 시기와 내가 진행한 이혼 소송 날짜를 대조했을 때 사해행위 범위에 들어가지 않아, 재판하면 승산이 있다고 했다. 변호사의 말을 들은 나는 안심하고 모든 것이 내가 원하는 대로 움직여줄 거라고 믿었다.

성격이 다른 법적 문제가 찾아왔고, 이혼은 쉽사리 진행되지 않았다. 이혼 재판만큼은 시간이 멈춘 듯했다. 두 번째 결혼 생활의 마침표를 찍기까지 그 사람은 이혼만은 안 된다고 했다. 그러나 이혼이 불가피한 상황이었다. 재판 이혼만이 피해자 측에서 나와 딸을 위협하지 않는 방법이라고 했다. 법을 알면 알수록 늪에 빠지는 기분이 들었다. 세상을 살아가려면 반드시 법을 알아야 하는구나 생각하면서.

모녀만 남은 세상, 법만이 모녀를 지켜줄 것 같았다. 밖에서 일어나는 일을 그 사람은 알 길이 없었을 것이다. 매일같이 자신의 입장을 내세우며 편지를 보냈으니까. 나는 재결합은 있을 수 없는 일이라고, 나와 딸을 사랑하고 아낀다면 놓아달라고 했다. 이것만이 당신이 할 수 있는 최선이라고. 그리고 이제 더는 우리 걱정하지 말고 마음 편히 살라고 했다. 그는 쉽게 포기하지 않았지만 언젠가는 체념하리라 생각하고 시간이 지나길 기다렸다.

그 남자는 매일 밤 꿈을 꾸면 나와 딸이 보인다고 했고, 밤마다 심장이 내려앉을 만큼 후회하고 반성한다고 했다. 그런 그에게 편지 쓰는 일은 위로가 되었을 것이다. 하지만 나와 아이에게는 아니었다. 마음만 더 아팠다. 내가 받은 상처가 깊어서 종이 한 장에 담긴 반성은 위로가 되지 않았다. 오직 나 자신에게 하는 위로만으로 치유될 수 있었다. 나 스스로 내 삶을 '닥치는 불행을 애써 외면하지 않고 부딪히고 이겨내며 쓰러지더라도 다시 일어서는 오뚝이 같은 인생'이라고 정의했다. 결혼, 이혼, 재혼, 별거, 또다시 이혼하지만 불행하지 않았다.

두 번의 이혼이라는 딱지를 안고 살아간다고 한들 불편하지 않다. 이혼은 오히려 살아갈 수 있는 통로를 내어줬으니까. 꼭꼭 숨기고 살았던 첫 번째 이혼과는 정반대의 삶을 살게 된 두 번째 이혼은 마지막 이혼이라고 말하고 싶다. 아빠의 사랑을 몰라 한 남자 사랑을 받지 못했다. 아니 사랑을 몰랐다. 헌신하고 봉사하면 그게 사랑인 줄 알았다. 뒤늦게 그건 사랑이 아니라 사랑을 구걸하는 것이었음을 알았다. 아빠의 사랑을 받기 위해 울고 싶어도 울지 못한 바보가 갈구했던 행동은 나를 죽이는 일이었다. 결혼하면 사랑은 저절로 오는 줄 알았다. 내가 나를 버리고 가족을 위해 헌신하면 사랑은 따라온다고 생각했다. 그런데 내가 나를 버리고 외면하는데 누가 나를 사랑해주겠는가. 이제는 나를 더 사랑하며 세상을 살아가고 있다.

이혼은 무거운 단어가 아니다. 사랑이 변했을 뿐이다. 사람이 변했을 뿐이다. 사랑에 실패했을 뿐이다. 실패는 성공의 스승이기에 더 나은 사랑을 위해 별거했고, 이혼하면서 나 자신을 되돌아보는 귀한 기회가 되었다. 그러므로 이혼은 수치스러운 것이 아니라 당당한 것이다. 내가 당당해지면 인생은 말할 것이다. 세상은 아직 살만하다고. 희망을 놓지 않고 꿈을 버리지 말고 좌절하지 않으면 된다. 힘든 상황 속에서 긍정의 싹을 찾아 틔워보자. 분명히 튼튼하고 멋진 열매가 맺힐 것이다.

삶에서 시련은 늘 부딪히는 과제다. 그럴 때마다 주저앉을 것인가, 실패를 딛고 다시 앞으로 나아가며 나를 알아갈 것인가? 선택은 자유다. 그리고 시련은 사람마다 다른 형태로 오지만 그중에 이혼이라는 시련을 선택한 여성이라면 당당해져야 한다. 어디에서든 자기의 삶을 녹일 수 있는 단단한 정신을 가져야 한다. 오히려 이혼했다고 손가락질하지 않았기에 나는 당당하고 떳떳하게 살아가고 있다. 이혼이라는 단어에 손가락질보단 위로와 찬사를 전해주었다. 연민으로 같은 길을 선택했지만 결국 두 번의 실패를 맛보게 되었다. 선택한 모든 것에는 그에 맞는 이유가 있다. 두 눈 크게 뜨고 세상을 바라보면 우리보다 더 힘든 삶을 이겨내는 사람들이 많다. 그들의 삶 속을 들여다보면 나도 할 수 있다는 자신감이 생길 것이다.

두 번의 이혼, 결국 나는 이혼으로 더 근사해졌다. 더 나은 삶이 뭔지 알아가고 있다. 이것만으로 이혼은 나쁜 그 어떤 것이 아니었다. 이혼을 하면서 나는 더 나은 삶을 위해 나를 드러내고 상처를 치유할 수 있었다.

세상을 움직이는 순서

일어나지 않았지만 겁내며 염려하는 단어가 있었다. '보복'과 '합의'가 그것이었다. 그 사람이 출소하면 합의해주지 않은 부분에 대해 보복하지 않을까 하는 걱정이 앞섰다. 사건 발생 후 나는 내 위치에서 최선을 다했다. 능력껏 모든 일을 처리했다. 하지만 이번 일로 아들의 성격을 제대로 알게 된 시부모는 노심초사했다. 당시 이혼 재판이 진행되지 않은 상태라 그런 노부모를 모르는 척할 수 없었다. 결국 시부모가 신경 쓰지 않도록 벌어진 일을 해결했고, 그 과정에서 2심 재판이 결정됐다. 그 사람의 2심 재판을 담당한 변호사는 어느 정도 합의금을 제시해야 한다고 했다. 노부모는 능력이 되는 한도 내에서 최고 금액을 합의금으로 제시했다. 이제 남은 건 나였다. 서류상 부부로 된 배우자도 합의금을 제시해야 한다는 말을 듣고 그 어떤 대답도 내놓을 수 없었다. 어느 정도 합의금을 제시해야 재판부에서 성의를 표시했다고 생각한다는 것이었다. 다시 말해 피해자에게 최소한 예의를 표하는 것이 합의금이었다. 만약 합의금을 제시하지 않으면 형량이 높아진다고 했다.

여기서 두 길이 보였다. 합의금을 제시해 피해자가 합의하자고 하면 그 돈은 고스란히 합의금에 써야 했고, 합의하지 않고 모르는 척하면 그 사람이 출소 후 우리 모녀에게 보복하지 않을까 하는 것이 시부모의 생각이었다. 당신 아들 성격을 알기에 며느리와 손녀가 걱정되었던 시부모는 합의금을 제시하기를 바랐다. 답답한 마음에 그 사람에게 편지를 보냈다. 내가 합의금을 제시하지 않으면 훗날 나와 아이에게 복수할 거냐고 직설적으로 물었고, 안타깝지만 지금 내가 해줄 수 있는 건 없다고 말했다. 내가 제시한 합의금을 피해자가 수락하면 그 돈을 고스란히 피해자에게 줘야 하는데, 그럴 수 있는 형편이 아니라고 했다. 재판부가 합의금을 중요하게 생각하는 건 알겠지만, 지금 상황으로서는 당신이 원하는 걸 해줄 수 없다는 내 생각을 명확하게 밝혔다. 답장이 왔다. 그는 강요할 생각은 없었다며 합의금을 제시하지 않아도 괜찮다고 했다. 자기가 무슨 면목으로 모녀에게 보복하겠냐며 그런 일은 없을 거라고 마음 편히 지내라고 했다.

그런데 그 사람을 믿을 수 없었다. 항상 말이 바뀌고 상대를 힘들게 했던 사람이었다. 그 사람의 부모조차 무서운 생각을 하고 있었다는 게 놀라웠다. 그 사람의 뜻이 분명히 적힌 편지를 받았건만 그 어떤 판단을 선불리 할 수 없었다. 현명하고 지혜롭게 결정하고 싶었지만 마음처럼 되지 않았다. 다시 제3자의 조언이 필요했다. "당신이라면 어떤 선택을 할 건가요?"라고 묻고 싶었다. 나는 고민하다가 용기 내어 행동으로 옮겼다. 그랬더니 지인은 오히려 "지금은 아이와 자신만 생각해야죠. 아이가 먼저 아닐까요? 그렇다면 어떤 결정을 내려야 할까요?"라고 되물었다. 또 "훗날 보복을 안 한다는 보장이 없는데 그때는 어떻게 해야 할까요?"라는 내 말에 그는 "그건 아직 일어나지 않은 일이잖아요. 문제가 일어나지 않은 시간 동안 마음 근육을 단단히 만들면 어떨까요? 만일 그런 일이 일어날 것 같으면 법적으로 대처하면 되고요."라고 말했다. 답은 간단했다. 인생은 늘 단순함 속에서 답을 찾는 듯했다.

조언을 듣고 난 후 그 사람에게 확실한 답을 받아야겠다는 생각에 한 번 더 편지를 보냈다. 합의 부분이 해결되지 않아도 보복하지 않겠느냐고, 앞서 보낸 내용과 동일한 문장으로 이루어진 편지를 보냈다. 감정을 버리고 속마음을 간절하게 보냈다.

어느 날, 내 상황을 알게 된 지인이 '하늘과 땅'이라는 제목으로 글을 쓰는 게 어떻겠냐고 했다. 하늘과 땅이라는 단어에 무슨 의미가 담겨있을까 하고 내 상황을 필름처럼 하나하나 떠올려 봤다. 나는 여자이자 딸을 가진 엄마였고, 친정엄마의 기둥인 맏이였다. 의미를 부여하니 한 여자의 인생이 보였다. 굴곡진 인생, 그것도 아이를 홀로 키우는 엄마. 이 인생을 드라마처럼 풀어낸다면 어떨까 하는 아이디어가 떠올랐다.

마주한 상황을 보면 롤러코스터가 따로 없었다. 그 와중에도 무거운 하루가 마무리되는 밤하늘은 무척이나 고요했다. 결정을 내리고 나니 밤하늘처럼 마음도 고요했다. 그 사람은 어린아이처럼 억지를 부리고 있는 건 아닌지, 아이보다 자기가 먼저라며 재촉하지는 않을지 걱정되었다. 편지가 오는 게 두려웠다. 물이 흘러가듯, 시간이 지나가듯 고요한 밤하늘처럼 기다리면 된다고 나 자신을 타일렀다.

기다림 끝에 답장이 왔다. 그가 보낸 편지에는 나를 힘들게 할 의도는 없었다고 아이를 위해서 그 돈을 쓰면 안 되는 거라고 적혀 있었다. 그렇게 말해준 그 사람이 고마웠다. 그 사람도 힘든 상황이지만 아픈 사람과 어린아이가 세상을 살아가려면 돈이 필요하다고 했다. 이혼 서류에 도장을 찍지 않는 그 사람에게 아이는 죄가 없으니 아이를 봐서라도 나를 놓아달라고 했다. 결국 다른 선택지가 없는 그 사람은 선택해야만 했다. 자신의 욕심이 아닌 현실에 남겨진 가족을 떠올리며 편지를 썼다고 했다. 그는 그동안 고마웠고, 고생했다며 놓아주겠다고 했다. 자기밖에 모르던 그 사람은 이제야 아이에게 최선을 다하고 있었다. 그 사람의 편지로 한시름 놓을 수 있었다.

이혼 과정은 험난했다. 힘든 이혼 과정은 나를 위한 것이었다. 어이없는 상황이 펼쳐지더라도 남을 위한 선택이 아닌 오로지 나를 위한 선택을 했을 때 미련이 남지 않았고 두려움과 무서움이 사라졌다.

가장 나중에 빛나는 큰 행복

현재는 그 사람과 이혼 판결이 나서 서류상으로 남남이 되었다. 싱글맘으로 나는 홀로서기 중이며 누구를 원망하거나 탓하지 않는 삶을 살기 위해 공부 중이다. 나를 사랑하지 않았다면, 나를 존중하지 않았다면 이 길을 선택하지 않았을 것이다. 누군가를 원망했다면 인생이 꼬였다고 한탄했을 것이다. 또 인연의 고리를 끊어내지 못하고 죄 없는 아이에게 상처를 주면서 서로 싸웠을 것이다.

그러나 나는 당당하게 선택했다. 두 번의 결혼과 이혼, 과정은 달랐지만 '내가 먼저다'라는 생각으로 새로운 삶을 선택했고 세상 밖으로 나왔다. 다시는 몸을 학대하지 않기 위해 글을 쓰고 또 쓰며 엄마인 나만 바라보는 아이를 위해 힘을 냈고, 지금도 내고 있다.

두 번의 투병, 두 번의 이혼, 여기서 삼세판의 법칙이 일어나지 않기 위해 법적인 다툼을 무서워하지 않을 것이며, 세상 밖으로 나오는 것을 두려워하지 않을 것이다. 사람 생명을 다루는 의사 역시 사람이었기에 실수하고 법을 다루는 재판부도 실수했다. 그건 무엇을 뜻하겠는가? 세상에 존재하는 모든 것이 사람이 만들고 사람이 하는 일이기에 실수가 있다. 결혼과 이혼도 실수가 있을 수 있다. 아니다 싶으면 나를 돌아보면 어떨까? 몸이 아픈 것보단 몇천 배 좋은 방법이니까.

별거를 선택한 것도 아픈 마음을 들여다보기 위함이었다. 아픈 마음을 타인 때문이라고 비난하지 않고, 온전히 내 안에 있는 아픔과 상처를 들여다보기 위해서였다. 그 시간을 통해 내면에서 곪아 터지다 못해 바닥에 들러붙은 껌딱지처럼 떠나지 못하는 상처를 발견했다. 덕분에 이제는 아프면 "아야!" 하고 상처를 들여다보는 여유가 생겼다. 그동안 아픔을 무시하고 '괜찮아, 아무것도 아닌데 괜한 엄살이야. 다른 사람도 너처럼 살아.' 하며 감정을 억눌렀다. 그때 그 아이는 13살 아이였고 여전히 내 마음속에서 크지 못하고 있다. 이에 나는 시시때때로 '내가 또 너를 힘들게 했어. 미안해.'라고 위로하는 연습을 아직도 하고 있다. 왜냐하면 지금까지 살아온 만큼 크지 못한 내면의 아이가 고달팠을 테니까. 그래서 많은 시간과 노력이 필요하다.

어찌 보면 별거는 내 안에 있는 아픈 아이를 돌볼 수 있게 해준 이로운 시간이었다. 이 시간이 있었기에 상대방의 아픔도 바로 보고 조금 더 사람답게 대할 수 있었다. 이로써 더는 몸과 마음이 병들지 않기를 기도하며 보낸 1년 3개월은 인생을 살면서 가장 잘한 일 중 하나가 되었다.

이처럼 내게 별거는 '성장'을 선물했지만, 그 사람에게는 '벌'을 받는 결과를 안겨주었다. 자기 자신을 위해 사용하지 않고 딴짓을 벌이다 세상으로부터 벌을 받았다. 사실 별거하는 동안 내가 바로 서야 가정을 지킬 수 있고, 가정을 지키기 위해 관점을 바꾸려는 노력을 했다. 남편이 벌인 소름 돋는 상황을 마주했을 때는 숨이 막히고 행복이 숨어버린 것만 같았다. 그래도 정신을 똑바로 차리고 '잘 될 거야!', '지금은 힘들지만, 모두 살이 되고 피가 되는 과정이야.', '다시 아프지 않은 게 어디야. 정신은 고되지만, 육체는 건강하잖아.'라는 다짐을 내 귀에 속삭이며 다독이고 일으켜 세웠더니 평온한 행복이 돌아왔다.

가장 큰 행복은 나중에 빛을 발한다. 힘든 고비가 찾아올 때마다 그만두고 싶은 마음이 없었던 것은 아니지만, 지금까지 버티며 살아낸 삶을 다 잘살아보자고 다짐할 때마다 몸과 마음이 단단해졌다. 더 큰 기쁨은 건강이 더 나빠지지 않은 것이다. 수십 년간 지켜온 습관은 쉽게 깨지지 않는다. 조급하지 말고 불안해하지 말고 힘들어하지 말고 남과 비교하지 말고 현재 상황 속에서 좋은 습관을 만들다 보면 언젠가는 정상에 서 있을 거라 믿는다.

상황이 어지러우면 해답을 찾고 길을 찾기 위해 책을 펼친다. 그리고 키보드를 움직인다. 무의식에 간직한 감정을 쏟아내고 나면 개운함을 안겨준다. 최근에는 감정노트에 불안하고 초조한 감정과 내가 모르고 있던 감정을 떠오르는 대로 쓰다 보면 후련한 기분을 맞이한다. 대중목욕탕에서 몸에 붙은 묵은 때를 벗겨내고 밖으로 나왔을 때의 개운함처럼 묵은 감정을 벗겨내는 것만큼 상쾌한 것이 없다. 나도 모르는 내 감정을 쉼 없이 적다 보면 별것이 별 게 아닌 일로 되어 있다. 그래서 깨닫고 나면 더없이 홀가분한 걸 알게 된 나는 지금도 책을 읽고 글을 쓰고 있다.

찬란한 밤이 데려온 벗

나는 책 읽을 시간이 없다, 글 쓸 시간이 없다는 말을 믿지 않는다. 시간은 내가 가진 유일한 특권이기에 나 자신과 약속할 수 있다. 하루에 10장이라도 책을 읽고 매일 한 장의 글을 쓰자고. 그게 무엇이 되었든 마음이 홀가분해질 때까지 써 내려간다.

학창 시절 "책과 담쌓지 마라." 고 했던 어느 선생님의 말씀이 지금도 귓가에 맴돈다. 그 한마디가 지금의 나를 살렸다. 나는 책에서 길을 찾았으니까.

갈증을 느끼던 일을 찾았을 때 전율이 흘렀다. 졸업하고 좋은 직장 다니다 괜찮은 남자 만나 결혼하면 여자 인생은 그걸로 만족하고 살면 된다고 어른들이 말했다. 그래서 그게 여자 인생에서 전부인 줄 알았다. 그게 당연한 일이라고 받아들이며 결혼과 동시에 나 자신을 지웠다.

그랬던 내가 책을 읽고 글을 쓰면서 나를 알리고 있다. 그 행위가 이뤄지는 시간은 밤이다. 그로 인해 나에게 밤이란, 가장 행복한 시간이다. 어린 시절엔 밤이 두려웠다. 하지만 이제는 그 반대다. 불행 뒤에 숨어 있던 행복을 찾았고 진흙 속에 진주를 발견한 기분이다. 아프기 싫어 시작한 글쓰기가 커다란 용기를 주었다. 글을 쓰다 보면 자신감이 생긴다. 응모전이나 공모전에 도전하는 나를 발견할 때는 행복했다. 내가 할 수 있는 건 글쓰기뿐이었다.

학창 시절 친구들은 내게 시와 글을 써달라고 했다. 글 잘 쓰는 것도 아니었고, 아무것도 할 줄 모르는 나에게 글을 적어 달라고 친구들이 모여들었다. 조용히 있고 싶은 나는 친구들에게 "다른 친구에게 부탁하면 안 돼? 사실 나 글 못 써."라고 했다. 그래도 친구들은 나에게만 부탁했다. 친구들은 내 글이 포근하게 느껴진다고 했다. 학창 시절 글짓기 대회에 나가지 못한 것이 수치스러웠다. 친구들이 글 잘 쓴다는 말을 믿지 못했다. 나는 대회에서 상을 타야 잘 쓰는 글이라고 생각했다. 그 시절에 깨닫고 자신을 믿었다면 새로운 인생을 그리며 살고 있을 것이다. 그 시절을 회상하며 앞으로 남은 날을 헛되게 보내지 않기로 했다. 이제는 길이 뚜렷이 보인다. 그 길이 비포장도로라고 할지언정 즐기며 걸어보겠다고 다짐했다. 죽을 때까지 글을 써보겠다고 말이다.

모두 잠든 밤, 혼자 남겨진 밤에 쓴 글은 아주 감성적이다. 잔잔한 음악을 들으며 나를 들여다볼 수 있어 소중하다. 다른 이들은 미라클 모닝을 외치며 뜨는 해를 바라보라고 한다. 하지만 자기에게 맞는 스타일이 있듯 나는 새벽에 일어나는 것보다 새벽에 잠드는 것이 이상적이었다. 잠을 참아가며 쓴 글은 내가 생각하지 못한 문장을 탄생하게 한다. 반면 새벽 시간에 일어나면 몸이 아프다. 멍하니 앉아 있다 아까운 시간을 보내면 아이가 깨고 만다. 결국 새벽에 일어나는 걸 포기하고 새벽 늦게 잠이 든다. 아주 예민한 아이를 키우는 어미는 아이 패턴에 맞추며 나를 지키고 있다.

30대의 나는 일찍 자고 일찍 일어나야만 게으른 사람이 아니라고 믿었고 자랑스러워했다. 일정한 시간에 자고 일어나는 나를 보던 동생은 "언니는 아침형 인간인가 봐! 나는 새벽 시간이 아까워 잠이 오지 않는데, 언니는 밤만 되면 힘들어하면서 곧장 침실로 가더라. 이게 언니와 내가 다른 점이지."라고 했다.

동생이 잘못 봤다. 나는 억지로 일어나는 아침형 인간이었다. 일찍 일어나는 상대가 있었고 늦잠 자는 사람을 무시했다. 내가 아침형 인간이 아니라 저녁형 인간이라는 사실을 16년이 지나서야 알게 되었다. 해 질 무렵부터 새벽이 지나가는 그 시간이 편안하고 행복하다. 노을이 아픈 마음을 달래주는 것 같아 심장이 뛴다. 부모보다 노을에 기대어 울기도 했고, 미래를 상상하며 희망을 키웠다. 노을을 벗 삼아 시를 쓰기도 했다.

그러나 굴곡진 인생을 살다 보니 감성적인 삶을 더는 살아갈 수 없었다. 평온한 삶만 바라고 있었다. 바라는 것이 아니라 스스로 편안한 삶을 만들어야 했고 내면의 시끄러운 소리를 정리해야 앞으로 나아갈 수 있었다. 내 상대가 편안한 삶을 만들어주고 날 인도하리라 믿었다. 나중에 깨달았지만 물론 그건 나의 착각이었다. 착각인 줄 모르고 가족들에게 짜증을 내고 화를 내며 나를 가만히 두라고 했다. 이러는 나를 보고 가족들은 나를 외면했다.

이제는 안다. 그동안에는 내면의 상처를 끌어안고 가족들에게 화풀이했다. 가족을 떠나보내고 난 후 쓸쓸해했다. 쓸쓸함을 이기기 위해서 기도했다. 기도는 내 상태가 팍팍하고 공허하다는 증거였다. 이제는 부정적일 때 기도하지 않는다. 삶이 고단하고 공허하지 않을 때 더욱더 열심히 기도한다. 아팠던 밤, 서글펐던 밤, 시련이 깊었던 밤, 상처로 얼룩진 밤을 더는 무서워하지 않는다. 밤 자체를 소중히 여기며 밤을 밀어내지 않는다. 그만큼 내면의 상처를 치유했고 이제는 이겨 낼 수 있는 용기가 생겼다.

지금 이 글을 쓰는 시간은 새벽 12시 44분이다. 앞 베란다와 마주한 책상에서 반짝거리는 불빛을 벗 삼아 글을 쓰고 있다. 그들의 응원을 받으며 힘을 낸다. 때론 비가 응원을 보낸다. 친구는 없지만 쓸쓸하지 않다. 내게는 자연이 친구다. 곁에 사람은 없지만 외롭지 않다. 밤만 되면 찾아오는 달과 온 세상 빛이 벗이니까. 고된 삶을 보상해주듯 살포시 다가와 힘겨운 어깨를 만져주는 밤이 있어 행복하다. 이 세상을 살아가다 보면 불행은 언젠가 닥칠 수 있다. 이렇게 닥친 불행은 피하지 못하지만 불행이 가볍게 스쳐 가는 방법을 배우는 건 나의 책임이다. 책에서 용기를 얻고 글로 자신감을 얻어 책임감 있게 일상을 보내다 보면 멋진 나날을 맞이할 수 있다.

찬란했던 젊은 시절의 불행은 값지게 왔다. 헛된 불행이 아니라고 세상은 말한다. 살면서 신은 언제나 시험 들게 하겠지만, 원하는 길로 가보는 것이다. 그래야만 한다. 불행은 행복을 위한 여행이다. 지독한 삶을 겸허하게 받아들이고 이겨내야만 찬란한 삶을 맞이할 수 있다. 피하는 게 단사가 아니다. 해답은 내 안에 있으니 피하지 말고 당당하게 맞이하면 된다. 세상은 내가 가진 힘을 알기에 내게 고단한 삶을 안겨주는 것이다.

있는 그대로의 나 보여주기

잠자리에 들다 상처가 떠오를 때가 있다. 미처 몰랐던 감정을 알게 된다. 다음 날 아침, 밤사이 떠오른 감정을 잊지 않게 메모한다. 귀찮다며 포기하려는 나를 일으켜 세워 메모하게 하는 또 다른 내가 내 안에 있다. 하루는 글을 쓰고 잠자리에 드는 순간 옛 기억이 떠올랐다. 이튿날 '있는 그대로 나를 보여주는 것' 이라는 제목을 정해 글로 옮겼다.

내 기억으로 다섯 살쯤 말하는 인형을 들고 춤을 췄다. 그 아이를 느끼고 싶어 춤을 췄다. 나에게는 그때가 행복한 순간이었을 것이다. 흥이 많았던 나, 그 끼와 흥을 버리고 어떻게 살아왔는지 곰곰이 생각했다. 20대 사회생활을 하며 성인이 할 수 있는 대부분의 것을 경험하며 놀았다. 놀았으니 더는 놀 필요 없다고 끼와 흥을 감춘 것을 알았다. 다시 흥부자인 나의 모습을 데려오고 싶어 100일 목표를 세웠다. '매일 아침 아이와 1분 댄스로 하루를 시작하기'가 그것이다. 처음에는 민망했지만, 자신을 그대로 표현하는 아이를 따라 하다 보면 할 수 있었다. 아이는 누가 보든 자기가 하고 싶은 대로 하는 용기가 있으니까. 하루, 이틀, 사흘……. 시간이 흐르면서 아침 댄스 시간에 스며들었다. 잠옷 입은 그대로, 세수하지 않은 얼굴 그대로, 뚱뚱한 몸 그대로 나를 숨기지 않고 그대로 드러내고 있다.

또 아이와 함께 아침저녁으로 희망의 메시지를 큰 소리로 읽는다. 그랬더니 어느 날, 아이가 나에게 물어보았다. "엄마 왜 운이 좋아야 해?" 아이는 운이라는 단어의 깊은 뜻을 모른다. 엄마가 하니 따라 하는 것이다. 한참을 따라 하다 궁금증이 생긴 아이는 하루에도 수십 번 물었다. "운이 좋다고 말하는 이유는 너와 엄마가 마음속 깊이 자신감을 가지기 위해서야. 자신감이 생기면 기분이 좋아지고, 기분이 좋아지면 하루가 즐겁잖아. 또 웃으면 복이 들어온대."라고 설명했더니 "그럼, 매일 해야 하네. 왜냐하면 나는 핑크빛 방이 필요하거든. 엄마가 돈 많이 벌면 핑크 책상, 핑크 침대, 핑크 피아노로 내 방을 꾸밀 수 있잖아!"라는 게 아닌가. 아이에게는 소망이 있었다. 엄마가 돈 많이 벌어서 자기 방을 핑크빛으로 채워줬으면 하는 소망이. 아이는 그 소망을 엄마인 나에게 매일 말한다. 이렇게 각자 소망을 담아 모녀는 매일 감사함을 잊지 않고 원하는 일과 꼭 이루고 싶은 일을 목청 높여 말한다. 이 시간은 나와 딸을 신나게 한다. 그리고 아이는 점점 확언이 늘어나고 있다. 자기가 원하는 것을 거침없이 토해낸다. 그것만으로 성공했다. 자신을 버리지 않고 살아있음을 아는 것이 가장 중요하다. 나는 딸에게 엄마와 같은 길이 아닌 너만의 길을 가기를 바라는 마음을 담아 아이가 바라는 모든 걸 큰 소리로 외치게 했다. 아이는 엄마 아프지 않게 해달라고 말했다. 아마 무의식에서 생각한 바람을 자신의 언어로 말한 것이리라.

매일 추는 춤 역시 힘들다고 하면 아이에게 억지로 하자고 하지 않는다. 모녀에게는 '억지로'가 금기어다. 나의 일상을 즐기는 방법은 거창한 것이 아닌 내가 운영하는 SNS에 소소한 하루를 공유하는 것이다. 일상이 지루하거나 풀리지 않는 일이 있다면 노래를 부르거나, 확언을 하거나, 춤을 추면서 잠시나마 일탈하곤 한다. 확언하는 순간, 노래 부르는 순간, 춤추는 그 순간만큼은 불안한 마음이 스며들지 않는다는 걸 아니까.

또 법적인 문제가 오고 있는지 모르겠지만, 신나게 놀고 신나게 즐기면서 해결하면 된다. 불행한 일이 닥치더라도 잊지 않고 했던 모닝 댄스와 확언은 불행한 일을 비껴갔다. 신기한 일은 확언을 하고 춤을 추고 나서 어려웠던 일이 수월하게 풀렸고 매일 감사한 일만 생겼다. 때로는 부정적인 감정과 부정적인 언어로 마음을 불편하게 하지만 불안한 감정을 의식하지 않고 '너 왜 그래? 뭐가 두려운 거야?' 하며 속삭인다. 결론이 나면 홀가분하다. 숨기는 삶을 버리고 드러내는 삶을 알아가는 과정에서 20대가 떠올랐다. 떳떳하고 당당했던 20대 시절을 그리워했다. 30대에 쓰러지고 나니 가족들에게 죄인이 되었고, 이혼하게 되었다. 머리카락 한 톨까지 숨겨야만 하는 줄 알았다. '나'라는 사람이 이 세상 사람이 아니어야 하는 줄 알았다. 그건 나의 착각이었다.

40대 재혼은 엉망이었다. 보는 안목이 없다는 비난을 들었고 이혼녀를 사랑한 남자조차 나를 경멸했다. 또 나를 숨겨야 했고 드러내면 안 되는 삶을 선택했다. 이러다 또 쓰러질 것 같아 별거를 선택했고, 그제야 나를 제대로 보았다. 숨기지 않고 숨지 않고 드러내고서야 살길이 보였다.

우리는 우리 자체만으로 사랑스럽다. 숨길 이유가 없다. 원하는 걸 찾아내면 분명히 자신을 드러내고 당당하게 살아가고 싶은 마음이 보인다. 마음의 문을 열고 나를 조금씩 보여주면 용기가 생기고 자신감이 생긴다. 달라진 현재 몸을 사랑하게 되고 자신이 하고 싶은 일을 찾게 된다. 물론 쉽지 않지만 그렇다고 못 할 이유는 없으니 조금씩 생활에 변화를 주며 꾸준히 하면 결국, 해내는 자신을 볼 수 있다.

아직 살만한 세상

'꾸준함'이라는 단어는 어떤 것과도 비교할 수 없다. 꾸준함은 힘든 역경을 이길 수 있는 마법과도 같다. 경험해본 자와 해보지 않은 자의 차이는 크다. 세상은 삶을 즐기라고 있는 것이다. 즐겁고 행복한 일만 찾아 즐겨보는 거다. 세상이 안겨 준 인생을 원하는 대로 살고 있다면 아직 세상은 살만하지 않을까? 인생이 별거 있나? 사는 게 별거 있나? 원하는 거 하며 살면 그걸로 충분하다. 행복한 삶을 살아간다고 스스로 칭찬하면 그걸로 충분하다. 스스로 자신을 인정하면 성공한 거다. 다른 이의 눈을 의식해 슈퍼에 갈 때도 차려입고 나가는 나를 버리고 있는 그대로 나를 인정하는 것, 그것이 가장 멋지고 자신을 사랑하는 일이다.

밑바닥에서 사는 싱글맘은 서서히 하늘로 날 준비를 하고 있다. 가장 먼 곳을 본 새가 가장 멋진 먹이를 찾는 눈을 갖는 것처럼 가장 밑바닥인 땅에서 시동을 걸고 있다. 밑바닥에서 보여주는 것이 진정한 나를 만나는 일이다. 민낯이 이토록 가볍고 홀가분한지 미처 몰랐다. 수치스러웠던 일을 드러내니 별거 없었다. 세상 살아가는 건 참 다채롭다. 전율도 흐르고 감탄사도 흐르니 세상이 참 재미있다.

어느 날, 2017년 11월 27일의 메모를 발견했다.

참 살아가는 게 만만치 않구나! 왜 이렇게 힘들까? 오늘 밤잠 못 이루고 빨간 눈 비벼가며 깊은 생각에 빠진다. 지금 무엇을 위해 살아가고 있는지, 원하는 것이 무엇인지 알 수 없다. 나를 잊고 살아가고 있다. 그러나 곁에 있는 사람은 그걸 모른다. 뭘 원하는지, 뭘 필요로 하는지, 뭘 싫어하는지, 상대가 무엇을 애태우고 있는지를 모른다. 앞으로 어떻게 해야 희망 있는 삶을 살아갈 수 있을지 모르겠다. 그 해답을 찾을 수 없다. 그저 주저앉고 그저 울고 그저 비명만 지를 뿐. 42년 동안 이룬 건 뭘까? 42년 동안 잘한 일은 뭘까? 생각에 잠긴다.

마음이 찢어지게 가난했던 시절의 글이었다. 새벽에 잠 못 이루고 뒤척이던 밤. 아이를 재우고 썼던 글이었다. 당시에는 원하는 것을 모르고 있었다. 가슴을 치며 소리를 질러봤지만, 그때 마주한 상황에서 어찌해야 할지 몰라 방황하며 글로 치유하고 있었다. 떳떳하게 요구하지 못했던 나, 자신을 믿지 못하고 있었다. 나를 알아달라고 몸부림쳤다. 당신은 왜 아픈 나를 모르는 척 외면하느냐고 하소연한 글이었다. 원망은 전부 타인에게 있었다. 재혼하고서는 매일 무서웠다. 눈치를 보다 비위를 맞췄다고 안심하면 또 다른 폭언과 난폭한 행동으로 분위기가 엉망이 되었다. 그 사람조차 자신의 상처를 곁에 있는 사람에게 떠넘기고 있다는 걸 알았다면 평범한 가정을 이루며 살았을까? 그건 아니다. 사람은 쉽게 바뀌지 않는다. 바뀌지 않는 상대를 탓하는 시간에 날 먼저 바꿔보자고 생각을 바꿨다. 남자 그늘에서 벗어나 '사빈'이라는 이름으로 살고 싶었다. 아이를 껴안고 할 수 있었던 건 바로 글과 독서였다. 여러 번 강조해도 지겹지 않다. 나를 살리고 나를 알았던 것이 바로 글과 독서였으니깐.

재혼은 정말 확신이 있을 때 해야 한다. 아니면 갯벌 같은 늪에서 빠져나오지 못하는 것이 재혼이었다. 어른들은 나를 보며 이렇게 말했다. "초혼보다 어려운 것이 재혼이다. 각오하고 재혼해야 한다." 재혼을 하고 제대로 된 생일이나 제대로 된 기념일을 챙기지 않는 그 집 풍습이 이해되지 않았다. 친정집과 상반되었으니까. 가장 적응하기 힘들었던 한 가지가 서로 생일을 챙기지 않는 것이었다. 내가 나를 챙겨야 했다. 내 손으로 생일날 미역국을 끓였고, 내 손으로 케이크 사서 아이와 촛불을 껐다. 적응하기까지 생일날마다 SNS에 슬픔을 적었다. "최악의 생일, 사라지고 싶다."와 같은 슬픔이 담긴 글을 읽으면 읽을수록 내가 안타까웠다.

두 남자 사이에서 이러지도 저러지도 못한 세월은 이제 과거가 되었다. 문제가 생기면 모든 것이 내 탓으로 돌아오던 시절, 홀로 육아하며 괴로워하고 서글펐던 시절, 희망도 낙도 행복도 보이지 않던 시절. 그저 다람쥐 쳇바퀴 돌 듯 살아가는 모습 그대로 글로 남겨져 있었다. 내가 나를 사랑하는 방법을 몰라 남에게 구걸하던 시절, 상대 역시 자신을 사랑하는 방법을 몰라 서로가 서로를 힘들게 했다. 이제야 알 거 같다. 자기 자신을 사랑해야 상대도 사랑해주며, 사랑은 갈구하는 것이 아닌 나를 사랑하면 자연스레 따라온다는 사실을.

반짝반짝 빛날 모녀의 인생

수많은 밤이 지나갔다. 일만 칠천 밤을 보내면서 150일 밤을 빼고는 힘겨웠다고 감히 말할 수 있다. 지금이 가장 행복한 밤이다. 생각나지 않는 유년 시절의 밤. 행복한 순간이 있었겠지만, 머릿속은 짙은 안개로 뒤덮여 기억나질 않는다. 많은 고난과 역경을 거듭한 경험 속에서 이겨낸 뚝심 하나는 정신력이었다. 앞서도 언급했듯이 정신력이 없었다면 지금의 나는 없었을 것이며 고난과 역경 앞에서 무릎 꿇었을 것이다.

> "인간의 정신이 성장하는 비옥한 정원이며, 그 속에서 인생의 모든 부가 생산된다. 또한 '영원한 불로불사의 영약'으로 창조적인 생각과 행위를 도모한다. 논리나 과학으로 설명할 수 없는 수많은 신비의 근원으로 소위 기적이라고 한다. 기도는 신의 직접적이고도 즉각적인 조건반사를 불러일으킬 수 있는 영적인 '화학반응'이다. 신념은 평범한 사고의 에너지를 영적인 수준으로 변화시키는 힘이며, 우주의 무한한 지혜에 사람

이 다가갈 수 있는 유일한 통로다."

나폴레온 힐의 『생각하라! 그러면 부자가 되리라』에 나오는 이 문장을 한참 중얼거렸다. 20~30대에 나는 병마와 싸우며 '기적'을 경험했다. 논리나 과학적으로 증명되지 않았던 일에 목숨을 걸었다. 책에서 제시한 내용이 의도하는 방향과 다르겠지만 살려달라는 기도를 신에게 직접적으로 했고, 즉각적인 반응을 보았다. 이게 '화학반응'이라고 하니 아직 세상은 살맛 나지 않을까? 우주의 무한한 지혜를 얻을 수 있는 유일한 통로였다는 걸 경험 부자인 내가 직접 겪었다.

많고 많은 경험 중에 신의 화학반응을 일으켰던 세월, 앞으로도 신의 '영적인 화학반응'에 응할 것이다. 우주의 무한한 에너지가 모녀가 살아갈 수 있는 유일한 통로라고 믿는다. 긍정적인 자세와 정신이야말로 우리가 세상을 살아가면서 지켜야 할 덕목이라고 생각한다. 죽음 앞에서도 웃음을 잃지 않았고 희망을 놓지 않았던 유일한 방법이 정신력이었고, 모두를 놀라게 했다.

내가 마음에 새긴 『생각하라! 그러면 부자가 되리라』의 문장은 그동안 살아온 나의 인생을 대변해주었다. '신의 능력은 영적인 자아를 통해서만 감지하고 얻을 수 있기 때문이다. 사람들 각각의 생활환경은 그것이 실패를 부르는 것이었든 성공을 부르는 조건이었든 명확한 원인의 결과다. 그리고 그들 각자의 생활환경은 대부분 스스로 만든 결과다.' 이 구절을 읽으니 가슴이 먹먹했다. 다시 말해 현재는 명확한 원인의 결과라는 것이다. 이를 내게 대입했을 때, 혼자 살고 싶었던 바람을 신의 능력인 영적인 자아를 통해 이루었다는 것이 믿어지지 않았다.

가정을 이루려고 했던 것은 내 욕심이었다. 바꿔 생각하면 욕심이었지만 욕심대로 바라던 삶을 살아봤다고 말할 수 있다. 사고 친 전 남편의 일을 해결하자고 한 번 더 다짐했고 정성껏, 기꺼이 해결했다. 혼돈의 시간을 잘 극복한 지금 그 누구보다 성장하고 있음을 안다. 내가 누구인지, 내가 뭘 원하는지 비로소 알게 되니 가혹한 역경의 시간도 사실 어두운 길이 아니었다. 교도소에 간 전 남편, 배신감에 어찌해야 할지 몰라 가슴이 요동을 쳤지만 이겨내야 했다. 힘겹게 올라가야 하는 산이 나타났다. 아프고 고단하다고 그 산을 오르지 않으면 더 큰 산이 앞을 가로막는 인생의 교훈을 안다.

이제는 그 누구도 내게 서운하다고 말하지 않는다. 또한 나의 상황에서 최선을 다했노라고 자신 있게 말한다. 긍정적인 자세가 이토록 아름다울 수 없다. 정신만 차리면 호랑이에게 물러가도 살 수 있다는 속담처럼 위급한 일을 당하더라도 정신만 똑바로 차리면 위기를 벗어날 수 있다. 유년 시절에 보던 만화 주인공의 말을 무의식에 담아왔고 힘겨운 일이 생길 때마다 정신 차리자고 외쳤다. 유년 시절 보고 들었던 말들이 알게 모르게 불행한 삶을 버티고 이겨내게 했던 것 같다. 설사 불행이 닥치더라도 우리는 이겨낼 수 있다. 나약한 정신을 버리고 강한 긍정으로 무장만 하면 된다. 힘없는 여자라도 긍정의 정신만 있으면 거뜬하다.

그동안 살아온 인생철학을 책에서 찾았다. 어떻게 힘겨운 역경을 이겨냈냐고 물어보면 '그저 긍정적인 생각 하나로 버틴 거 같아요. 물론, 인간이라 뒷걸음질 칠 때도 있었어요. 하지만 그럴 때마다 과거의 경험으로 더는 뒷걸음질 치지 않고 앞으로 밀고 나갔던 것이 지금까지 살아온 비결이에요.'라고 대답했다.

나 역시 정신력과 긍정적인 자세로 산전수전공중전을 이겨냈다. 생이 마감하는, 그날까지 산전수전공중전은 계속되겠지만 유연하게 해답을 찾고 이겨내지 않을까? 그동안 겪었던 경험이 밑거름이 되어 주리라 믿는다. 병마, 정신적 고통, 법적인 문제 말고 또 다른 일이 세상에서 벌어지고 있을 것이다. 그때마다 현명한 선택을 하며 긍정적인 자세를 잊지 않는다면 나처럼 호랑이 덤불에서도 살아남을 수 있을 것이다.

10년 주기로 찾아오는 불행은 몸을 다치게 했다. 죽고 싶을 만큼 고통을 안겨주고 일어날 수 있다는 메시지만 남겨 주었다. 내 몸에는 칼자국이 세 군데다. 목, 허리 그리고 발목에 있다. 나는 이 상처를 값진 선물이라며 자랑스럽게 여긴다. 그간 겪은 시련과 상처를 잊지 말라면서 우주가 내게 주는 훈장이다. 수술 후 제자리를 찾았지만 제 기능을 못 하는 목, 그로 인해 목과 어깨, 팔까지 이어지는 고통은 아픈 몸을 상기시킨다. 또 다른 병마, 궤양성 대장염은 대장암이 아닌 것이 어디냐며 아픈 배를 꼭 안고 따뜻한 팩으로 몸을 보호한다. 혈변이 보이는 날에는 겁내기보다 내가 나를 공감해주고 아픈 내 몸을 인정한다. 몸에서 보내는 모든 반응을 무시하지 않고 있는 그대로 받아들여야 10년 주기로 다가오는 불행을 이겨낼 수 있을 것 같다.

이제는 몸이 보내는 반응을 안다. 아이의 유일한 보호자는 나이기에 예전처럼 몸을 함부로 쓰지 않는다. 그랬다가는 또 내 사랑하는 사람들에게 상처를 안겨줄 테니까. 두 번의 투병으로 다른 불행을 겪지 않기 위해 여러 번 아프고 쓰러졌다. 아픈 인생은 고달프지만, 고달픔 뒤에 찾아오는 맛은 달콤했다. 죽을 만큼 고통스러운 아픔을 이겨냈으니 모녀의 앞날은 더 찬란하지 않을까? 그 찬란함을 그리며 오늘도 주어진 삶을 겸허히 받아들이고 있다.

분명 좋은 날은 온다

이 글이 세상에 나오기까지 3년의 시간이 필요했다. 집필하는 과정에서 궤양성 대장염이 재발하였고, 코로나 확진으로 생활이 깨졌다. 무기력함이 한동안 나의 삶을 지배했고, 멍한 상태로 몇 개월을 보내게 되었다. 그동안 상상으로 그렸던 이혼을 했으며, 서류에는 정말 나와 아이만 남았다. 한 부모 가정이 되었고, 생계비를 받을 수 있는 기초생활보장 수급자가 되는 과정에서 수많은 서류와 싸워야 했다.

가장이자 한 아이 엄마로서 최선을 다해 발품을 팔고 손품을 팔아, 모르고 있던 지원금까지 혜택을 받으면서 독한 마음을 먹어야겠다는 생각이 들었다. 수많은 시행착오를 거쳐 여기까지 올 수 있었던 건 내 아이가 곁에 있었기에 가능했다. 아이가 아니었다면 글을 마무리 지을 수 없었을 것이고, 쉽게 삶을 포기했을 것이다. 아이가 엄마를 다시 살게끔 다그쳤기에 다시 힘을 낼 수 있었고 힘겨운 세상과 싸워 이겨냈다.

사실 몇 개월 동안 글쓰기를 손에서 놓았다. 아프면 아프다고 말하지 못하는 바보는 역시나 아프다고 말하지 못하고 도와달라고 말하지 못했다. 그러다 이대로 죽고 싶지 않아 글을 다시 써 내려갔다. 세상에 나를 드러내야만 다시 살길을 열어줄 거 같았다. 그런 내 모습에 아이는 "엄마, 다시 글 쓰는 거야?"라고 환한 웃음으로 나에게 힘을 주었다.

글쓰기에 있어 큰 버팀목이 되어준 것이 하나 더 있다. 요동치는 내 마음으로 인해 노래 없이는 글을 쓰는 게 힘들었다. 그러던 중 가수 성시경의 〈Mom and Dad〉 노래 가사가 내 귀에, 내 마음에 들어왔다. 몰랐던 노래까지 찾아내어 글 쓸 때마다 배경음악으로 삼았으며, 덕분에 둘도 없는 친구가 되어 학창시절에도 해보지 않았던 연예인 팬이 되었다.

이 글이 마무리되기까지 응원과 격려를 아끼지 않았던 사람들이 있었기에 내가 쓴 글이 세상의 빛을 볼 수 있었다. 항상 힘이 되어준 딸 여니에게 이 영광을 돌린다. 힘들 때마다 엄마 곁에서 용기를 주고, 현재를 인지시켰던 아이가 아니었다면 지금의 나는 없었을 것이다. 글을 쓴다고 했을 때 걱정하던 엄마의 응원을 받아 힘을 낼 수 있었다.

못다 한 꿈 원 없이 이루어 보라고 격려했던 엄마는 묵묵히 딸 곁을 지키고 있어 나에게는 힘이 되었다. 당신의 건강보다 자식 건강이 우선인 엄마는 아프지 말라고 당부했다. 어린 딸자식 키우려면 힘을 내야 한다고. 더는 본인 팔자와 닮은 맏이를 안쓰럽게 보지 않고, 맏이를 믿고 따라준 엄마에게 고맙고 또 고맙다.

더불어 동생은 내가 책을 집필하고 있다는 사실을 알고, 본인의 스토리를 꼭 써달라고 했다. 만일 동생의 허락이 없었다면, 이 책에 깊이 있는 이야기를 다루지 못했을 것이다. 동생은 내 글이 희망을 잃은 사람에게 도움이 될 거라고도 했다. 그 한마디가 글을 써나가는 데 큰 원동력이 되었다. 그러나 안타깝게도 동생은 다시 병마와 싸우고 있다. 부디 이 책을 읽고 동생 마음에도 희망의 씨앗이 싹터, 늘 그랬듯 훌훌 털고 일어났으면 한다. 그리고 세상에 하나뿐인 언니가 많이 사랑한다고 전하고 싶다.

끝으로 초보 작가의 두서없는 초고를 믿고 채택함은 물론, 뼈대를 잡아준 인간사랑 출판사와 출판 관계자 여러분에게 무한한 감사를 드린다. 또 원석 같은 글을 반짝이는 보석으로 다듬으며, 걱정하고 힘들어하는 나에게 긍정 메시지를 불어넣어 준 언어감별사 윤수빈 편집자님에게도 고마움을 전한다.

글이 나와 아이를 살렸고 친정엄마 심정을 조금은 헤아릴 수 있게 되었다. 글로 사랑을 배웠고, 인생을 배우며, 세상의 아름다움을 배우고 있다. 나에게 닥친 불행은 다 이유가 있었다. 무의식 속에서 내가 상상한 그림이 지금 펼쳐지고 있다.

병을 가진 환자는 건강한 사람보다 더 오래 살 수 있는 희망을 전하고 싶었고, 이혼은 전염병이 아니라는 걸 알리고 싶었다. 그래서 나는 이 글을 나보다 더 많은 아픔을 가진 여성들에게 바친다. 나부터 당당하다면 타인의 눈을 신경 쓸 필요가 없다. 새로운 세상을 당당하게 맞서 이겨야 세상으로 나올 수 있는 힘을 가질 수 있다. 분명 좋은 날이 온다. 지금은 힘들지만 멋진 날을 위해 내가 원하는 것에 다가가다 보면 멋지게 성장한 나를 맞이할 것이다. 그날을 위해 미리 축배를 들어도 괜찮다. 나는 두 번의 병마와 두 번의 이혼을 이겨냈다. 삶은 이겨내라고 있는 것이다. 이겨낸 당신의 삶을 응원한다.

나는 이혼 후 더 근사해졌다

발행일 1쇄 2023년 3월 30일

지은이 사 빈
펴낸이 여국동

펴낸곳 도서출판 인간사랑
출판등록 1983. 1. 26. 제일-3호
주소 경기도 고양시 일산동구 백석로 108번길 60-5 2층
물류센타 경기도 고양시 일산동구 문원길 13-34(문봉동)
전화 031)901-8144(대표) | 031)907-2003(영업부)
팩스 031)905-5815
전자우편 igsr@naver.com
페이스북 http://www.facebook.com/igsrpub
블로그 http://blog.naver.com/igsr
인쇄 인성인쇄 **출력** 현대미디어 **종이** 세원지업사

ISBN 978-89-7418-871-9 03810